司法环境建设评价指标研究

RESEARCH ON
THE EVALUATION INDEX OF THE CONSTRUCTION OF
JUDICIAL ENVIRONMENT

袁兵喜 ◎ 著

社会科学文献出版社
SOCIAL SCIENCES ACADEMIC PRESS (CHINA)

目 录

绪论

一　本书研究主题的来源

“司法体制改革评价指标体系研究”（项目编号：11&ZD055）系国家社会科学基金重大课题，此课题研究共分为导论、基础理论、评价体系、实施路径、应用系统等五大部分，其中评价体系部分又分为价值与要素、制度与要素、文化与要素、效果与要素等四大篇。本书是该课题的一部分研究成果——文化与要素篇。

党的十一届三中全会做出实行改革开放的重大决策，司法改革遂成为社会变革宏观视野下的一个重要领域。40 年来，我国司法改革大体按照从“司法规范 / 秩序重建”到“以审判方式改革为中心的法院改革”，再到“司法体制改革”这一路径演进，目前正处于司法体制性变革的历史阶段。特别是 2000 年至今，中国司法处于大改革时代，司法改革成为司法工作的主旋律。2002 年，中共十六大报告提出“推进司法体制改革”，将之作为社会改革的重要方面，并对司法改革做出了总体部署；2003 年，中央政法委成立中央司法体制改革领导小组，指导全国司法体制改革工作；2004 年，中共中央通过中央司法体制改革领导小组拟定的司法改革征求意见稿，将中国司法改革的思路确定为“积极稳妥地推进、分步进行、自上而下、分阶段评估”；2007 年，中共十七大报告提出“深化司法体制改革，优化司法职权配置，规范司法行为，建设公正高效权威的社会主义司法制度，保证审判机关、检察机关依法独立公正地行使审判权、检察权”；2008 年，中共中央政治局原则同意中央政法委

《关于深化司法体制和工作机制改革若干问题的意见》，确立了今后一段时期司法改革的总纲[①]；2009 年 3 月，最高人民法院公布了《人民法院第三个五年改革纲要（2009—2013）》，全国法院新一轮改革正式启动。这次改革涉及优化法院职权配置、落实宽严相济刑事政策、加强法院队伍建设、加强法院经费保障、健全司法为民工作机制等五大方面的 30 项改革措施。

特别是十八大以来，以习近平同志为核心的党中央全面推进依法治国，坚持法治国家、法治政府、法治社会一体建设。其中司法体制改革是全面推进依法治国的一项重要内容。党的十八大报告提出要“进一步深化司法体制改革，坚持和完善中国特色社会主义司法制度，确保审判机关、检察机关依法独立公正行使审判权、检察权”。党的十八届三中全会通过了《中共中央关于全面深化改革若干重大问题的决定》，专门谈到了司法体制改革问题。该《决定》提出三个方面的改革建议：一是确保依法独立公正行使审判权检察权，具体措施包括推动省以下地方法院、检察院人财物统一管理，探索建立与行政区划适当分离的司法管辖制度，保证国家法律统一正确实施，建立符合职业特点的司法人员管理制度，健全法官、检察官、人民警察统一招录、有序交流、逐级遴选机制，完善司法人员分类管理制度；二是健全司法权力运行机制，具体措施包括优化司法职权配置，健全司法权力分工负责、互相配合、互相制约机制，加强和规范对司法活动的法律监督和社会监督等；三是完善人权司法保障制度，具体措施包括进一步规范查封、扣押、冻结、处理涉案财物的司法程序。健全错案防止、纠正、责任追究机制，严禁刑讯逼供、体罚虐待，严格实行非法证据排除规则，逐步减少适用死刑罪名等。

2014 年，中国共产党第十八届中央委员会第四次全体会议通过了《关于全面推进依法治国若干重大问题的决定》。该《决定》提出了五个方面的

---

① 卢荣荣、徐昕：《中国司法建设三十年：1978—2008》，《法治论坛》2010 年第 2 期。

司法改革举措。一是完善确保依法独立公正行使审判权和检察权的制度。二是优化司法职权配置。健全公安机关、检察机关、审判机关、司法行政机关各司其职，侦查权、检察权、审判权、执行权相互配合、相互制约的体制机制。三是推进严格司法。坚持以事实为根据、以法律为准绳，健全事实认定符合客观真相、办案结果符合实体公正、办案过程符合程序公正的法律制度。加强和规范司法解释和案例指导，统一法律适用标准。四是保障人民群众参与司法。坚持人民司法为人民，依靠人民推进公正司法，通过公正司法维护人民权益。五是加强人权司法保障。强化诉讼过程中当事人和其他诉讼参与人的知情权、陈述权、辩护辩论权、申请权、申诉权的制度保障。健全落实罪刑法定、疑罪从无、非法证据排除等法律原则的法律制度。完善对限制人身自由司法措施和侦查手段的司法监督，加强对刑讯逼供和非法取证的源头预防，健全冤假错案有效防范、及时纠正机制。其中，人权司法保障是党的文件首次提及的概念，表明司法改革正向人权保障的核心价值进发。

2015 年，最高人民法院颁行了《人民法院第四个五年改革纲要》，纲要提出了人民法院改革的重点任务，包括建立与行政区划适当分离的司法管辖制度，建立以审判为中心的诉讼制度，优化人民法院内部职权配置，健全审判权力运行机制，构建开放、动态、透明、便民的阳光司法机制，推进法院人员的正规化、专业化、职业化建设，确保人民法院依法独立公正行使审判权等七个方面的改革举措，司法改革的力度和广度进一步加大。截至 2017 年 7 月 1 日，“中央全面深化改革领导小组”（以下简称“中央深改小组”）共召开 36 次会议，共审议通过 46 份涉及司法体制改革的文件，相关改革举措基本出台完毕，已进入全面落实阶段。① 特别是党的十九大胜利召开，为我国司法改革进一步指明了方向。十九大报告明确指出，成立“中央全面依法

① 陈卫东:《十八大以来司法体制改革的回顾与展望》,《法学》2017 年第 10 期。

治国领导小组”，这是党中央深化依法治国实践最关键的举措，与报告“坚持全面依法治国”方略中提到的“提高全民族法治素养和道德素质”是相互联系、密不可分的。这些内容都说明，党的十九大之后，法治建设将会掀起新的高潮。成立“中央全面依法治国领导小组”，将为全面推进依法治国，协调推进法治国家、法治政府、法治社会一体建设，提供一个强有力的组织基础。关于司法体制改革的表述，也格外引人关注。十九大报告指出：“深化司法体制综合配套改革，全面落实司法责任制，努力让人民群众在每一个司法案件中感受到公平正义。”十九大报告特别提到了深化司法体制“综合配套改革”，同时，将“司法责任制”提到了新的高度。

没有科学的评价，就没有科学的决策；没有科学的决策，就没有科学的发展。近年来我国司法体制改革的重大价值在于其可被视为未来政治体制改革的突破口和示范领域。司法体制改革评价指标体系研究能为改革提供系统的评估手段与具体的评估标准，这对于改革的具体指引与有序进行具有重大的模型价值。《司法体制改革评价指标体系研究》课题提出的背景大致有二。一是衡量我国多年来司法体制改革成效的实践需求，为日后我国司法改革提供参照模型。就我国司法改革研究而言，对司法改革进行评价的方法和手段所进行的研究，在目前仍是一个相对生僻的领域。我们认为，应当科学、客观、合理地对其进行评估，总结经验与不足，开拓改革新思路。司法体制改革指标体系的有效构建，将为我国未来司法改革提供科学、开放的参照模型。二是应对美国律协提出司法改革指数（JRI）方案并评价多国司法改革状况所提出的挑战。就国外而言，司法改革研究重心已从既往的学理研究转向至实证性研究。表现之一在于，大量的非政府性机构推出各种指数体系，对一国或地区的司法改革和法治状况进行定性或定量研究。其中以美国律师协会推出的司法改革指数和年度法治指数最为有名。近些年，美国律师协会下属中欧—欧亚法律计划（CEELI）推出的司法改革指数（JRI）和世界

正义工程 (WJP) 推出的法治指数（ROLI）。司法改革指数（JRI）是 Scott N. Carlson 在 1997—1998 年担任美国律师协会司法改革部主任期间发起设计的一个司法改革评估工具，用来评估一国在司法改革领域的进展。该指数是一个由 6 个一级指数与 30 个二级指数构成的指数体系。司法改革指数（JRI）最初被设计用来评估东欧及前苏联地区司法改革进程，后被广泛用于评估新兴民主国家、发展中国家和刚经历动乱国家的法治改革状况，或在联合国维和行动中被用来评估特定国家法治恢复和重建情况。而由于各国历史、各国现实、国情存在诸多差异，美国律师协会推出的司法改革指数（JRI）方案不可能是一种万能的工具与法宝，因此，我们完全有必要根据我国的国情设计一套适合中国特色的司法改革评价指标体系，指导、推进我国司法改革之进程。但美国律师协会推出的司法改革指数（JRI）中的科学合理成分，我们应当予以借鉴或采用。

司法体制改革评价指标体系究竟如何建构，本课题组已经有了初步的结论。司法体制改革评价指标体系是司法评价赖以开展和维系评价客观性的保障，是覆盖评价客体之全部属性的评价指标以一定的逻辑方式所形成的集合体。司法体制改革评价指标体系不同于一般的法律指标、法治指标评价体系，也不同于已有的司法考核评价指标体系，我们所构建的司法体制改革评价指标体系既是对改革开放 40 年来我国司法体制改革的宏观层面的评价，同时也是对具体司法改革项目的微观视角考察。因此，司法体制改革评价指标体系从意蕴来说，它涵盖了司法评价、评价指标、评价指标体制等几个方面的内容。从建构原则来说，它包括科学性原则、主观指标和客观指标相结合的原则、可行性原则、可操作性原则、关联性原则、可比性原则等多个方面。司法体制改革评价指标体系之设计逻辑则以司法制度为核心，以司法权配置为主线，并从“司法制度”向“司法生态”延伸，将司法人员的伦理观念纳入考评范围内，采用过程评价与结果评价相结合的方法，既关注司法体制改革本身的合规则性，又考评改革活动能否取得良好的社会效应。具体包括：以司法价值为依托，着力推进公正高效司法；以司法权配置为主线，全面考评司法权运作的过程；硬指标与软指标结合，过程评估与效果评估并重。司法体制改革评价指标体系之设置则宜从价值、制度、文化和效果 4 个维度进行评价，本评价指标体系的设置即从这四个维度设置 10 个二级指标，每个一级指标下设数个三级指标。价值指标、制度指标和文化指标，更多地表现为一种规则维度的指标，其指向于司法体制改革的行进是否符合我们共同认同的一些基本规则，而不考虑这些改革举措是否能够达成改善司法体制的目的。效果指标则是对司法改革之实效进行评估的指标，其目的在于衡量改革举措对改革目的的实现程度。①

二　本书指标设计的基本情况

我国司法改革评价指标的确立涉及对于司法改革内涵精准把握的问题。课题组经过反复讨论、广泛征求意见后，将司法体制改革评价指标确定为 10 个一级指标，具体包括司法公正、司法效率、司法权威、司法职权配置、司法资源配置、司法监督机制、司法政策、司法生态、司法文化、司法体制改革效果等。其中司法公正、司法效率、司法权威是价值要素，代表了司法活动应然的价值取向和最终的价值归依。司法职权配置、司法资源配置、司法监督机制则是制度要素，代表了司法制度的核心部分。司法政策、司法生态、司法文化为文化要素，集中反映了司法的实际观念形态和运作模式。价值要素处于最抽象的层次，同时可以作为评价制度要素和文化要素的抽象标准。也就是说，价值要素可以纳入制度要素和文化要素。文化要素则是最为广泛的要素。各种价值要素在司法政策、司法生态、司法文化体现为实际存

① 江国华、周海源：《司法体制改革评价指标体系的建构》，《国家检察官学院学报》2015 年第 2 期。

在的思想观念和价值，其中最重要的是价值观。而各种司法制度的实际运行状况，则可以映射出司法文化的实质特征。

10 个一级指标分别可以归于价值与要素、制度与要素、文化与要素、效果与要素等四大部分，这四大部分都是可以独立成篇设计更加具体的评价指标。本书就是其中的文化要素篇研究成果。由于司法政策、司法生态、司法文化都能归于大的司法环境范畴，故本书取名为司法环境建设评价指标研究。学术界对司法环境的讨论并不多。一般说来，“司法环境”一词有两种维度的理解：其一，通过司法营造的环境，即是在一定的时空范围内能对司法主体的行为产生影响的各种外在因素的总和；其二，影响司法的环境，即司法所处的政治、经济、社会状况对司法活动的影响。本书所探讨的司法环境主要从第一种文义来理解。

司法政策在我国司法领域发挥了重要的作用，在某种意义上可以说影响着整个司法环境的发展。本部分选取了“司法政策的制定”与“司法政策的效果”作为两个二级指标进行评价。其中“司法政策的制定”又分为“司法政策制定的民主性”、“司法政策制定的科学性”、“司法政策的稳定性”以及“司法政策的规范性”4 个三级指标。“司法政策的效果”涵盖“司法政策的法律效果”、“司法政策的社会效果”及“司法政策的政治效果”等 3 个三级指标。本书对入选的三级指标都分别进行了详细的说明论证，当然不一定都科学合理，只是代表笔者的个人观点。

司法生态入选为司法体制改革评价的一级指标，有其非常重要的理论与实践意义。尽管从中央层面看，各种重大的会议、报告以及文件等都没有正式提及“司法生态”一词，但是从各种重大决策所指向的改革目标和手段看，优化、改善司法生态却摆在突出位置。影响我国司法生态环境的因素很多，本书选取了 3 个二级指标，分别是司法主体的法治表现指标、法治的地位指标、公民的法律信仰指标。其中“司法主体的法治表现指标”包括司法主体的产生、司法行为的理性化、司法结果的公平考量以及司法职责的保障与追究等 4 个三级指标方面的内容。“法治的地位指标”包括法治的工具主义价值观、法治中的权力制约意识、法治中的权利保护意识等 3 个三级指标；“公民的法律信仰指标”，包括对法律的敬畏心理、对法律的亲近心理、认同法律、恪守法律等 4 个三级指标。

司法文化指标包括 4 个二级指标，分别是法律职业共同体职业伦理道德指标；先进司法理念指标；司法职业规范指标；法治知识的传播指标。其中法律职业共同体职业伦理道德指标又包括法律职业理想、法律职业责任、法律职业态度、法律职业纪律、法律职业良心以及法律职业共同体职业伦理道德等 6 个三级指标。先进司法理念指标包括司法法治理念、司法公正理念、司法文明理念、司法独立理念、司法人权理念等 5 个三级指标。司法职业规范指标包括司法职业技能、司法职业精神、司法职业声望、司法职业传统等 4 个三级指标。法治知识的传播指标包括崇尚法治的知识培训、法律解释的专业性、司法理论研究和司法文艺创作、司法礼仪等 4 个三级指标。对以上各指标的入选理由及相关分析，在后文各章节都有详细的内容。

需要特别说明的是，由于本书是“司法体制改革评价指标体系研究”课题的一部分，故每一章后面所展示的指标设计及权重分析，只是整个课题所设计指标的相关章节对应部分内容。原整个课题由于评价设计需要，只确立了 10 个一级指标，31 个二级指标，73 个三级指标，故本书研究所涉及的 3 个一级指标下面，部分设计的二级指标及三级指标没有纳入“我国司法体制改革评价指标体系”指标系统。[①] 本书研究所涉及的各级指标，主要从理论上进行初步设计论证，如果今后需要单独建立“司法环境评价指标”应用软

① 本书附录《我国司法体制改革评价指标体系》是整个课题组设计的应用指标系统，其共设三级指标。一级指标 10 个，二级指标 31 个，三级指标 73 个。课题《我国司法体制改革评价指标体系研究》结项报告共分为 11 子项目，共 31 章内容。

件或系统，还需要对本书所提出的二级、三级指标进行甄别、筛选，毕竟理论研究与实践应用存在一定差异。这也是笔者及课题组后续要做的工作。本书的相关成果，也是课题组成员集体智慧的结晶。本课题其他指标的理论分析论证由课题组成员另行结集出版，本书不另行介绍。

三 本研究主题数据采集情况说明

本书主要内容是司法环境建设评价指标研究，其只是“司法体制改革评价指标体系研究”中的一个子课题，在指标数据采集方面的介绍，是针对“司法体制改革评价指标体系”大课题进行的。该课题的数据采集主要来源于两个方面。第一，本课题组于 2013 年 3—9 月进行了全国范围内的 2 万余份调查问卷。调查问卷的形成是课题组在召开了若干次调查问卷的征求意见讨论会的基础上，通过对几百个问题的综合与精心筛选，选出了具有代表性和问题意识的题目，并按照访谈对象主体的类型区分为三类试卷：A 卷被调查者是全国普通高校法学院系法学学科及科研机构的一线教师和科研人员，意图获得此类理论研究者对我国司法体制改革的看法、观点与意见；B 卷主要针对的是法官、检察官、律师等法律职业工作者，此部分调查问卷主要试图通过对处于司法改革一线工作者的调查而获得其个体的真实感受和建议；C 卷主要针对的被调查者是普通社会民众，也包括部分曾经有过诉讼经历的当事人，作为关涉民众根本利益的保障与维护的司法体制改革，需要民众的广泛参与。A 卷被调查者需要填写的群体信息包括性别、年龄、教育程度、工作地区、学术职称、从业时间、收入水平等，共设计 44 个相关问题。B 卷被调查者需要填写的群体信息包括职业身份、性别、年龄、教育程度、工作地区、从业时间、收入水平等，共设计 44 个问题。C 卷被调查者需要填写的群体信息包括国籍、工作单位、职业、性别、年龄、教育程度、工作地区等，共设计 39 个问题。A、B、C 问卷所设计的问题，涵盖了本课题 10

个一级指标的相关内容。此三类问卷共发出两万余份，收回有效问卷 20094 份，其中有效 A 卷 1531 份；有效 B 卷 10354 份，其中被调查者职业所占比例最大的是“法官”，占比 45.9%，其次是“检察官”，占比为 35.9%，“律师”所占比例较小，占比 18.2%；另有效 C 卷 8209 份。对调研地区也进行了区分，分为东部经济区、中部经济区以及西部经济区。因此，这种调研问卷获得了不同群体、不同地区对司法改革的相关问题进行了回答，应该具有代表性和广泛性。

第二，本课题组于 2014 年 2—5 月进行了大规模的调研访谈，主要是针对一些涉及价值判断的、主观性较强的司法体制改革问题进行访谈问答，访谈对象主要为法官、检察官、律师等三类群体，另包括少数社会民众。涉及访谈地区为东部经济区、中部经济区以及西部经济区。访谈问题则涵盖了本课题设计的各大类评价指标。访谈方式分为“当面访谈”和“书面访谈”两种，其中课题组采取“书面访谈”形式，已针对近千名社会各界人士进行了访谈。因此，通过这种大规模的访谈形式所取得的数据也具有代表性。访谈问题共设计了 20 个，分别是①您觉得近几年侦查机关、人民检察院和人民法院分别在“优化司法职权配置”方面（包括各司法机关内部与上下级司法机关）有何新的举措？效果如何？②请问人民检察院和人民法院近年来在“量刑建议”工作方面有何改革举措？效果如何？③您认为近年来在司法改革方面，侦查机关、人民检察院和人民法院是否各自在其内部设置了若干制约或制衡措施？效果如何？（分别访谈公检法人员）④请您评价当前司法公信力状况。如果以 60 分为及格线，那么当前司法公信力得分是否及格？⑤请问贵单位在接受社会监督和媒体监督方面有何新举措？效果如何？（分别访谈公检法人员）⑥请您谈谈司法政策在司法裁判中的作用与意义。⑦您认为目前司法行政化的状况怎么样？如需改革，有何建议？⑧请谈谈当前领导干部（特别是司法系统领导）的法治意识状况，他们的法治意识对我国法治建设有何影响？⑨您是如何理解我国的司法职业传统，该传统对我国现代司法有何影响。⑩请谈谈司法理论研究和司法文艺创作在司法文化建设中有何意义和作用。⑪您认为影响我国司法独立的主要因素是什么？⑫您认为我国司法腐败问题是越来越好还是越来越糟了，为什么？⑬您认为司法公开应当体现在哪些方面？⑭您认为法院办案的效率如何？主要问题出在哪里？⑮您心目中所设想的完善的司法体制应当是怎样的？具体表现在哪些方面？⑯您认为一个有效的司法体制改革的阶段性目标和总体目标应当分别是什么？⑰您认为司法体制改革的领导者、组织者（推行者、贯彻者、主持者）、实施者、参与者应当分别是哪些组织或个人？⑱您认为我国司法体制改革总的设计方案应当是怎样的？顶层设计、部门改革方案（包含法院的改革方案、检察院的改革方案、司法行政机关的改革方案）具体应当是怎样的？（该问题可针对不同部门的人员进行访谈）⑲对于一个有效的司法体制改革而言，您认为其司法价值实现的具体表现是什么？⑳对于一个有效的司法体制改革而言，您认为其法律效果和社会效果的具体表现应当是什么？

司法环境在司法体制改革中起着重要作用。目前学术界对司法环境的讨论并不多。一般说来，“司法环境”一词有两种维度的理解，其一，通过司法营造的环境，即是在一定的时空范围内能对司法主体的行为产生影响的各种外在因素的总和。其二，影响司法的环境，即司法所处的政治、经济、社会状况对司法活动的影响。本书所探讨的司法环境主要从第一种文义来理解。影响和评价司法环境主要涉及司法政策、司法生态以及司法文化等三个方面的因素。

第一章

司法政策影响的评价指标

第一节 司法政策的基本理论及指标构成

一 司法政策的基本理论

政策，是指公共权威为解决国家和社会问题而制定的策略。这里的公共权威，则是指对国家和社会的治理拥有权力，负有责任的政治实体。[①] 司法政策，是司法领域与司法活动有关的公共政策，一般是指有关国家机关为实现一定的司法目的而制定的司法策略和司法准则。主流的观点认为，法律和政策是两种最重要的社会调整机制。那么司法与政策，也是相互影响，相互制约的关系。由于政策具有指导性，即对各行各业各种社会集团的现行制度或规范作统一的调整，因此，政策的效力具有普遍性。对于一定时期内由于立法的滞后性而出现的立法空白或者由于立法技术有限等原因而出现的法律漏洞，政策从某种程度而言能够有效填补上述漏洞或者弥补空白，以确保司法机关在司法实践过程中总能有据所依，相对地，政策的贯彻实施也有赖于法律和司法活动的支持并受其制约。

学界对司法政策概念的界定有不同的观点，但一般认为司法政策有广义与狭义之分。广义的司法政策指的是"有关国家机关（主要是司法机关、立法机关和执政党）制定的有关司法活动和司法管理的公共政策"，狭义的司法政策指的是"最高人民法院或者最高人民检察院出于指导审判工作或者检

---

① 刘武俊:《司法政策的基本理论初探》,《中国司法》2012 年第 3 期。

查工作而制定颁布的政策”。[①] 在我国，司法政策的制定主体是法院与检察院，同时也包括与司法活动有关的公安机关、司法行政机关、国家权力机关乃至执政党等部门。法院和检察院是司法政策制定最重要的主体，大量的司法政策都是都出自于“两高”（最高人民法院、最高人民检察院）。我国司法政策的表现形式多样，包括司法文件、司法解释、党的文件、指导性案例、领导人讲话、重要司法会议以及决定等。在中华人民共和国最高人民法院网站，有权威发布重大案件、司法解释、司法文件（包括通知、意见、决定）、司法数据等。

司法政策广泛存在于我们当前的社会生活当中，成为司法体系中必不可少的一部分。现代意义上的司法功能早已超过了传统层面上的“定分止争”，彰显了宏观社会功能。作为司法的触角，司法政策具有延伸和拓展司法功能的作用。司法政策承载的功能包括引导、调节、反馈、分配资源、社会管理、社会制约等。[②] 从不同的角度，可以对司法政策划分不同的类型。如根据司法职能不同的角度，司法政策可以具体分为司法审判政策、司法检察政策、司法执行政策、司法行政政策等。

“司法政策从属于国家政策，从本质上来看仍然属于政策，是国家政策在司法领域的具体化和表现形式，司法政策对于司法实践和司法活动具有重要的指导意义。”[③] 从其历史沿革来说，我党自建立革命根据地以来就颁布了不少用于指导司法实践的司法政策。随着法治观念的进步和法律制度的完善，司法政策相对来说在逐步减少。但是毕竟我国处于历史转型时期，司法政策在日常社会政治生活当中还是有存在的必要，特别是随着司法实践的不断发展，司法政策也随之经历

① 刘武俊:《司法政策的基本理论初探》,《中国司法》2012 年第 3 期。

② 刘武俊:《司法政策的基本理论初探》,《中国司法》2012 年第 3 期。

③ 张大海:《新时期司法政策实证研究》，中国政法大学出版社，2014，第 73 页。

不断变化和发展的过程，并且为整个社会健康发展做出了积极、重要的贡献。

总的说来，作为司法体制改革对象的司法政策，大体可以分为党领导人民治理国家的战略决策层面的司法政策和最高司法机关层面制定的司法政策。从党领导人民治理国家的战略决策层面看，中央文件直接使用“司法政策”表述的并不多见。司法体制改革启动以来，中国共产党第十六届中央委员会第六次全体会议通过的《中共中央关于构建社会主义和谐社会若干重大问题的决定》提出:“实施宽严相济的刑事司法政策，改革未成年人司法制度，积极推行社区矫正。”可算是为数不多的例证之一。中国共产党十八届四中全会上，习近平总书记所作的《关于〈中共中央关于全面推进依法治国若干重大问题的决定〉的说明》指出:“最高人民法院设立巡回法庭……有利于最高人民法院本部集中精力制定司法政策和司法解释、审理对统一法律适用有重大指导意义的案件。”这是中央对最高司法机关制定司法政策职能最直接的肯定。当然，中央文件涉及司法政策的内容还是不少，主要指向司法改革、刑事、民事、行政、执行等专门领域。中国共产党第十六届中央委员会第三次全体会议通过的《中共中央关于完善社会主义市场经济体制若干问题的决定》提出:“加强对法律法规的解释工作，加大执法力度，提高……司法审判和检察的能力和水平，确保法律法规的有效实施，维护法制的统一和尊严。……推进司法体制改革，维护司法公正。实行执法责任制和执法过错追究制，做到严格执法、公正执法、文明执法。”中国共产党第十六届中央委员会第四次全体会议通过的《中共中央关于加强党的执政能力建设的决定》提出:“加强和改进党对政法工作的领导，支持审判机关和检察机关依法独立公正地行使审判权和检察权，提高司法队伍素质，加强对司法活动的监督和保障。以保证司法公正为目标，逐步推进司法体制改革，形成权责明确、相互配合、相互制约、高效运行的司法体制，为在全社会实现公平和正义提供法制保障。……支持和保证……司法机关依法履行监督职能。有效发挥司法机关惩治犯罪、化解矛盾和维护稳定的职能作用……依法打击各种犯罪活动，保障人民生命财产安全。”中国共产党第十七届中央委员会第四次全体会议通过的《中共中央关于加强和改进新形势下党的建设若干重大问题的决定》提出：“党委既要支持人大、政府、政协、司法机关和人民团体依照法律和各自章程独立负责、协调一致地开展工作，又要发挥这些组织中党组的领导核心作用，保证党的路线方针政策和党委决策部署贯彻落实。……深化司法体制和工作机制改革，加强对司法活动的监督，健全执法过错、违纪违法责任追究等制度，保证公正司法。”中国共产党第十八次全国代表大会报告指出：“全面推进依法治国。法治是治国理政的基本方式。要推进科学立法、严格执法、公正司法、全民守法，坚持法律面前人人平等，保证有法必依、执法必严、违法必究。……进一步深化司法体制改革，坚持和完善中国特色社会主义司法制度，确保审判机关、检察机关依法独立公正行使审判权、检察权。”

我们国家大量的司法政策是由最高人民法院与最高人民检察院制定和颁布的。最高人民法院《关于规范上下级人民法院审判业务关系的若干意见》（法发〔2010〕61 号）第 8 条规定，最高人民法院通过审理案件、制定司法解释或者规范性文件、发布指导性案例、召开审判业务会议、组织法官培训等形式，对地方各级人民法院和专门人民法院的审判业务工作进行指导。因此，最高司法机关出台的司法政策既包括发布的各类改革纲要，也涵盖涉及刑事、民事、行政等领域能具体指导司法审判检察实践的规范性文件。涉及司法改革的司法政策主要起到导向作用、方向作用。比如最高人民法院 1999 年发布的《人民法院五年改革纲要》中，关于三大诉讼的司法政策主要聚焦于审判方式改革；2005 年发布的《人民法院第二个五年改革纲要（2004—

2008)》中，关于三大诉讼的司法政策主要围绕诉讼程序制度展开；最高人民法院于2009年发布的《人民法院第三个五年改革纲要（2009—2013)》中，关于三大诉讼的司法政策主要着眼于优化人民法院职权配置和落实宽严相济的刑事政策。最高人民法院于2015年发布的《最高人民法院关于全面深化人民法院改革的意见》(第四个五年改革纲要（2014—2018))中，关于三大诉讼的司法政策主要集中在建立与行政区划适当分离的司法管辖制度和建立以审判为中心的诉讼制度两方面，其中，建立与行政区划适当分离的司法管辖制度包括：推动设立知识产权法院；改革行政案件管辖制度；改革海事案件管辖制度；改革环境资源案件管辖制度；健全公益诉讼管辖制度；改革军事司法体制机制。

最高人民检察院于2000年发布的《检察改革三年实施意见》中，关于检察业务的司法政策主要聚焦于改革检察业务工作机制，包括：改革和加强刑事立案监督工作；定期研究制定侦查、批捕、起诉、抗诉的刑事政策和证据标准；适应公开审判的需要，规范检察人员出席二审、再审法庭的法律职责和工作程序；等等。最高人民检察院于2005年发布的《最高人民检察院关于进一步深化检察改革的三年实施意见》中，关于检察业务的司法政策主要集中于改革和完善对诉讼活动的法律监督制度和创新检察工作机制两部分。2015年发布的《关于深化检察改革的意见（2013—2017年工作规划)》中，主要从健全反腐败法律监督机制、提高查办和预防职务犯罪的法治化水平以及强化法律监督职能两方面部署检察业务司法政策。因此，最高国家司法机关通过制定一系列司法政策，以便发挥其宏观调控功能，以使执政者对一定时期内的司法方向、司法原则、司法方法等有宏观把握。

二 司法政策影响之指标构成及其指标关联

分析司法政策的影响指标必须考虑其本身的价值需求及应有的基本属性。通常法律在制定时已经确立一定的价值目标，但随着客观条件的变化，原来设定的价值目标可能会发生一定的改变，而法律具有相对的稳定性，司法机关在执行法律的过程中不可能及时改变法律来实现已经发生变化的目标，只可能通过调整司法政策来实现或接近新的目标。在我国，由于受传统法文化的影响，以及诸多的现实原因，司法政策在我国存在涉及的范围比较广，对我国社会经济及政治生活产生很多积极影响，其主要表现在：第一，解释法律存在的不确定的概念可以以构建和谐社会所需要的原则为指导来对相关概念进行诠释，使司法政策的调整成为可能；第二，司法机关可根据一定的政策和价值目标来行使其自由裁量权，以作出唯一“正确”的裁量；第三，填补法律体系存在的漏洞可用司法政策的调整来实现；第四，司法机关在审理案件时，对同一个事实不可能同时适用相互冲突、相互矛盾的法律规范时，司法政策可以发挥其调整作用；第五，在司法审判过程中，经常会遇到价值判断和利益衡量的问题，在多种权利或利益相冲突时，到底保护哪种权利或利益？这就要进行价值判断和利益衡量，可以发挥司法政策的调整作用。[①] 具体而言，司法政策其基本价值取向有三种。

一是法律效果。司法政策的首要目标在于推进法治。它通过阐释法律的精神和理念，帮助法官更加正确地理解适用法律，补充法律的不足，从而带动法律的发展。二是社会效果。绝大多数司法政策是为了回应社会需求而制定实施的，例如“调解优先、调判结合”政策的提出，目的是妥善化解社会

---

① 江必新:《构建和谐社会与司法政策的调整》,《人民论坛》2005 年第 11 期。

矛盾纠纷，应对法院收案数量大量增长、涉诉信访率居高不下、许多案件案结事不了等问题；能动司法政策的提出，直接的动机是为了应对金融危机引起的国际国内经济形势的发展变化和企业的生产经营状况；等等。因此，评估司法政策的社会效果就是评估其是否实现了社会目标。三是政治效果。在我国，司法讲政治，落脚点在于必须讲求司法的政治效果，实现法律效果与政治效果的统一，处理好法律正义与政治正义的关系。为此，必须考量司法政策是否有利于巩固党的执政地位和基础，是否符合最广大人民群众的根本利益，是否有利于民主政治、法治国家、和谐社会的建构，是否有利于安定团结和社会稳定。

除了基本价值取向外，良好的司法政策必须有正当的制定程序及应有的稳定和规范。政策是社会公共权威为解决社会问题而制定的策略，尽管制定主体一般是有权威的政党、机构、组织或者个人（领导人），但是在制定程序上一定要有一套比较完善的制度，否则会对社会进步起负面作用。司法政策通常要经过确定政策目标、调研收集信息、拟定政策方案、评估抉择决策和正式颁布等环节或阶段。尤其在法治国家中，制定政策也必须应在法治的框架内进行。司法政策必须是合法的司法政策，其本身要实现实质正义和程序正义的统一。要充分发扬民主，广泛听取相关单位部门的意见和建议，司法政策的制定必须尊重民意、吸纳民意、体现民意，司法政策的执行也必须接受人民群众的监督，要扩大公众对司法政策的有序参与。司法政策的内容应该是科学合理的，符合社会经济发展的一般规律。对于司法政策的内容表述应当尽可能的科学严谨，以客观事实为遵循依据，避免成为政治干预司法和司法者玩弄法律的工具。当然，相对于立法活动严格的立法程序，司法政策的制定显然在程序上更为灵活，富有效率。但是，司法政策应该具有相对的稳定性，不能朝令夕改，让人无所适从，没有预期。

总的说来，司法政策的影响指标应该包括六个部分，分别是：司法政策的法律效果；司法政策的社会效果；司法政策的政治效果；司法政策的制定的民主性与科学性；司法政策的稳定性；司法政策的规范性。其中法律效果、社会效果、政治效果三个指标是从司法政策对社会所起的作用或影响力角度来讲的；而民主性与科学性则是指司法政策的制定程序；稳定性与规范性则说明司法政策在应然的角度应具有的两大基本属性。因此，从司法政策的制定程序、对社会生活所起的影响力及其应该具有的基本属性看，这三个方面都存在必然的联系。采取民主与科学的程序是制定良好司法政策的基础，具有一定的稳定性和规范性则是司法政策保持旺盛生命力的保证；法律效果、社会效果与政治效果三者能有机统一则是司法政策应到达的目标。

第二节　司法政策影响指标 ①

由于我国已经将“依法治国，建立社会主义法治国家”作为一项基本的治国方略确定下来，因此，推进社会主义建设必须在法治的框架下进行。但是，由于我国现正处于社会转型期，既不能以传统的理念和治理方式来看待和应对当前的法治问题，也不能简单地套用西方成熟社会的理论与对策手段来看待和处理我国的法治问题，目前我国还只是“有限的法治”，这种“有限”体现在治国方式的安排上，必须考虑相关的制度安排、政策措施以及实际操作上适应转型期制度变革与社会发展的需要，而司法政策作为推进法治建设的进程有了其存在的必要。从本课题相关的调研数据来看，认为司法政策有存在意义的占有相当的比例。

---

① 本节的主要观点曾发表于《湖南社会科学》2014 年第 6 期。

表 1-1 司法政策有意义的原因（A 卷）

经济区划分 * 司法政策有意义的原因 交叉制表										
			原因						总计
			T16 有意义在法律规定模糊需要明确时	T16 有意义在法律存在漏洞需要填补时	T16 法官行使自由裁量权时	T16 有意义在法官进行利益衡量时	T16 有意义在解决法律规范冲突时	T16 有意义在其他方面	
地区	东部经济区	计数	166	203	140	122	112	3	311
		经济区划分内的比重（%）	53.4	65.3	45.0	39.2	36.0	1.0	
		总计的比重（%）	21.5	26.3	18.1	15.8	14.5	0.4	40.3
	中部经济区	计数	211	239	176	158	150	2	359
		经济区划分内的比重（%）	58.8	66.6	49.0	44.0	41.8	0.6	
		总计的比重（%）	27.3	31.0	22.8	20.5	19.4	0.3	46.5
	西部经济区	计数	65	60	52	45	49	0	102
		经济区划分内的比重（%）	63.7	58.8	51.0	44.1	48.0	0	
		总计的比重（%）	8.4	7.8	6.7	5.8	6.3	0	13.2
总计		计数	442	502	368	325	311	5	772
		总计的比重（%）	57.3	65.0	47.7	42.1	40.3	0.6	100.0

表 1-2 司法政策有意义的原因（B 卷）

经济区划分 * 司法政策有意义的情况 交叉制表

			情况						总计
			T19 有意义在法律规定模糊需要明确时	T19 有意义在法律存在漏洞需要填补时	T19 有意义在法官行使自由裁量权时	T19 有意义在法官进行利益衡量时	T19 有意义在解决法律规范冲突时	T19 有意义在其他方面	
地区	东部经济区	计数	1665	1658	1287	1031	1103	40	2700
		经济区划分内的比重（%）	61.7	61.4	47.7	38.2	40.9	1.5	
		总计的比重（%）	27.6	27.5	21.4	17.1	18.3	0.7	44.8
	中部经济区	计数	1080	1303	765	741	810	15	2107
		经济区划分内的 比重（%）	51.3	61.8	36.3	35.2	38.4	0.7	
		总计的比重（%）	17.9	21.6	12.7	12.3	13.4	0.2	35.0
	西部经济区	计数	755	786	588	563	597	26	1216
		经济区划分内的比重（%）	62.1	64.6	48.4	46.3	49.1	2.1	
		总计的比重（%）	12.5	13.0	9.8	9.3	9.9	0.4	20.2
总计		计数	3500	3747	2640	2335	2510	81	023
		总计的比重（%）	58.1	62.2	43.8	38.8	41.7	1.3	00.0

表 1-3　司法政策有意义的情况（B 卷）

司法政策有意义的情况 频率				
		响应		个案百分比
		N	百分比	
情况 a	T19 有意义在法律规定模糊需要明确时	3500	23.6%	58.1%
	T19 有意义在法律存在漏洞需要填补时	3747	25.3%	62.2%
	T19 有意义在法官行使自由裁量权时	2640	17.8%	43.8%
	T19 有意义在法官进行利益衡量时	2335	15.8%	38.8%
	T19 有意义在解决法律规范冲突时	2510	16.9%	41.7%
	T19 有意义在其他方面	81	0.5%	1.3%
总计		14813	100.0%	245.9%

表 1-1 所调研的对象为高校法学院系的专业法学教师。针对“司法政策有意义的原因”问题，三个经济区的情况相近。表 1-2 所调查的对象为法院、检察院、律师等法律职业群体，针对“司法政策是否有意义”问题，调查结论与表 1-1 的情况相似。而表 1-3 对于“司法政策有意义的情况”这一问题，在六个原因所占比例最大的是在“法律存在漏洞需要填补时”，其所占比例为 25.3%；其次是在“法律规定模糊需要明确时”，为 23.6%；所占比例最小的原因为在“法官进行利益衡量时”，是 15.8%；对于“法官行使自由裁量时”和“在解决法律规范冲突时”，两者的比例分别为 17.8% 和 16.9%，比较接近。

从上述针对两种不同职业群体的调研情况看，尽管对司法政策是否有意义存在不同的看法，但是认为司法政策在当前司法领域还是有存在的意义占有相当的比例，也说明司法人员在司法实践中的确认识到目前我国司法资源与司法能力的有限性，也希望通过司法政策等“软性”手段解决当前复杂的社会矛盾。

一　司法政策的法律效果

（一）司法政策法律效果的含义

由于司法政策只是为解决司法问题而制定的方针策略，它比法律具体条文抽象，并且弹性非常大。但是，由于司法政策是权威机关制定颁布指导具体司法活动的，所以司法政策一方面在对个案具体指导上会产生法律适用的意义，另一方面，当法律不健全或存在漏洞时，司法政策直接作为审理案件的依据，从而也会产生法律适用意义。[①] 因此，司法政策在一定程度上具有适用法律的效果。

有学者从法理学角度分析，"法律实效，又称法律的成效，是指发生法律效力的法律规范在实际上被执行、适用和遵守的情况"。[②] 从社会法学的角度看，"法律效果，指法律或判决对社会生活的作用、影响，衡量法律效果如何看法律作用的结果能否达到法律的预期目标"。[③] 因此，司法政策的法律效果可以这么理解：在司法实践中，司法政策能被正确运用，相关法律程序被严格遵守，人民的合法权益得到充分保障，达到预期调整社会关系的目的。

（二）司法政策法律效果的表现

法律效果强调的是司法活动的合法性，即要严格遵守法律，在程序法方面，严格依照法律程序，做到程序上的正义；在实体法方面，根据实体法公正裁判，维护实体上的正义。司法政策法律效果的表现就在于：司法政策在指导司法实践中，特别是在具体案件的裁判中，能体现法律的规范性，侧重

---

① 例如，1987 年夏季，北京永定门火车站发生"哄抢西瓜"一案，北京市中级人民法院对这一案件的罪犯从重判决。其依据是：有利于维护"鼓励农民进城做生意的政策"。参见陈晓枫《中国法律文化研究》，河南人民出版社，1993，第 35 页。

② 沈宗灵：《法理学》（第 2 版），高等教育出版社，2004，第 287 页。

③ 朱景文：《现代西方社会法学》，法律出版社，1994，第 204 页。

对法律条文的正确适用。司法是依法解决法律纠纷的专门活动，鉴于法律固有的原则性和法律漏洞等缺憾，具体办案中如何准确适用法律，如何更好地体现司法裁判的法律效果，往往都需要司法政策给予司法人员明确具体的指引和指导。

（三）入选评价指标的理由

我国依法治国的基本要求是：有法可依、有法必依、执法必严、违法必究。其中，有法可依是依法治国的前提；有法必依是依法治国的中心环节；执法必严是依法治国的关键；违法必究是依法治国的必要保障。在我国当前的司法实践中，实现法律效果就要做到“有法可依、有法必依、执法必严、违法必究”的十六字方针。评判司法政策在司法体制改革中所起的作用，就看它是否具有合法性，是否做到了严格依法办事，这是司法政策在法治社会中存在的前提。

二　司法政策的社会效果

（一）司法政策社会效果的含义

效果，是一个客观的描述，就是意见、观点、评价的具体反映。司法政策的社会效果，即执行司法政策时，将某些社会因素纳入考虑范围，具体来说，就是司法政策在指导法律适用时，进行社会需求、社会价值和社会变化的衡量。从此种层面理解，司法的社会效果应该包含在其法律效果当中。为什么会将司法的社会效果单独提出，是因为存在不将社会价值考量纳入法律适用考虑范围，而将法律适用简单地概念化和逻辑化的现象，致使最终不能实现良好的或者最佳的社会效果。[①]

（二）司法政策社会效果的表现

对社会效果好坏的评价可以从以下三个方面进行：第一，当事人对审判

---

① 参见孔祥俊《论法律效果与社会效果的统一——一项基本司法政策的法理分析》，《法律适用》2005 年第 1 期。

结果的接受程度；第二，公众对审判结果的接受程度；第三，审判对公众的行为及社会价值导向产生的影响。①

因此，司法政策的社会效果主要表现在：司法政策指导司法实践的过程及结果是否符合当事人的预期，即当事人是否服从判决以化解矛盾；是否倡导正确的社会价值取向，维护社会正义和公德；是否得到公众的认可，借以保护市场主体的合法权益；等等。司法政策的社会效果旨在促进社会秩序的稳定以及符合人们普遍的道德追求。特别注意的是，司法政策要想得到公众的认同、理解、尊重与支持，就必须反映公众的呼声与要求，满足民众的正义感。司法审判需要实现多种价值目标，而不只是追求某一种价值。……司法审判要为构建和谐社会服务，要做到四个"统一"，即程序公正与实体公正的统一；形式公正和实质公正的统一；主观公正和客观公正的统一；个案公正和整体公正的统一。②

表 1-4 "社会效果"在《最高人民法院工作报告》中的上下文含义梳理

年份	原文	与"社会效果"相对应的小标题及其上下文含义概括
1983	不仅当事人心服口服，而且群众也受到教育，能够收到良好的社会效果	标题：审判工作必须贯彻群众路线 文义：在民事审判工作中，凡是群众工作做得好，思想政治工作做得透，纠纷就处理得好，群众也受到教育，能收到良好的社会效果
1984	教育挽救了一大批失足青少年，使这场斗争取得了更大的社会效果	标题：坚持惩办与宽大相结合 文义：刑事审判坚持区别对待的政策，既瓦解了犯罪分子，又教育了失足青少年，使这场斗争取得了更大的社会效果

① 李玉华：《如何实现审判的法律效果和社会效果的统一》，《综合来源》2005 年第 12 期，第 292 页，转引自最高人民法院政治部编《法官行为规范（试行）解读》，人民法院出版社，2006。

② 江必新：《构建和谐社会与司法政策的调整》，《人民论坛》2005 年第 11 期。

续表

年份	原文	与"社会效果"相对应的小标题及其上下文含义概括
1985	既做司法工作，又做群众工作，更加注重了办案的社会效果	标题：开展司法建议活动 文义：许多法院克服了关门办案现象，走出机关，既做司法工作，又做群众工作，更加注重了办案的社会效果
1990	随来随调解、方便当事人，取得了较好的社会效果	标题：积极开展调解工作 文义：在民事、经济审判中，贯彻注重调解的原则，随来随调解，方便当事人，取得了较好的社会效果
1991	选择典型案例，以案讲法，震慑犯罪，教育群众，扩大办案的社会效果	标题：严肃执法和注重社会效果统一 文义：审判要为治理整顿和改革开放服务，通过公开审判和典型案例，以案讲法教育群众，扩大办案的社会效果
1992	司法建议为有关单位所采用，收到了较好的社会效果	标题：坚持"严打"斗争 文义：在"严打"过程中，施行公开审判并提出司法建议，收到了较好的社会效果
1994	有力地打击了严重刑事犯罪分子，社会效果较好	标题：坚持"严打"斗争 文义：依法从重从快惩处严重刑事犯罪分子，社会效果较好
1995	遏制这类违法犯罪活动的蔓延，收到良好的社会效果	标题：强化同严重刑事犯罪的斗争 文义：针对各地区情况，什么犯罪突出就重点打击什么犯罪，从重从快惩处走私、贩黄、盗版等败坏社会风气的犯罪，收到良好的社会效果
1996	对于稳定土地承包制产生了较大影响，社会效果很好	标题：保护合法权益促进民主法制建设 文义：法院加强对公民、法人合法权益的保护，维护社会稳定，社会效果很好
1997	开展法制教育，扩大审判工作的社会效果；不仅考虑到法律效果，而且注意到社会效果	标题：依法调节经济关系和其他社会关系 文义：全国法院要紧紧把握国家宏观调控的大局，重点审理涉及市场经济秩序的案件，注重办案的法律效果和社会效果
1998	广泛开展法制宣传，扩大办案的社会效果	标题：严厉打击刑事犯罪活动 文义：在审判的同时广泛开展法制宣传，扩大办案的社会效果。有的案件审判不及时，造成了不良社会效果

续表

年份	原文	与"社会效果"相对应的小标题及其上下文含义概括
2000	最高人民法院开展了"坚持审判的法律效果与社会效果相统一"的大讨论	标题：努力解决执行难 文义：最高人民法院开展"坚持审判的法律效果与社会效果相统一"的大讨论；集中执行取得了良好的法律效果与社会效果
2001	对行贿的犯罪分子依法定罪判刑，产生了良好的社会效果	标题：加强审判和执行工作 文义：惩治贪污贿赂犯罪，对成克杰、胡长清等人定罪判刑，产生了良好的社会效果
2004	正确处理好……法律效果与社会效果的关系	标题：落实司法为民的要求 文义：注重审判质量，使人民群众受益，处理好法律效果与社会效果的关系
2005	取得了良好的法律效果和社会效果	标题：司法公正树形象活动 文义：树立宋鱼水为优秀法官典型，取得了良好的法律效果和社会效果
2008	充分发挥审判职能作用，力求法律效果与社会效果的有机统一	标题：贯彻公正司法，一心为民 文义：提高了审判质量，一审服判率为 90.01%，二审维持率为 70.84%，力求法律效果与社会效果的有机统一
2009	不注重办案法律效果和社会效果的统一	标题：法院工作与党和人民的要求还存在差距 文义：有些法官在服务大局、科学发展上自觉性不高，不注重办案法律效果和社会效果的统一
2010	指导相关法院严格依法办案，重事实、重证据，实现办案法律效果和社会效果的统一	标题：加强刑事审判工作，依法维护国家安全和社会稳定 文义：妥善处理社会影响较大的案件，坚持打击极少数，团结、教育、争取大多数，指导相关法院严格依法办案，重事实、重证据，实现办案法律效果和社会效果的统一
2011	有效遏制严重刑事犯罪上升势头，取得良好的法律效果和社会效果	标题：依法惩处刑事犯罪，有力维护国家安全和社会稳定 文义：全国各级法院认真贯彻执行宽严相济的刑事政策，依法严惩伤害中小学生、幼儿园儿童犯罪，有效遏制严重刑事犯罪上升势头，取得良好的法律效果和社会效果

续表

年份	原文	与“社会效果”相对应的小标题及其上下文含义概括
2012	一些案件未能有效实现办案法律效果和社会效果的有机统一	标题：法官对法律精神、司法政策的理解存在偏差 文义：部分法官对法律精神、司法政策的理解存在偏差，大局意识不强，一些案件未能有效实现办案法律效果和社会效果的有机统一

有学者从以上最高人民法院多年工作报告中解读“社会效果”的含义，认为在1990年以前的工作报告中，社会效果主要是指司法裁判要教育广大群众，注重调解，贯彻群众路线。在1991—1995年的工作报告中，社会效果含义为坚持“严打”斗争，从重从严惩罚犯罪分子，并通过典型案件教育群众。而在1996—1998年的工作报告中，“社会效果”的含义为维护市场经济秩序，推进民主法制建设。2000年以后，社会效果则表现为提高审判质量，惩治贪污贿赂犯罪，及时有效执行，树立正反面典型，教育广大群众。①

目前我国司法政策的社会效果主要是侧重于特殊时期、特殊情形下的政策考量，相比较法律效果来说，其社会效果更显示其时效性与灵活性，大多针对社会的非常态状态而制定。最高人民法院有关负责同志在2018年3月9日对周强院长所作《最高人民法院工作报告》进行了详细解读，认为：“……最高人民法院结合社会热点，面向司法管理、审判执行和国家治理各类需求，积极加强司法大数据研究，形成各类热点周报、态势月报和专题研究，为司法管理提供精准支持，并为服务国家治理、服务经济社会发展、服务党委和政府决策提供有益参考，取得良好社会效果。”②

① 参见宋亚辉《公共政策如何进入裁判过程——以最高人民法院的司法解释为例》，《法商研究》2009年第6期。

② 《重磅！〈最高人民法院工作报告〉权威解读发布》，《中国青年网》2018年3月9日。

（三）入选评价指标的理由

司法政策是一种刚柔相济的社会调整机制，既有司法的特有刚性，也具有相当的灵活性。一方面可以在一定程度上对法律进行补充或指导，另一方面通过对社会中多元利益主体的各种利益矛盾进行协调，对各种利益诉求进行选择与整合，从而达到促进经济发展和维护社会稳定的作用。追求司法政策的社会效果，主要原因在于当前我国正处于社会转型期，法制建设不甚健全，法治供给与社会需求不相适应。特别是应对社会的非正常状态，当非正常状态出现时，严格操作常态下的法律可能并不符合立法者的本意和良好预期，此时就需要求助于特定的公共（司法）政策。正如有学者所说的，“法律标准适用于大多数情况，而政策标准是特殊情况下的适用标准，是对逻辑标准的变通或者对于特殊情况的应对和反应”。[①]

将司法政策的社会效果纳入司法改革评价指标研究，能使司法机关及时出台和实施司法政策，积极回应国民经济和社会发展的变化，弥补司法的次生性、被动性和保守性，引导社会稳定、健康发展。

三　司法政策的政治效果

（一）司法政策政治效果的含义

司法政策是执政者为实现一定政务目的而制定的。当前，党的基本诉求是发展经济和社会稳定。对于执政党来说，最大的政治就是发展经济和社会稳定。

司法与政治关系密切，一方面，司法权是政治权力的组成部分，司法的结构和布局是应政治的需要而构成的；另一方面，司法承载着重要的政治功能。在当今社会，司法机关可以通过裁判纠纷形成公共政策以影响社会发展

① 孔祥俊：《裁判的逻辑标准与政策标准》，《法律适用》2007 年第 9 期。

的进程，通过填补法律漏洞或发挥造法功能以干预社会生活，甚至通过判断政治行为的合宪与否以维护宪法制度。因此，司法机关，特别是法院成为政治生活中的重要角色。司法机关通过适用司法政策，贯彻人民和执政党的政治意志，当前对于党与政府而言，我国司法政策的政治效果大多时候表现为稳定社会和控制社会，从“司法为民”的理念出发，则实质上为了追求政治正义。政治正义主要是指政治权力获得的合法性和正当性，共产党的执政基础是代表了最广大人民的根本利益，“人民司法”是实现政治正义的逻辑前提，“人民”的正义只有在“人民司法”中才能得到有效实现，因此，司法政策的政治效果最终都要体现在“一切为民”的目的之中。

（二）司法政策政治效果的表现

谈论司法政策的政治效果，首先要承认国家权力应该受到法律的限制，在司法过程中要克服片面的政治意识形态，不能把法治设计在政治之下，政治只能是法治之下的政治。要摒弃政治对法治的统领地位及法治工具性的价值观。司法政策政治效果表现在：司法裁判“是否有利于巩固党的执政地位和基础，是否符合公共利益和最广大人民群众的根本利益，是否有利于民主政治、法治国家、和谐社会的建构，是否有利于安定团结和社会稳定”。[①] 司法审判如果真正严格遵守了以上几个原则，那就能处理好法律正义与政治正义的关系了。这也就是实现了司法政策的法律效果与政治效果的统一。对政治问题的考虑和关照，切不可超越合法有效的法律规范，只有这样，司法才不会违背政治正义，才会取得最大的政治效果。

（三）入选评价指标的理由

新中国成立60余年，我国一直都是以政法思维推动法治建设，法律的作用没有得到充分发挥，由于权力、人情关系和金钱等，对司法的干预以及司法

① 江必新：《正确认识司法与政治的关系》，《求是》2009年第12期。

腐蚀，使得法律失去了公信力，很多公权与私权的冲突无法通过法治的途径予以解决。因此，在转型期不应该是政治给司法赋予更多的政治任务，而是用政治的手段约束司法者，迫使其按照法律的规则和程序来裁判案件，减少司法腐败和司法不公。

司法追求和谐，就是追求稳定，司法政策追求的社会效果在很大程度上也就是政治效果。当“稳定压倒一切”还是我国最大的政治时，“秩序”作为最高的法律价值就不会改变。司法所要认真考虑的社会效果经过政治系统的转换，也就变成了政治效果。而只有符合公平、正义的“秩序”得以建立，社会才能实现真正长久的和谐。因此，司法政策的政治效果应该是用政治的手段，维护司法的公正、权威，而以法治方法进行维稳是最佳途径。

四 司法政策制定的民主性与科学性

司法政策的制定必须遵守民主与科学的基本价值取向，如果说民主价值是司法政策实施的道德基石，体现的是政策实施的形式可能性，那么科学价值则是政策实施的理性内涵，主要体现的是实施的实质可能性。

（一）司法政策制定的民主性与科学性含义

民主的内涵到底是什么，其外延又有多大？这历来是一个众说纷纭的问题。一般说来，民主通常指的是一种政治制度，而对于这种政治制度又是从政府权威的来源和政府的目的来界说的，即政府是在尊重少数的基础上实行多数人的治理，政府存在的目的是为了人民。从国家与社会两分的角度看，民主指的不仅仅是民主国家，而且还指民主社会，后者为前者的深厚基础。从国家的角度理解民主，涉及立法、行政、司法等各个部门，而各个部门都涉及民主之精神，具体到立法领域，特别是在制定和实施司法政策的过程中，就是决策的民主化问题。

司法政策制定的民主性，主要是指司法政策在制定过程中，民众参与政策制定的渠道、程度和方式等。在西方国家，民众对公共政策（包括司法政策）的制定施加影响，可以通过议会、院外游说团、竞选、党派、民间团体和社会舆论等。在我国，可以通过政党、政协、人大、选举、信访和社会舆论等形式来表达大众对政策（司法政策）的看法。只有充分考虑民众意愿和利益的司法政策才具有合理性和科学性。司法政策的制定要尊重民意、体现民意，司法政策的执行也要接受人民群众的监督强调。司法政策的民主性，对于防止司法政策封闭化和神秘化，乃至预防司法专断和司法专横都有积极意义。

司法政策制定的科学性是建立在其民主性基础之上的，不仅要求制定司法政策的相关技术要成熟、完善，更要求在法律框架范围内进行。一定要处理好政策与法律的关系，在依法治国的目标下，司法政策不能与现行法律的原则和精神冲突。司法政策本身是根据法律的原则和精神以及具体法律规定制定的，不能超越和凌驾于法律之上。任何超越宪法和法律制定的司法政策，都不具备合法性和科学性。

（二）司法政策制定的民主性与科学性表现

司法政策的民主性主要表现在，首先，司法政策的制定要采取民主集中制原则，广泛听取社会各阶层人员的意见和建议，特别是要吸纳法学家、法律工作者的意见，要尽量包容不同的观点和利益诉求，考虑多数，兼顾少数，集思广益。最后由相关部门采取民主集中制形式，将反映民意的司法政策制定完善。其次，司法政策要公开。一方面司法政策的制定过程尽可能公开，俗话说得好："阳光是最好的防腐剂。"在一定意义上，公开性越高，司法政策的民主化程度就越高，政策的制定过程公开是当代民主化进程中的重要趋势。另一方面，司法政策的颁布实施尽可能公开。通过各大媒体尽可能多地宣传、介绍相关司法政策的内容，让全社会民众尽可能有知悉司法政策的途径。

司法政策制定的科学性主要表现在，第一，司法政策制定要符合当前的社会现实生活，政策的内容要便于操作、实施。司法政策的出台通常也要经过确定政策目标、调研收集信息、拟定政策方案、评估抉择决策和正式颁布等环节或阶段。确定政策目标，就是制定主体明确该司法政策的调整目标和预期目标，这样才能有的放矢地制定政策。调研收集信息，就是要围绕政策目标深入调研，获取翔实的政策信息，为拟定政策方案创造条件。拟定政策方案，就是司法政策起草成型的阶段，可以拟定供决策备选的几种方案。评估抉择决策，就是对政策方案进行可行性评估和筛选的实质性决策阶段。[①] 第二，司法政策执行要有严格程序，对执行的主体、执行的程序、执行后的效果评估等进行合理设置。司法政策执行要防止出现执行的偏差，亦即司法政策的走样变形，在执行司法政策的过程中，基层司法机关不能随意歪曲、断章取义，不能搞土政策，使政策走样。不能"上有政策，下有对策"。设置科学合理的司法政策评估指标体系，该评估体系要涵盖效果、效益和效率和公正等要素等多个方面。第三，司法政策实施后，如果发生偏差，应设置合理、科学的纠偏机制，包括责任追究机制和权利救济机制。第四，法律政策与其他法律文件（法律、法规、条例、司法解释文件、判例等）最好能形成配套，形成有效的良性循环。

（三）入选评价指数的理由

由于特殊的历史原因与我国现实的国情需要，司法政策在当前社会政治、经济生活中有其存在必然和必要，因此，我们必须正确认识和处理好党的领导与司法独立之间的关系、调整现有的司法政策，尽可能发挥司法政策的积极作用和控制司法政策的消极影响。

既然司法政策在当今社会生活中还有存在的空间，那就要对司法政策的制定、执行等方面进行全方位的规范。而确定司法政策的基本价值取向，广泛听取民意，发扬民主，健全公众参与司法政策决策的程序，提高司法政策决策的透明度，这对提高司法政策在实践中发挥良好的社会作用具有重要意义。同时，科学、合理的司法政策，也是解决社会矛盾，促进社会和谐发展

① 参见刘武俊《司法政策的基本理论初探》，《中国司法》2012 年第 3 期。

的调节器。因此，在司法体制改革中，必须重视司法政策制定的民主性与科学性，并将其规范在法律框架中进行。

五　司法政策的稳定性

司法政策相对于法而言，无论从其制定主体、制定程序还是实施机关来说，都具有较大的灵活性，同时也更富有效率。但是，这并不是说司法政策就可以朝令夕改，司法政策也应该有相对的稳定性。

（一）司法政策稳定性的含义

司法政策稳定性是指，司法政策在颁布生效以后，它的效力要维持适当的时期，不能朝令夕改，更不能因领导人的频繁更换而改变，也不能因为某个领导人看法和注意力的改变而改变。

（二）司法政策稳定性的表现

司法政策稳定性表现为以下三点。一是司法政策必须合法。任何政策包括司法政策的制定都必须遵循客观规律，必须遵守宪法和法律并在国家相关法律的框架内行动。二是司法政策的法律化。正确处理司法政策与法律关系的关键是实现我党与国家司法政策的法律化。司法政策不是表现为国家意志的法律规范，但它又在国家政治经济、社会和文化生活中发挥重要作用。如果司法政策经过实践检验是正确的，那么应该及时将司法政策上升为国家意志，转化为法律，通过法律来实现执政的目的。三是司法政策的执行主体具有稳定性。执行是司法政策的实践环节，是实现既定政策目标的重要环节。政策方案一经合法化过程并公布后，就进入政策执行阶段。司法政策的执行机关应该是稳定的、法定的，不是任何国家机关都有执行权力。

（三）入选评价指标的理由

在新中国成立后相当长的时间内，由于各种原因，依政策办事形成了一个思维模式，而政策的不稳定性带来的市场的不确定因素增多，这不利于人民群众生活，不利于社会良性发展。而“依法治国”被确立为治国方略之后，依法律办事应该成为人民生活首选，但是政策由于其具有的灵活性还不能完全退出社会生活。很多法律的立、改、废都是在一定的政策指导下进行的，因此，这就要求司法政策具有相当的稳定性，司法政策一定要符合社会发展的客观规律，要让人民群众对某一方面的事务有一定的可预期性，这样的司法政策越稳定，就越能树立起法治权威，政府的公信力也就会越强，改革付出的代价也就会越小。因此，司法政策的稳定性对于司法体制改革来说是很重要的。

六　司法政策的规范性

司法政策如果在制定程序上讲求民主性与科学性，在内容上合符法律的规定，合符社会发展的客观规律的话，那么司法政策就会具备相应的规范性。而这种规范性又会强化司法政策在执行、实施过程中的稳定发挥作用。

（一）司法政策规范性的含义

司法政策的规范性是指司法政策为人们的行为提供了一个用以遵循的模式、标准或方向。司法政策的规范性不同于法的规范性，法的规范性是具有国家意志性（公共权力为后盾）和特殊强制性（国家强制性）。而司法政策的规范性尽管具有国家意志力，但是，其一般没有强制执行力，大多数时候司法政策通过指导具体法律、适用法律而发挥其作用。

（二）司法政策规范性的表现

司法政策的表现方式主要是各种司法文件、司法解释等。司法政策除了体现在司法文件以外，还可能体现在司法机关领导人的重要讲话甚至重要批示之中。从不同司法职能的角度，司法政策可以具体分为司法审判政策、司法检察政策、司法执行政策、司法行政政策等。[①] 司法政策的形式多样，

① 参见刘武俊《司法政策的基本理论初探》，《中国司法》2012 年第 3 期。

其规范性表现主要为以下几点。

一是司法政策的制定程序应规范。司法政策制定时应遵循严格的正当程序，就是要最大程度地减少司法政策中的恣意、任性和非理性。目前只有司法政策中的司法解释有明确的程序规定，最高人民法院《关于司法解释工作的规定》（法发〔2007〕12 号）规定了立项、起草与报送、讨论、发布、施行与备案、编纂、修改、废止等程序，从形式上体现了“近立法化”的态势。二是作为社会规范在国家管辖范围内普遍有效，这是司法政策的效力规范。只要司法政策没有被修改或废除，就都应该产生普遍的约束力与指导力。三是司法政策具有引导、指引等规范作用。司法政策的出台，可以指引人们什么可以作为，什么不可以作为，引导人们朝具有一定价值观方向发展。比如，“从重从快”的“严打”政策的出台，就是“对于凶杀、强奸、抢劫、放火、爆炸和其他严重破坏社会秩序的现行刑事犯，依法从重、从快处理”。这种“乱世用重典”的做法就是迅速打击犯罪，维护社会治安，进而引导人们遵纪守法。同时，司法政策也具有防范和约束法官自由裁量权滥用的作用。四是司法政策具有教育作用。司法政策在法律允许的自由裁量的范围内，为司法者的选择提供导向，实现刑事政策的个别司法化。如对涉嫌犯罪的大学生实行“暂缓不起诉”的新举措，以人性化帮教手段予以挽救，使其能完成学业，重新成为有用之才。

（三）入选评价指标的理由

在新的历史时期，司法政策必须在法治的框架下进行，其不能取代法律，只能在有限的范围内对法律起到查缺补漏的作用。当前我国正在进行社会管理的创新，社会管理的法治化是创新的主要方向。司法政策的规范化将有助于社会管理中法律思维方式的形成，司法政策作为化解社会矛盾、协调人民利益的重要手段之一，就应该是一种规则之治。这种规则之治能有效确立法律的权威，树立人们的规则意识，为社会成员的未来行为提供正确指引，最终将社会带入一个公平正义、民主法治的时代。

第三节　司法政策影响评价指数测度

一　问卷调查

在司法评价测评方案中，问卷调查是非常重要的一种测评方式。通过问卷调查，可以掌握不同地区不同群体关于同一问题的态度和想法，对于司法评价而言，问卷调查是不可或缺的环节。“问卷是问卷调查中搜集资料的工具。”[①] 作为搜集资料的工具，问卷具有较大的优势，比如问卷调查可以不受空间的限制，可以在较大范围内同时对人数众多的被调查者进行问卷调查，尤其是当下速递业务的迅速发展以及网络普遍覆盖，更是在技术上解决了跨区发放和回收问卷的难题；此外，问卷调查有利于对所获取信息进行定量分析和研究，因为问卷调查多数是使用封闭型回答方式进行调查，即以选择的方式回答问题，这样就非常易于运用应用统计的方式，将相关代码输入计算机，运用特定程序进行处理和分析。但是要充分发挥问卷调查的优势，必须满足的前提条件是问卷设计科学合理，而设计问卷的过程实际上是制定测量社会现象的指标，并把它们按照一定的格式和顺序排列的过程[②]。所以在设计调查问卷的过程中，关键的问题是设计问题的基本原则、问卷的基本结构以及指标等。

我们认为，在设计问卷时，应当遵循以下几个原则。一是目的明确。在设计问卷时，首先要明确问卷的目的，甚至所设计的每一道问题和选项的目的都应当予以明确，只有目的明确，才会有正确的行为并收到预期的结果。二是针对性强。问卷调查是科学研究的一种方法和手段，任何一项科学研究

---

① 水延凯等编著《社会调查教程》，中国人民大学出版社，2007，第 228 页。

② 刘畅:《社会调查与统计》，中共中央学校出版社，1997，第 53 页。

项目都有自己独特的对象，因此在设计调查问卷的过程中，应当针对本科研项目下研究对象的特点设计适合的问题和对应的选项，同时要结合被调查对象的能力、条件情况，设计不同的问卷，并针对被调查对象在回答问题时可能出现的疑问或障碍，给出必要的解释或答题提示。三是表述清晰简洁。因为被调查对象通常都是在不同的时间、不同的地点凭个人的理解和感受回答问题，即便有些情况下调查人员在现场，也不可能做到所有被调查对象回答问卷时都有调查人员进行现场指导和讲解，这就要求问卷的设计要简洁，问题和选项的表述要清晰、易于理解，反之，如果问卷语言晦涩难懂，就会人为增加回收问卷的困难，而即便能够回收，问卷的质量也难以保证。

在调查问卷的设计方面，将被调查区域分成了东部经济区（经济发达地区）、中部经济区（经济中等发达地区）和西部经济区（经济欠发达地区），涉及的调查对象分为三类，其一为高校法学院系的专业教师；其二为法院、检察院、律师等司法职业人员；其三为非从事法学研究和法律工作的社会普通民众。对三类地区及三类人群分别设计了有关司法政策的调查问卷，分别介绍如下。

A 卷（法律专业问卷）

问题一，在适用法律方面，您认为司法政策是否有意义？如有意义，在什么情况下起作用？（可多选）

①负面意义；　　②无意义；　　③说不清楚；

④有意义，在下列情况下起作用：

A. 法律规定模糊需要明确时　　B. 法律存在漏洞需要填补时

C. 法官行使自由裁量权时　　D. 法官进行利益衡量时

E. 解决法律规范冲突时　　F. 其他（请填写）__________

对应的调研数据为：

表 1-5 在适用法律方面，您认为司法政策是否有意义

经济区划分 * 司法政策有意义的原因

			原因						总计
			T16 有意义，在法律规定模糊需要明确时	T16 有意义，在法律存在漏洞需要填补时	T16 法官行使自由裁量权时	T16 有意义，在法官进行利益衡量时	T16 有意义，在解决法律规范冲突时	T16 有意义，在其他方面	
地区	东部经济区	计数	166	203	140	122	112	3	311
		经济区划分内的比重（%）	53.4	65.3	45.0	39.2	36.0	1.0	
		总计的比重（%）	21.5	26.3	18.1	15.8	14.5	0.4	40.3
地区	中部经济区	计数	211	239	176	158	150	2	359
		经济区划分内的比重（%）	58.8	66.6	49.0	44.0	41.8	0.6	
		总计的比重（%）	27.3	31.0	22.8	20.5	19.4	0.3	46.5
	西部经济区	计数	65	60	52	45	49	0	102
		经济区划分内的比重（%）	63.7	58.8	51.0	44.1	48.0	0	
		总计的比重（%）	8.4	7.8	6.7	5.8	6.3	0	13.2
总计		计数	442	502	368	325	311	5	772
		总计的比重（%）	57.3	65.0	47.7	42.1	40.3	0.6	100.0

表 1–5 显示，针对“司法政策有意义的原因”，三个经济区的被调查情况大致相近。其中认为“在法律存在漏洞需要填补时”司法政策有意义所占的比例最高，其次为“在法律规定模糊需要明确时”。说明司法政策在目前情况看来，还是有其存在的必要。

问题二，您认为当前宽严相济的刑事司法政策对人权保障的效果如何？

A. 效果显著　　　B. 比较有效

C. 效果不大　　　D. 完全无效

E. 负效果　　　　F. 说不清楚

表 1–6　当前宽严相济的刑事司法政策对人权保障的效果如何

<table>
<tr><th colspan="10">地区 * T24 宽严相济的刑事司法政策</th></tr>
<tr><th colspan="3" rowspan="2"></th><th colspan="6">T24 宽严相济的刑事司法政策</th><th rowspan="2">合计</th></tr>
<tr><th>效果显著</th><th>比较有效</th><th>效果不大</th><th>完全无效</th><th>负效果</th><th>说不清楚</th></tr>
<tr><td rowspan="6">地区</td><td rowspan="2">东部经济区</td><td>计数</td><td>15</td><td>245</td><td>304</td><td>30</td><td>14</td><td>52</td><td>660</td></tr>
<tr><td>经济区划分内的比重（%）</td><td>2.3</td><td>37.1</td><td>46.1</td><td>4.5</td><td>2.1</td><td>7.9</td><td>100.0</td></tr>
<tr><td rowspan="2">中部经济区</td><td>计数</td><td>23</td><td>248</td><td>278</td><td>26</td><td>20</td><td>50</td><td>645</td></tr>
<tr><td>经济区划分内的比重（%）</td><td>3.6</td><td>38.4</td><td>43.1</td><td>4.0</td><td>3.1</td><td>7.8</td><td>100.0</td></tr>
<tr><td rowspan="2">西部经济区</td><td>计数</td><td>12</td><td>101</td><td>97</td><td>8</td><td>1</td><td>7</td><td>226</td></tr>
<tr><td>经济区划分内的比重（%）</td><td>5.3</td><td>44.7</td><td>42.9</td><td>3.5</td><td>0.4</td><td>3.1</td><td>100.0</td></tr>
<tr><td colspan="2" rowspan="2">合计</td><td>计数</td><td>50</td><td>594</td><td>679</td><td>64</td><td>35</td><td>109</td><td>1531</td></tr>
<tr><td>总计的比重（%）</td><td>3.3</td><td>38.8</td><td>44.4</td><td>4.2</td><td>2.3</td><td>7.1</td><td>100.0</td></tr>
</table>

表 1–6 显示，从不同经济区的角度看宽严相济的刑事司法政策的有效性问题，其中认为有效（包括“效果显著”和“比较有效”）的受访者西部经济区占 50%，而东部只有 39.4%，中部有 42.0%。三个不同经济区均有超过四成的受调查者认为“效果不大”。

B 卷（法律职业问卷）

问题一，在适用法律方面，您认为司法政策是否有意义。如有意义，在什么情况下起作用?（可多选）

①负面意义；　②无意义；　③说不清楚；

④有意义，在下列情况下起作用：

A. 法律规定模糊需要明确时　B. 法律存在漏洞需要填补时

C. 法官行使自由裁量权时　D. 法官进行利益衡量时

E. 解决法律规范冲突时　F. 其他（请填写）__________

表 1–7　在适用法律方面，您认为司法政策是否有意义

经济区划分 * 司法政策有意义的情况									
			情况						总计
			T19 有意义，在法律规定模糊需要明确时	T19 有意义，在法律存在漏洞需要填补时	T19 有意义，在法官行使自由裁量权时	T19 有意义，在法官进行利益衡量时	T19 有意义，在解决法律规范冲突时	T19 有意义，在其他方面	
地区	东部经济区	计数	1665	1658	1287	1031	1103	40	2700
		经济区划分内的比重（%）	61.7	61.4	47.7	38.2	40.9	1.5	
		总计的比重（%）	27.6	27.5	21.4	17.1	18.3	0.7	44.8

续表

经济区划分 * 司法政策有意义的情况									
			情况						总计
			T19 有意义，在法律规定模糊需要明确时	T19 有意义，在法律存在漏洞需要填补时	T19 有意义，在法官行使自由裁量权时	T19 有意义，在法官进行利益衡量时	T19 有意义，在解决法律规范冲突时	T19 有意义，在其他方面	
地区	中部经济区	计数	1080	1303	765	741	810	15	2107
		经济区划分内的比重（%）	51.3	61.8	36.3	35.2	38.4	0.7	
		总计的比重（%）	17.9	21.6	12.7	12.3	13.4	0.2	35.0
	西部经济区	计数	755	786	588	563	597	26	1216
		经济区划分内的比重（%）	62.1	64.6	48.4	46.3	49.1	2.1	
		总计的比重（%）	12.5	13.0	9.8	9.3	9.9	0.4	20.2
总计		计数	3500	3747	2640	2335	2510	81	6023
		总计的比重（%）	58.1	62.2	43.8	38.8	41.7	1.3	100.0

表 1-7 显示，在针对法律职业（法官、检察官、律师）群体进行调查时，认为司法政策主要在“法律规定模糊需要明确时”“法律存在漏洞需要填补时”两个方面起作用，这种观点与上述针对法律专业（高校法学专业教师）群体调查的结论基本一致。

问题二，您认为当前以司法政策代替法律的现象：

A. 非常普遍　　　　　　　　B. 比较普遍

C. 只在很小范围内存在

D. 不存在　　　　　　　　　　　E. 说不清楚

表 1–8　当前以司法政策代替法律的现象

<table>
<tr><td colspan="9">地区 * T38 当前以司法政策代替法律的现象</td></tr>
<tr><td colspan="3" rowspan="2"></td><td colspan="5">T38 当前以司法政策代替法律的现象</td><td rowspan="2">合计</td></tr>
<tr><td>非常普遍</td><td>比较普遍</td><td>只在很小范围内存在</td><td>不存在</td><td>说不清楚</td></tr>
<tr><td rowspan="9">地区</td><td rowspan="3">东部经济区</td><td>计数</td><td>378</td><td>1990</td><td>1852</td><td>97</td><td>347</td><td>4664</td></tr>
<tr><td>经济区划分内的比重（%）</td><td>8.1</td><td>42.7</td><td>39.7</td><td>2.1</td><td>7.4</td><td>100.0</td></tr>
<tr><td>总数的比重（%）</td><td>3.7</td><td>19.3</td><td>17.9</td><td>0.9</td><td>3.4</td><td>45.1</td></tr>
<tr><td rowspan="3">中部经济区</td><td>计数</td><td>308</td><td>1396</td><td>1488</td><td>102</td><td>251</td><td>3545</td></tr>
<tr><td>经济区划分内的比重（%）</td><td>8.7</td><td>39.4</td><td>42.0</td><td>2.9</td><td>7.1</td><td>100.0</td></tr>
<tr><td>总数的比重（%）</td><td>3.0</td><td>13.5</td><td>14.4</td><td>1.0</td><td>2.4</td><td>34.3</td></tr>
<tr><td rowspan="3">西部经济区</td><td>计数</td><td>213</td><td>777</td><td>946</td><td>50</td><td>140</td><td>2126</td></tr>
<tr><td>经济区划分内的比重（%）</td><td>10.0</td><td>36.5</td><td>44.5</td><td>2.4</td><td>6.6</td><td>100.0</td></tr>
<tr><td>总数的比重（%）</td><td>2.1</td><td>7.5</td><td>9.2</td><td>0.5</td><td>1.4</td><td>20.6</td></tr>
<tr><td colspan="2" rowspan="2">合计</td><td>计数</td><td>899</td><td>4163</td><td>4286</td><td>249</td><td>738</td><td>10335</td></tr>
<tr><td>总数的比重（%）</td><td>8.7</td><td>40.3</td><td>41.5</td><td>2.4</td><td>7.1</td><td>100.0</td></tr>
</table>

表 1–8 数据显示，“当前司法政策代替法律的现象”还是比较普遍，超过了 40%，“只在很小范围内存在”也达到了 41.5%，比例也较高，这两种观点之间矛盾较大。

C卷（普通民众卷）

问题一，您认为当前的司法口号和政策对促进司法公正的作用如何？

A. 非常大作用　　B. 比较大作用　　C. 有一些作用

D. 没有作用　　E. 起反作用　　F. 说不清楚

表 1-9　当前的司法口号和政策对促进司法公正的作用

案例处理摘要

	案例					
	有效的		缺失		合计	
	N	占比（%）	N	占比（%）	N	占比（%）
地区 * T29 当前的司法口号和政策对促进司法公正的作用	8062	98.2	147	1.8	8209	100.0

地区 * T29 当前的司法口号和政策对促进司法公正的作用

			T29 当前的司法口号和政策对促进司法公正的作用						合计
			非常大作用	比较大作用	有一些作用	没有作用	反作用	说不清楚	
地区	东部经济区	计数	218	713	2056	590	66	430	4073
		经济区划分内的比重（%）	5.4	17.5	50.5	14.5	1.6	10.6	100.0
		总数的比重（%）	2.7	8.8	25.5	7.3	0.8	5.3	50.5
	中部经济区	计数	218	523	1714	466	67	274	3262
		经济区划分内的比重（%）	6.7	16.0	52.5	14.3	2.1	8.4	100.0
		总数的比重（%）	2.7	6.5	21.3	5.8	0.8	3.4	40.5

续表

地区 * T29 当前的司法口号和政策对促进司法公正的作用										
			T29 当前的司法口号和政策对促进司法公正的作用						合计
			非常大作用	比较大作用	有一些作用	没有作用	反作用	说不清楚	
地区	西部经济区	计数	37	141	403	93	11	42	727
		经济区划分内的比重（%）	5.1	19.4	55.4	12.8	1.5	5.8	100.0
		总数的比重（%）	0.5	1.7	5.0	1.2	0.1	0.5	9.0
合计		计数	473	1377	4173	1149	144	746	8062
		总数的比重（%）	5.9	17.1	51.8	14.3	1.8	9.3	100.0

表 1–9 显示，在东、中、西部经济区等三个地区的被调查者认为，当前的司法口号和政策对促进司法公正还是有一些作用的，所占比例最大，超过50%。可以说明的是，普通民众还是比较相信（司法）政策所发挥的作用。当然，也有近 10% 的被调查者并不清楚司法政策与司法公正之间的关系。

问题二，您认为当前司法政策对保障人权的作用如何?

A. 非常大作用　　B. 比较大作用　　C. 有一些作用

D. 没有作用　　E. 起反作用　　F. 说不清楚

表 1–10　司法政策对保障人权的作用

案例处理摘要						
	案例					
	有效的		缺失		合计	
	N	占比（%）	N	占比（%）	N	占比（%）
地区 * T30 当前司法政策对保障人权的作用	8063	98.2	146	1.8	8209	100.0

地区 * T30 当前司法政策对保障人权的作用									
			T30 当前司法政策对保障人权的作用						合计
			非常大作用	比较大作用	有一些作用	没有作用	反作用	说不清楚	
地区	东部经济地区	计数	248	967	2186	282	47	340	4070
		经济区划分内的比重（%）	6.1	23.8	53.7	6.9	1.2	8.4	100.0
		总数的比重（%）	3.1	12.0	27.1	3.5	0.6	4.2	50.5
	中部经济地区	计数	211	732	1782	257	50	233	3265
		经济区划分内的比重（%）	6.5	22.4	54.6	7.9	1.5	7.1	100.0
		总数的比重（%）	2.6	9.1	22.1	3.2	0.6	2.9	40.5
	西部经济地区	计数	47	200	384	47	3	47	728
		经济区划分内的比重（%）	6.5	27.5	52.7	6.5	0.4	6.5	100.0
		总数的比重（%）	0.6	2.5	4.8	0.6	0	0.6	9.0
合计		计数	506	1899	4352	586	100	620	8063
		总数的比重（%）	6.3	23.6	54.0	7.3	1.2	7.7	100.0

表 1-10 显示，在普通民众等被调查群体中，司法政策对保障人权起着非常重要的作用，合计共占 83.9%。这也说明司法政策对普通民众日常生活、行为举止影响很大。

二　访谈分析

访谈法作为社会调查方法之一，又称为访问调查法，是访问者通过口头交谈等方式直接向被访问者了解社会情况或探讨社会问题的调查方法[①]。由于访谈法是面对面的交流，调查人员与被访者可以进行双向沟通，双方均有机会清晰地表达自己的思想，修正对方的误解，从而获得真实的信息作为调研的资料。但是这种访谈法受调查人员主观因素和个人条件的影响较大，比如调查人员的性别 、外貌、口音以及谈话的语气和技巧都会影响到受访者的情绪和心境，并最终影响访问结果的可信度，而且由于面对面的访谈，被访者要当场回答问题，调查问卷所具有的匿名性也就不复存在了，虽然访问者也可以向被访者声明并保证会为其信息保密，但是“面对面”的调查方式还是会给受访者带来压力，尤其面对敏感问题，受访者可能会采取避而不答的态度，从而影响访问效果。为了避免访谈过程中可能会发生的问题，扬长避短，发挥访谈法的优势，应当对访谈进行周密设计，明确访谈目标和内容，以求取得访谈的最佳效果。①明确访谈目标。 在进行访问调查之前，应当结合课题研究需要和课题内容拟订访谈计划，明确访谈目标。明确的访谈目标对于保证访谈效果有重要意义。有了明确的访谈目标，才能让调查者围绕问题的核心持续获取有效资料。②确定访谈内容。如果明确的访谈目标是指导调查者进行访谈活动的基本指针，那么访谈内容就是决定访谈能否获取既定目标的关键，是实现访谈目标的路径。对于调查者而言，在明确了访谈目标后，就要结合访谈目标与访谈对象拟订访谈内容。在确定访谈内容的过程中，首先需要紧紧围绕访谈目标拟订访谈大纲。其次，在访谈大纲的基础上，结合具体的访谈对象列明访谈内容。因为不同的访谈对象，不仅访谈目

---

① 水延凯:《社会调查教程》，中国人民大学出版社，2007，第 189 页。

标会有所差异，即使在相同的访谈目标下，面对不同的访谈对象，访谈内容也会不同。③简化访谈程序。简化访谈程序是提高访谈效率的基本要求。访谈的核心问题是通过面对面的交流获取有用的信息，掌握的信息越多，越有利于得出正确的判断和结论，所以在进行访谈的过程中，应当尽最大可能举行多场访谈，由此要求进行访谈时，避免不必要的程序，比如明确了访谈目标和确定访谈对象与访谈内容后，以最适当的办法接近被访问者（接近被访问者的方式包括自然接近，即在某种共同活动过程中接近对方；求同接近，即在寻求与被访问者的共同语言中接近对方；友好接近，即从关怀、帮助被访问者入手来联络感情、建立信任；正面接近，即开门见山、先自我介绍，说明调查的目的、意义、内容方法和有关规则，然后正式访谈；隐蔽接近，即以某种伪装的身份、目的接近对方，并在对方没有觉察的情况下访谈[①]）。在实践中以何种方式接近被访问者，应当在拟订访谈提纲时，结合被访对象的情况和调查人员的特点来确定。以适当的方式接近被访问对象，简化“预热”环节，尽快进入访问主题。

访谈问题（直接面谈）：司法政策在司法裁判中的作用与意义

访谈对象：湖南 ×× 县人民法院副院长

访谈时间：2013 年 5 月 8 日

地点：该法院副院长办公室

受访人的基本观点（笔者整理）：

从历史上来看，司法政策在我国社会政治经济生活中，一直发挥着重要作用。特别是新中国成立不久，由于各项法制建设不健全，政策在很大程度上替代法律对国家进行全方位的调控。十一届三中全会以后，由于党和国家

① 参见水延凯《社会调查教程》，中国人民大学出版社，2007，第 192 页。

的各项工作基本上都走入正轨，“文革”的教训引起我党对法制建设高度重视，因此，改革开放40年来，各方面的法律制度相继出台，从目前来看，社会主义法律体系已基本建立，因此，以往“无法可依”，以政策代替法律的现象得到了根本的改变。

但是，即使在法律制度比较健全的时代，政策还是不能完全退出我国的社会生活，因为在目前我国正处于一个社会转型期，社会矛盾多发，各种利益主体多元，种种利益冲突并非用现有的法律手段就能解决所有问题，在这种有限的法治之下，我们只能采取以法治与人治以及其他非法治的治理方式并用的办法，来实现国家管理与社会治理。司法政策的这种指导性、灵活性就能及时发挥作用。我们得承认这种客观情况的存在，应尊重客观现实。所以党和国家在新时期出台了一系列的司法政策对政治经济社会生活进行调控。司法政策主要集中在两个领域。

一是刑事领域，比如“严打”“坦白从宽，抗拒从严”等，比如从2001年上半年开始的第三次“严打”，就是针对当前“黑恶势力”猖獗，爆炸、抢劫等暴力犯罪严重，盗窃案件多发等情形而展开的。“严打”的方针就是对上述严重影响群众安全的三类多发性犯罪要予以重点打击，依法从重从快。刑事政策的这一指导作用直接影响到刑事司法实践的各个诉讼阶段。法律规定了犯罪构成和刑罚制度，规定了追究犯罪的程序，但是刑事司法如何运用好这些制度，使得法律惩治犯罪、预防犯罪的功能收到预期的最佳效果，则需要刑事政策根据社会形势进行调节。比如刑法中有许多犯罪构成都使用了“情节严重、情节特别严重”“数额较大、数额巨大、数额特别巨大”等用语，在规定量刑时也大都使用了诸如“处3年以上10年以下有期徒刑”等类似的量刑幅度比较大的条文。对此，审判法官拥有很大的量刑裁量权，但对于某个具体的案件来说，如何根据法律模糊的规定对被告人定罪？又如何在法律规定的幅度内对被告人量刑呢？

这就需要司法机关根据法律和刑事政策对“情节严重、情节特别严重”等类似法律条文明确具体化后，才能予以适用。

二是民事领域。比如，近几年，在构建和谐社会、全面化解社会纠纷的政治导向下，最高法院相继出台的有关民事调解方面的司法政策，包括 2004 年 2 月《最高人民法院、司法部关于进一步加强人民调解工作维护社会稳定的意见》、2004 年 11 月《最高人民法院关于人民法院民事调解工作若干问题的规定》、2007 年 3 月《最高人民法院关于进一步发挥诉讼调解在构建社会主义和谐社会中积极作用的若干意见》、2010 年 6 月《最高人民法院关于进一步贯彻“调解优先、调判结合”工作原则的若干意见》、2011 年 3 月《最高人民法院关于人民调解协议司法确认程序的若干规定》等，最终形成了目前的“调解优先、调判结合”的工作原则。同时，司法系统应时而动，提出了“能动司法”的应对观念。尽管当前社会对调解结案持有不同的看法和观点，但不能否认的是，“调解”这一具有传统文化背景的工作方式，在解决现有人民内部矛盾方面还是有其优越性，在一定程度上也实现了法律效果与社会效果的有机统一。

因此，总的说来，目前我国出台的司法政策，在具体指导司法实践中，在解决社会各种矛盾时，确实有其存在的必要。当然，司法政策也有其局限性。特别是在司法政策的执行过程中，执行机关应该符合立法原意和立法精神，不能脱离具体的法律规范，不能搞上有政策，下有对策的做法，应该全面、忠实贯彻有关司法精神，确保司法政策的执行不背离公平、正义的基本价值理念。

笔者认为，上述基层法院的主要负责人的观点应该是代表当前的一种普遍观点。从目前看来，司法政策在我国确实还有其存在的土壤和空间。从近几年的最高法主要领导的各种讲话精神与做法可知，司法政策在刑事、民事、宏观经济调控等领域，一直发挥着比较重要的作用。如 2007 年 12 月

26日，最高人民法院院长肖扬发表讲话，题为《努力建设公正高效权威的社会主义司法制度为实现党的十七大战略部署提供有力司法保障——在第十九次全国法院工作会议上的报告》，其中特别提到“司法理论和司法政策进一步丰富，指导思想更加明确。……丰富和完善了中国特色社会主义司法理论体系，为人民法院工作提供了有力的理论和政策支撑”。现任最高人民法院院长周强于 2013 年 7 月 4 日在全国高级法院院长座谈会上发表重要讲话，也谈到司法政策的重要作用，“人民法院一系列司法理念、司法政策和司法实践都充分表明，人民司法事业发展史，就是一部司法为民的历史；人民司法事业的优良传统，集中体现在司法为民上”。“要畅通民意沟通渠道，建立健全司法决策征求群众意见机制，使我们的每一项司法政策都更加符合群众要求，符合司法规律”，“要强化督促检查，加强对司法解释、司法政策出台后的跟踪，确保相关规定落实到位，并根据实施效果和形势变化，适时加以调整完善”。[①] 司法政策由于其自身的原则性与灵活性，要求我们必须加强对司法政策执行后的相关跟踪管理，也必须充分认识到其局限性，要根据社会形势的发展变化，根据的实施法律效果与社会效果，及时适度地进行调整完善，这是司法政策的决策机关应该经常思考的重大问题。

访谈问题（书面访谈形式）：请您谈谈司法政策在司法裁判中的作用与意义

（一）法官职业群体的代表性观点（以下为五位法官的个人观点）

1. 具体的司法活动本应严格依据法律进行，但在不同的司法政策影响下，对具体司法活动的导向作用极为明显，对司法解决纠纷有直接的指导作

① 《人民法院报》2013 年 7 月 23 日。

用。例如，在社会政治、经济、文化等形势发生变化的情况下，司法政策对某一类或某几类犯罪评价的严厉程度也会相应发生变化，进而影响司法对这些犯罪的社会危害程度的评价以及对它的处罚轻重。司法政策还有弥补法律不足的作用。法律不足一般是在立法时，由于观念、条件或其他原因的限制，对一些需要规定的内容，法律没有规定或者规定得不完善，但是司法实践中又经常遇到此类问题，这种情况下司法政策就发挥着弥补法律不足或填补法律漏洞的功能。

2. 第一，司法政策能够弥补法律的空白，填补法律漏洞，及时实现对社会的调控。由于立法技术等多方面的原因，法律中的有些规定比较模糊、概括，立法精神和法律规范的含义在司法过程中需要进一步解释和明确。第二，司法政策能够有效指导司法实践。司法政策不同于法律，不能对人们的行为直接作出规定，但它的影响却是深远的。比如说，行政诉讼原告资格已经有了明确的法律规定，但是对于如何理解原告资格、是否应当放宽原告资格，最高人民法院制定了一系列司法政策。又如，法律规定了犯罪构成和刑罚制度，规定了追究犯罪的程序，但是在司法实践中如何运用好这些制度，使得法律惩治犯罪、预防犯罪的功能收到预期的最佳效果，则需要司法政策根据社会形势进行调节。第三，司法政策可以决定裁判的价值取向。具体的司法活动本应严格依据法律进行，但在不同的司法政策影响下，对具体司法活动的导向作用极为明显，它在很大程度上决定着司法的前进方向，进而影响公民的切身利益。

3. 第一，司法政策在其调整期间对于法律适用具有决定性的指导作用。在不同的历史时期，不同的司法政策决定了审判机关在司法裁判中是从严还是从宽，通过纵向比较不难发现，历史上同案不同判的现象很大程度上取决于当时的司法政策。第二，司法政策对于保证司法裁判的社会效果具有十分重要的作用。法律是静态的、刚性的，而司法政策是相对动态的、柔性的，其灵活性彰显了司法的人文关怀。我国是共产党领导的社会主义国家，人民法院作为司法机关是在党的领导下依法独立从事审判活动的，党的政策不能代替法律，但是可以通过各级党委、政法委对审判活动予以指导，这种指导的作用是直接、明显的，有利于保障司法活动法律效果与社会效果的统一。第三，司法政策是法律适用的具体化和补充。法律规定中比较模糊的部分常以司法政策的方式去解读该法律规范的含义。

4. 近年来，“司法为民”“和谐司法”“司法民主化”等司法政策的出现，强调能动司法，并要求在个案裁判中实现法律效果、政治效果和社会效果的统一。然而，政治性司法政策与司法裁判所体现的思维并不相同。我国有的法院为回应民意，在司法过程中出现了不讲法律和法理的现象，或者按照行政官员的主观意志、以政治化手段直接干预司法裁判，或者在法律适用中以常理代替法理作为寻找和适用个案裁判规范的依据，或者在裁判文书中仅给出裁判结果而并未依据法理阐明裁判理由等。这些现象表明，为回应民意，我国司法出现了偏离法治轨道的迹象，给司法公信力和司法权威带来了不利的影响。2008 年、2009 年金融危机期间，最高法院发布了一系列司法政策性文件，其中《关于当前形势下审理民商事合同纠纷案件若干问题的指导意见》对诸多由宏观经济形势变化所引发的新的审判实务问题提出了明确具体的指导意见，不仅明晰了民商事审判部门应对金融危机的工作思路，而且对于维护诚信的市场交易秩序，保障公平法治的投资环境，公平解决纠纷，提振市场信心等方面都具有重要的意义。

5. 笔者认为这个问题要一分为二地看。首先，司法政策确实在一些情况下、一定时期内具有其现实合理性，因为毕竟我们的法治建设尚处于起步阶段，甚至说法律制度还未完全形成有效的体系化，这就需要一定的司法政策来对法官有个相对客观的指引，同时，由于我们当前正处于社会转型的矛盾高发期，处理一些特殊类型的案件，可能不能完全依赖法律制度，有可能需要司法政策的调适。其次，需要指出的是，司法政策往往具有政治性和临时性，尽管在一定时期内可以对部分纠纷的解决起到一定的作用，但是不能对这种作用过于放大，尤其要警惕司法政策对基本法治价值的冲击，当法律对相关问题有相对明确的规定时，还是首先应坚持以法律规定为准，只是适当考虑司法政策。特别要注意不能以基于某些司法政策的运动性司法作为主流模式，这对法治的破坏作用不容忽视。

（二）检察官职业群体的代表性观点（以下为五位检察官的个人观点）

1. 司法政策是中国特色的东西，在党委领导的司法体制下，司法政策对于司法裁判毫无疑问起到重要作用。在特定时期内，对于特定案件范围内的司法裁判，司法政策无论是对定罪还是量刑都能产生风向标式的影响。如果不谈改革开放以前，那么从 20 世纪 80 年代的“严打”，到整顿经济秩序，再到近期的宽严相济刑事政策、司法调解，这些都可以算是司法政策。甚至广东省 2013 年的“三打两建”，我认为也可以算是地方性的司法政策。这些司法政策对于司法裁判的影响是显而易见的。

对于司法政策所产生的实际效果的评价，个人认为是弊大于利。我们是党委领导体制，司法政策的出台往往是想解决特定时期的特定问题，执行司法政策最常见的方式就是运动式的司法活动。在这样的活动中，上级的考核目标对正确适用法律的干扰非常严重，最终导致定罪量刑的偏差，容易导致冤假错案。

2. 司法政策不可避免地要在司法裁判中体现，可以使司法裁判更好地适应社会的发展需要，增强法律的适应性，避免法律过于僵化，有利根据个案实际情况实现司法公正，避免机械司法。同时，也有利于更好地贯彻党的路线方针政策，更好地体现人民群众的利益，更好地实现法律效果、社会效果、政治效果的有机统一。

3. 首先，要明确的一点是真正的法治社会不能以政策代替法律，政策在一定程度上破坏法律建立的稳定的预期。其次，在社会发展初期，特别是转型时期，政策在司法裁判中也具有正面的作用和意义。一是政策能灵活应对各种变化。由于法律具有稳定性和滞后性，导致其在应对变化的社会问题时存在一定困难，而司法政策正好具备应对这种困难的难得的灵活性。二是政策在一定情况有助于建立稳定的社会秩序。在转型时期，社会矛盾复杂，由于法律的滞后性，根据法律进行司法裁判，在案件的处理上可能过于僵化，不利于甚至可能导致社会矛盾激化，司法政策正好可以比较有效地解决这个问题。

4. 第一，司法政策在司法裁判中具有宏观指导作用。司法政策彰显司法裁判和司法权威，是司法裁判的政策载体。司法裁判除了主要从司法个案的裁决彰显外，也通过抽象的司法政策体现出来。司法权的运用同样也要讲求策略，而不是刻板地断案，机械地适用法律。司法政策的主要内容是策略，具有指导性、引导性和倡导性的权威策略。法律本身具有难以克服的非圆满性，在法律适用的实践检验下，法律文本往往凸显形形色色的法律漏洞。法律适用必须解决填补法律漏洞的现实问题。作为指导法律适用的司法政策，往往对法律漏洞具有一定的填补作用，对固定的司法裁判结果有一定宏观指导作用。第二，司法裁判是体现司法政策的社会调整机制。司法政策是一种刚柔相济的社会调整机制，既有司法政策特有的刚性，又具有相当的灵活性、兼容原则性和灵活性。如何充分发挥司法政策这一社会调整机制的优越性，在社会治理的框架内对法律进行补充或指导，从而追求最佳治理效果，抑制其局限性是值得我们认真考量的。司法裁判在一定程度上具有限制性和局限性。第三，司法政策和司法裁判的主体范围交叉。司法政策制定的主体是司法领域的公共权威。在我国，司法政策的制定主体主要是法院和检察院等司法机关，同时也包括与司法活动有关的公安机关、司法行政机关，国家权力机关乃至执政党，在一定情况下还包括其他国家机关（如涉及司法经费政策的财政机关、涉及司法人事管理的人力资源和社会保障机关等）。法院和检察院是司法政策最主要的制定主体，实际上，大量的司法政策都出自“两高”（最高人民法院和最高人民检察院）。而司法裁判主体一般都是法院，范围较窄。

5. 在当前中国的现实语境下，司法政策对于司法裁判而言还是具有一定作用的。据本人所观察和了解的情况看，法官在裁判过程中也会或多或少地考虑司法政策。由于法律本身具有抽象性与滞后性的特点，在一些特殊情况下，也可以适当考虑司法政策在司法裁判中的适用。以刑事司法政策为例，我们讲得最多的就是“宽严相济”的刑事司法政策，还有“少杀、慎杀”的政策，这在实践中也起到了较好的效果。尤其是最高法院自 2007 年全面收回死刑复核权之后，进一步明确要求各级法院恪守“少杀、慎杀”的政策，我国的死刑适用得到了较好的控制，死刑案件数量得到大幅度减少。但司法政策的意义也是有限的，运用不当也有可能给法院本身造成一些不良影响。比如本来应当判处死刑立即执行且社会广泛关注的案件，法官可能基于“少杀、慎杀”的司法政策判处死缓，就可能进一步激发社会不满，公众会质疑司法是否出现腐败、权力寻租，这会严重影响司法的公信力。比如云南的李昌奎案就是一个典型案例。

（三）律师职业群体的代表性观点（以下为六位律师的个人观点）

1. 积极作用：司法政策弥补了我国成文法的一些不足之处——法条僵化、不能与时俱进、适用程度不易把握，在司法裁判中起到了积极作用。有的司法政策在特殊形势下还能解决一些特殊问题，比如最高人民法院《关于当前形势下审理民商事合同纠纷案件若干问题的指导意见》，在当时金融危机的情况下可能挽救了一些企业。并且，在我国法院审判人员职业道德和能力参差不齐的情况下，有利于减少司法腐败，降低错案率。消极之处：司法政策容易使法官形成依赖性，影响司法独立，虽然司法独立在我国可能并不是作为司法的一项基本原则和底线。是法律就会有漏洞和不足，釜底抽薪的解决方法应该是在立法阶段就对条文做尽可能的论证和完善，并且赋予法官较为自由的通过判决解释法律的权力，当然，这有赖于立法机关人员和法官（尤其是法官）职业道德和能力的提高，但是，如果不赋予法官权力和重任，又谈何提高，谁会有提升自己的动力和压力？

2. 党的十七大报告从新历史起点出发，提出了推动科学发展，促进社会和谐，全面建设小康社会的新目标。人民法院面临的机遇和挑战都前所未有。从总体上说，我国社会是和谐的。我国经济持续快速发展，综合国力不断增强，人民生活水平整体改善，社会主义民主政治建设稳步推进，国际地位进一步提高。特别是随着科学发展观的贯彻落实，我国经济社会将会进一步协调发展，社会和谐的有利条件越来越多。但影响和谐稳定的因素仍然大量存在。一方面，我国正处于人民内部矛盾凸显、刑事犯罪高发、对敌斗争复杂的时期。社会发展不平衡、部分群众生活困难、社会收入分配差距拉大和消极腐败现象，成为影响社会稳定的深层次问题。随着经济体制的深刻变革、社会结构的深刻变动、利益格局的深刻调整、思想观念的深刻变化，经济社会生活中还会不断出现新的矛盾和问题。另一方面，从国际形势看，总体对我国有利。但影响和平与发展的不稳定、不确定因素增多，综合国力竞争日趋激烈，同时，国内国际两方面因素互相交织、互相影响。境外对境内的影响越来越大，网上虚拟世界对现实社会的影响越来越大，非政府组织对群众的影响越来越大，社会矛盾的关联性、聚合性和敏感性不断增强。在一些社会情绪较大的地方，往往一起常规的案件就可能酿成影响稳定的重大事件，可能引发局部地区的社会骚乱。在这种新形势下，要求人民法院必须立足于解决当前和今后一个时期经济社会发展面临的深层次矛盾和问题，着眼于构建社会主义和谐社会，从更高起点、更高层次、更高水平上去思考和研究司法裁判解决社会纠纷的政策和策略。

3. 回答此问题，首先要准确理解司法政策的概念，所谓政策是公共权威为解决国家和社会问题而制定的策略，通常也称为公共政策。现代语境中的政策已成为现代国家公共治理、公共决策的重要载体。政策的基本内容是策略，具有指导性、引导性、倡导性和普遍性。具体到司法政策，以其灵活性、开放性、综合性深刻影响着我国的政治、经济、文化，其在维护国家利益、国家安定，国家政策的连续性发挥着重要作用。包括：司法政策决定司法解决纠纷的基本价值取向；司法政策对司法解决纠纷活动有直接的指导作用；司法政策在司法解决纠纷中对法律起具体化和补缺的作用；司法政策在国际司法协助中起着重要的指导作用。但是，我们也应注意到司法政策的灵活性与司法的稳定性之间的冲突，尤其是当司法政策要求向左，而司法现有规定要求向右时，如果权衡不好，必将损害司法权威。

4. 第一，司法政策能填补法律的漏洞，是法律法规的具体化，能够使司法裁判更具说服力，更具有可操作性，更加具有弹性和张力，使裁判结果更具客观公正。第二，司法政策对司法裁判中正确适用法律具有导向作用。法院在审理各种具体诉讼案件时，当遇到现有法律规范不够明确具体或者没有特别准确的法律规范的，难以引用各种成文法规作为裁判依据时，司法政策就可以为司法裁判提供援引。第三，在某些情况下，司法政策作为在经验基础上经过论证筛选后形成的显性规范，其作用力和普遍的约束力更容易取得包括法官在内的社会各界广泛的理解、支持和接受，也更容易被广大社会公众所知悉和接受，因此援引司法政策裁判某些诉讼案件也许更有实效，审判结果更接地气。

5. 近年来，伴随国家各项政策的制定和实施，最高人民法院也公布一系列司法解释和司法文件，制定促进经济发展、维护社会稳定的司法政策，保障国家经济公共政策顺利施行。中国的调控政策和效果得到国内外的赞誉，被评价为政府和司法协同配合干预经济的典范，并引起经济学界、法学界、司法界的讨论和思考。但是单从一个法律人的角度来讲，我认为要想做到真正的司法独立就应该是法官行使自由裁量权，不应该受任何政策及其他因素的干扰和影响。但在中国目前的国情之下，却是司法政策对司法裁判及社会公众都有着重要的影响。我们希望司法政策应当从大局出发，为司法审判和司法环境定下来大的基调，比如说“司法为民，以民为本，服务群众”等，而将具体的裁量权交由法官自己评判。

6. 司法政策对司法裁判更多的是起了反作用和消极意义。司法裁判，是要独立于行政的。因为行政是属于公权力，公权力和公民权利在一些情况下是不能一致的。公权力和公民权利产生纠纷时，如果公权力颁布政策指导司法裁判，那将不利于公民维护自身的合法权利。司法裁判也应该是公正的，司法部门在裁判中应当作为第三方，运用法律进行裁判。如果当事人有一方指示司法裁判，司法将会难于保持公正。司法政策对司法裁判的意义也是消极的，如上述我说的，司法裁判是应当独立于行政的。如果司法政策指导司法裁判工作，那司法将会成为行政的一个部门，司法部门的位阶将会低于行政部门，这样的话，行政权将会不受限制。而我国也有过历史教训，比如“文革”，将会导致对人权的践踏和对法律的无视。接连产生多米诺骨牌效应，经济、文化也会停滞不前，甚至倒退。无论从国家层面，还是从社会层面，消极意义是大于积极意义的。综合以上，笔者认为司法政策对司法裁判是弊大于利的，起到的更多的是消极作用和消极意义。

三　权重设定

一级指标：司法政策（权重 5%）

司法政策的评价指标

一级指标	二级指标	三级指标
司法政策（5%）	司法政策的制定（50%）	司法政策制定的民主性（25%）
		司法政策制定的科学性（25%）
		司法政策的稳定性（25%）
		司法政策的规范性（25%）
	司法政策的效果（50%）	司法政策的法律效果（40%）
		司法政策的社会效果（30%）
		司法政策的政治效果（30%）

二级指标：司法政策的制定（权重 50%）

三级指标：司法政策制定的民主性

权重：25%

分值 100 分

测量内容：司法政策在制定或修改过程中，社会公众是否有畅通的参与渠道。

评分标准：建立社会公众参与司法政策制定或修改渠道的，视为及格，得分为该项指标初始赋值的 60%，视渠道方便、畅通情况加 10—40 分。未能检测到相关内容的，则视为未落实该项指标内容，得 0 分。

测量方法：客观查询。评估团队所依据的材料与数据来源主要通过所评估地区司法机关的门户网站（微博）、纸媒报道、网络搜索引擎关键词查询、实地访谈和电话核实等方式获得。

三级指标：司法政策制定的科学性

权重：25%

分值 100 分

测量内容：司法政策制定是否符合社会现实生活，内容是否便于操作、实施。

评分标准：司法政策制定符合社会现实生活，内容便于操作、实施的，得满分，明显与社会现实生活不符合的，得 0 分，符合社会现实生活但内容的可操作性欠佳的视情况得 50—80 分。

测量方法：客观查询。评估团队所依据的材料与数据来源主要通过所评估地区司法机关的门户网站（微博）、纸媒报道、网络搜索引擎关键词查询、实地访谈和电话核实等方式获得。

三级指标：司法政策的稳定性

权重：25%

分值 100 分

测量内容：司法政策是否稳定持续相对合理的一段时间。

评分标准：司法政策制定后能够稳定持续相对合理一段时间（3—5 年）的，得满分；朝令夕改、经常变通的，得 0 分。

测量方法：客观查询。评估团队所依据的材料与数据来源主要通过所评估地区司法机关的门户网站（微博）、纸媒报道、网络搜索引擎关键词查询、实地访谈和电话核实等方式获得。

三级指标：司法政策的规范性

权重：25%

分值 100 分

测量内容：司法政策是否得以呈现在各种司法文件、司法解释与法律中。

评分标准：司法机关制定的全部司法政策是否均以司法文件、司法解释、法律等较规范方式呈现的，得满分；发现 1 项司法政策未能呈现在司法文件、司法解释与法律中的，扣 10 分，扣完为止。

测量方法：客观查询。评估团队所依据的材料与数据来源主要通过所评估地区司法机关的门户网站（微博）、纸媒报道、网络搜索引擎关键词查询、实地访谈和电话核实等方式获得。

二级指标：司法政策的效果（权重 50%）

三级指标：司法政策的法律效果

权重：40%

分值：100 分

测量内容：司法政策的运用是否有助于更好地适用法律、解决纠纷。

评分标准：司法机关运用司法政策产生良好法律效果的，发现 1 例加 10 分；产生不良法律效果的，发现 1 例减 10 分，扣完为止；未能检测到相关内容的，则视为未落实该项指标内容，得 0 分。

测量方法：客观查询。评估团队所依据的材料与数据来源主要通过所评估地区司法机关的门户网站（微博）、纸媒报道、网络搜索引擎关键词查询、实地访谈和电话核实等方式获得。

三级指标：司法政策的社会效果

权重：30%

分值：100 分

测量内容：司法政策的运用是否得到社会公众的广泛认同，倡导了良好的社会价值取向。

评分标准：司法机关运用司法政策产生良好社会效果的，发现 1 例加 10 分，产生不良社会效果的，发现 1 例减 10 分，扣完为止。未能检测到相关内容的，则视为未落实该项指标内容，得 0 分。

测量方法：客观查询。评估团队所依据的材料与数据来源主要通过所评估地区司法机关的门户网站（微博）、纸媒报道、网络搜索引擎关键词查询、实地访谈和电话核实等方式获得。

三级指标：司法政策的政治效果

权重：30%

分值：100 分

测量内容：司法政策的运用是有助于社会和谐稳定。

评分标准：司法机关运用司法政策产生良好政治效果的，发现 1 例加 10 分，产生不良政治效果的，比如引发群体性事件的，发现 1 例减 10 分，扣完为止。未能检测到相关内容的，则视为未落实该项指标内容，得 0 分。

测量方法：客观查询。评估团队所依据的材料与数据来源主要通过所评估地区司法机关的门户网站（微博）、纸媒报道、网络搜索引擎关键词查询、实地访谈和电话核实等方式获得。

第二章 司法生态的评价指标

第一节　司法生态的评价指标构成及其关联

一　司法生态的基本理论

生态，一般是指生物在一定的自然环境下生存和发展的状态，也指生物的生理特性和生活习性。生态一词源于古希腊，意思是指家或者我们的环境。因此，生态与环境有时连在一块使用，即生态环境。司法是国家的一项古老的职能，是国家法律生活中最基本的形式。将生态运用到司法领域，应是引借于德国生物学家恩斯特·海克尔在 1869 年提出的“生态学”概念及基本原理，用以揭示和分析司法与其外部环境之间的关系以及司法领域中各种主体的活动状态。因此，一般认为，司法生态是指司法领域内一切活动主体的活动状态，以及主体之间和它与整个司法环境之间密不可分的关系。[①]

传统的法治理论对司法生态并不重视，其中非常重要原因是缺乏对司法独立原则的坚守与自信。但是，随着社会的不断发展，日益复杂的社会关系对司法独立带来了巨大的冲击，绝对司法独立理念在社会现实中从来没有出现或存在过，因此司法必须不断回应现实的挑战，司法所处环境也变得越来越复杂。由此，司法生态问题逐渐引起理论界关注和重视。我国学者顾培东对司法生态问题进行了专门研究，认为要了解当代中国司法生态，首先得

---

① 李余华等:《论社会主义法治化进程中的司法生态建设》,《华东交通大学学报》2010 年第 4 期。

了解司法生态的结构。所谓司法生态的结构，是指构成司法生态的基本要素及其相互关系。概略地说，司法生态由政治生态、社会生态以及司法职业生态三个方面构成。[①] 司法与政治的关系向来紧密，司法生态往往也是政治生态的一个重要组成部分。一个国家的司法在政治结构中如何定位，政治权力对司法独立是否给予应有的尊重等，都会构成一国司法的政治生态。司法的社会生态则主要指社会成员对待司法机关及其成员、司法行为和司法决定的基本态度以及体现这种态度的相应行为。包括对司法的认知和理解；对司法的期待和要求；对司法的服从与配合以及对司法的尊重和支持。[②] 法律职业生态是指司法以外的其他法律职业对待司法的态度以及司法机关之间彼此为他方所提供的处境。一国法律职业生态情况如何，主要取决于该国制度层面对各法律职业职能的设置。

作为我国司法体制改革对象的司法生态，尽管从中央层面看，党历次全会和重大部署的报告、文件、决定中未见使用司法生态一词，但是从各种重大决策所指向的改革目标和手段看，优化、改善司法生态无疑占有十分重要的地位。比如党中央文件多次提出要建设社会主义法治国家，进一步提升法治地位。1997 年 9 月，党的十五大报告明确提出，实行“依法治国”，建设社会主义法治国家。从此将“依法治国”确立为党领导人民治理国家的基本方略。1999 年 3 月，九届全国人大二次会议将“依法治国”载入宪法，从而使“依法治国”从党的意志转化为国家意志。2002 年，党的十六大报告提出“要善于把坚持党的领导、人民当家作主和依法治国统一起来”，“坚持物质文明和精神文明两手抓，实行依法治国和以德治国相结合”，并指出法治是政治文明的重要内容。党的十八大报告在十五大、十六大和十七大关于“依法治国”要求和精神的基础上，提出“全面推进依法治国”，“加快建设社会

① 顾培东:《当代中国司法生态及其改善》,《法学研究》2016 年第 2 期。

② 顾培东:《当代中国司法生态及其改善》,《法学研究》2016 年第 2 期。

主义法治国家”，将“依法治国”方略提到了一个更新的高度。2013 年，党的十八届三中全会提出“建设法治中国，必须坚持依法治国、依法执政、依法行政共同推进，坚持法治国家、法治政府、法治社会一体建设。深化司法体制改革，加快建设公正高效权威的社会主义司法制度，维护人民权益，让人民群众在每一个司法案件中都感受到公平正义”。2014 年，党的十八届四中全会是中国共产党历史上首次以法治作为主题的全会，全会通过的《中共中央关于全面推进依法治国若干重大问题的决定》提出：“依法治国，是坚持和发展中国特色社会主义的本质要求和重要保障，是实现国家治理体系和治理能力现代化的必然要求，事关我们党执政兴国，事关人民幸福安康，事关党和国家长治久安。全面建成小康社会、实现中华民族伟大复兴的中国梦，全面深化改革、完善和发展中国特色社会主义制度，提高党的执政能力和执政水平，必须全面推进依法治国。”法治得到党中央前所未有的重视，法治在国家政治生活中的地位上升到空前重要的高度。

除了从国家的大政方针政策层面出台相关制度健全法治生态环境外，我国还从具体的司法制度改革层面优化司法生态环境。如党的历次大会和文件都强调要依法保障独立公正行使审判权、检察权。十五大报告提出“从制度上保证司法机关依法独立公正地行使审判权和检察权”；十六大报告重申“从制度上保证审判机关和检察机关依法独立公正地行使审判权和检察权”；十七大报告提出“保证审判机关、检察机关依法独立公正地行使审判权、检察权”；十八大报告提出“确保审判机关、检察机关依法独立公正行使审判权、检察权”。特别是十八届三中全会通过的《中共中央关于全面深化改革若干重大问题的决定》，针对“确保依法独立公正行使审判权检察权”提出了“改革司法管理体制，推动省以下地方法院、检察院人财物统一管理”及“探索建立与行政区划适当分离的司法管辖制度”两大举措。十八届四中全会通过的《中共中央关于全面推进依法治国若干重大问题的决定》，对“完善确保依法独立公正行使审判权和检察权的制度”从三个方面做了进一步的部署。第一，明确“各级党政机关和领导干部要支持法院、检察院依法独立公正行使职权”以及“任何党政机关和领导干部都不得让司法机关做违反法定职责、有碍司法公正的事情，任何司法机关都不得执行党政机关和领导干部违法干预司法活动的要求”，提出“建立领导干部干预司法活动、插手具体案件处理的记录、通报和责任追究制度……对干预司法机关办案的，给予党纪政纪处分；造成冤假错案或者其他严重后果的，依法追究刑事责任”。第二，提出“健全行政机关依法出庭应诉、支持法院受理行政案件、尊重并执行法院生效裁判的制度”以及“完善惩戒妨碍司法机关依法行使职权、拒不执行生效裁判和决定、藐视法庭权威等违法犯罪行为的法律规定”。第三，提出“建立健全司法人员履行法定职责保护机制”，强调“非因法定事由，非经法定程序，不得将法官、检察官调离、辞退或者作出免职、降级等处分”。从落实层面看，2014 年以来中央全面深化改革领导小组通过的《最高人民法院设立巡回法庭试点方案》《设立跨行政区划人民法院、人民检察院试点方案》《领导干部干预司法活动、插手具体案件处理的记录、通报和责任追究规定》等举措以及中央政法委通过的《司法机关内部人员过问案件的记录和责任追究规定》都是直接落实的重要具体部署。

良好司法生态环境的建立除了由最高国家权力机关及司法机关出台相关的制度措施予以保障外，引导人民信仰法治，尊重司法权威也是一个非常重要的方面。十八大报告提出“增强全社会学法尊法守法用法意识”，“学法尊法守法用法”的八字表述亦充分体现了信仰法律、尊重法律的精神。十八届四中全会对法治信仰和法律权威做了更加科学的论述和更加完整的部署，《中共中央关于全面推进依法治国若干重大问题的决定》指出，“法律的权威源自人民的内心拥护和真诚信仰。人民权益要靠法律保障，法律权威要靠人民维护”。提出“必须弘扬社会主义法治精神，建设社会主义法治文化，增强全社会厉行法治的积极性和主动性，形成守法光荣、违法可耻的社会氛围，使全体人民都成为社会主义法治的忠实崇尚者、自觉遵守者、坚定捍卫者”。

影响我国司法生态的因素很多，加强和改善我国司法生态环境所涉及的方面甚广，其中制度建设为根本，健全体制机制，切实依法保障党领导下的审判权和检察权独立行使是当前司法体制改革的重中之重。此外，在全社会必须引导树立正确的司法观，倡导全社会尊重司法、信赖司法、认同司法的权威。正如有学者所言，“维护司法权威，建构以司法权威为核心的社会权威体系，应当成为改善我国司法生态的基本取向和根本路径。只有在司法的社会权威普遍形成之时，司法才可能获得其必要的生存环境与条件”。①

二 司法生态之指标构成及其关联②

司法作为以国家强制力为后盾的、解决纠纷和争议的最具权威性手段，其社会地位非常重要，这种重要性一方面表现在司法主体的产生应该具有正当性，如此才能作出理性的司法裁判及公平合理的司法结果；另一方面，司法其追求的基本价值是公平、正义，因此，司法所承载的制度应该规范的、合理的，“良法之治”是促进公正司法的基础，这就要求培养公正司法的基本法治文化土壤。

司法生态主要涉及三个方面的指标，其一为司法主体的法治表现指标，包括司法主体的产生、司法行为的理性化、司法结果的公平考量以及司法职责的保障与追究等四个方面的内容。其二为法治的地位指标，包括法治的工具主义价值观、法治中的权力制约意识、法治中的权利保护意识等三个方面，这也是目前我国司法生态的核心内容。其三为公民的法律信仰指标，它

① 顾培东:《当代中国司法生态及其改善》,《法学研究》2016 年第 2 期。

② 本节的主要观点曾发表于《广州大学学报》(社会科学版) 2016 年第 1 期。

包括对法律的敬畏心理、对法律的亲近心理、认同法律、恪守法律等四个方面，这是影响司法生态非常重要的文化因素。对以上三个方面指标的考量，可以基本得出一个国家司法文明发展的程度。

司法生态是指司法领域内一切活动主体的活动状态，因此司法主体及主体产生的行为及结果成为评价司法生态的重要指标。从字面上理解，司法主体主要包括司法裁判、司法解释、司法监督、司法鉴定、司法行政等多个方面的主体，这些主体一定是依法产生而存在，才具有其正当性。而在我国，司法主体应该主要是指依法享有司法权的国家机关，主要包括审判、检察、侦查和刑罚执行等主体。司法主体是司法权威得以实现的必要条件。“徒法而不足以自行”，法律规范并不能自动地适用于具体的社会关系，只能通过司法机关及相关司法人员来实施和适用。司法权威的树立还依赖于司法行为的理性化，而法官的司法行为占据着主导性的地位，其理性化程度如何，直接制约着司法的理性化程度。树立司法权威，不仅要看司法是否已经忠实地实现法律，更为重要的是看司法是否实现了正义，而司法实现正义的前提是该法为良法，实现法律是司法的形式与手段，实现正义才是司法的本质和最终目的。因此，对司法结果的公平考量不仅是一个司法原则的问题，更是一个司法理念问题。当然，结果的公正受多个因素的影响与限制，而司法职责的保障与追究也是树立司法权威，规范司法主体的重要因素。

一个法治国家的司法生态应该是处于和谐、均衡的环境之下。因此，我国自依法治国的基本方略确定以来，建设法治国家，追求和谐的司法生态一直是各级司法机关努力的方向。而和谐的司法生态一定是法治而非人治的，所以，法治在我国生活中的地位就成为司法生态中的核心内容。其具体表现在法治的工具主义价值观一直存在于人们的日常生活，而权力无制约则无法治，法治的核心则是保障人们权利，法治的生态环境受多种因素影响，而法治水平的高低又严重影响司法生态的发展。

司法生态还与全社会对司法信任的程度关系极大。社会公众对司法的信任，对法律秩序所内含的伦理价值的信仰，是建设法治社会的重要条件。法律信仰是社会主体对社会法的现象的一种特殊的主观把握方式，是人们对法的理性感情和意识等各种心理因素的有机的综合体，社会公众对法律的信仰，是法治精神形成的重要保证，或者说是法治的“软件”系统设立的基础，其深刻反映了法治的内在意蕴、精神气质。法律信仰包括公众对法律的敬畏心理、对法律的亲近心理、认同法律、恪守法律等四个方面，这些都是衡量司法生态系统是否良性循环的重要指标。

第二节 司法主体的法治表现指标

一 司法主体的正当产生

一般认为，司法主体是指享有司法职权、以自己的名义实施司法行为并承担相应法律责任的国家司法机关。[①] 司法主体是司法权威得以实现的必要条件，在法治社会中，司法主体的产生一定具有其正当性基础。与西方国家不同的是，我国司法机关涵盖的范围较广，除承担司法裁判的法院外，还包括负有法律监督的检察机关，负有侦查责任的公安机关、国家安全机关以及承担刑罚执行任务的监狱机关。这些司法机关的产生都是依据相关法律进行的。

（一）司法主体的正当产生含义

司法权是现代国家的三大公权力之一，由于历史文化传统、政治体制等差异，各国对“司法”的理解是有所不同的，西方国家一般认为司法主体仅指法院审判机关，而我国享有司法权的机关则包括审判、检察、侦查以及执

① 刘后务：《论司法主体》，《韶关学院学报》（社会科学版）2001年第11期。

行等四类司法部门。“司法是历史的产物，它与它产生的时代及其历史特点有关，并不是一成不变的”，[①] 对司法的理解存在不同观点是正常的，因为各国的具体国情及历史传统是不一样的。我国司法主体的产生具有正当性，这是由于我国宪法对司法权的配置进行明确规定，宪法是人民制定产生的，宪法规定国家一切权力属于人民，因此，在民主宪制国家，司法权产生具有民主正当性基础，司法主体的存在也就具有正当性。

（二）司法主体的正当产生表现

司法主体除承担审判职能的法院外，还包括负有法律监督的检察机关，负有侦查责任的公安机关、国家安全机关以及承担刑罚执行任务的监狱机关。法院、检察院作为我国的司法机关是由宪法明文规定的。而其他司法主体也有法律依据。1. 审判主体。审判主体是指我国的人民法院，根据我国《宪法》第 123 条规定：中华人民共和国人民法院是国家的审判机关。此外，我国还专门颁布了人民法院组织法以及三大诉讼法，这些都是法院作为司法主体的重要法律依据。2. 检察主体。我国检察机关是专门的法律监督机关，根据《宪法》第 129 条规定：中华人民共和国人民检察院是国家的法律监督机关。另外还有检察官法以及三大诉讼法等，这些都是检察机关作为我国司法机关对包括法院在内的其他机关行使法律监督权的司法主体。3. 侦查主体。侦查主体是指享有侦查职权的公安机关和国家安全机关。根据《宪法》第 135 条规定：人民法院、人民检察院和公安机关办理刑事案件，应当分工负责，互相配合，互相制约，以保证准确有效地执行法律。我国《刑事诉讼法》第 18 条规定了公安机关和人民检察院享有侦查职权。当然，检察院只是针对少数特殊案件行使侦查权，而我国的侦查机关则主要指公安机关。另外，根据《刑事诉讼法》第 4 条规定，国家安全机关依照法律规定，办理危

① 董舆：《日本司法制度》，中国检察出版社，1992，第 9 页。

害国家安全的刑事案件，行使与公安机关相同的职权。因此，侦查主体还包括我国的各级国家安全机关。4. 刑罚执行主体。根据刑事诉讼法及监狱法等规定，刑罚执行主体是指享有刑罚执行职权的监狱，其职权主要是对罪犯进行监管、教育和改造。此外，监狱还享有对罪犯在监狱内重新犯罪的案件进行侦查的职权。

（三）入选评价指标的理由

依法治国的重点主要体现在执法与司法两个环节。追求社会的公平正义是人类理性的最高要求，也是法治的基本价值准则。国家司法主体进行司法活动的目的，就是要运用司法权将体现社会正义、公平与公正的这一依法治国的基本要求在社会实际生活中得以实现。司法权作为一种国家权力，其主要凭借国家暴力得以运行，其强制性属性决定了其在维护社会正义的过程中不可避免地富有侵略性，会对案件当事人甚至案外人造成侵权，使司法偏离公正。为此，在司法权运行过程中，需要科学理解和认识司法公正的实现主体与实现对象。司法公正，也可表述为公正司法，主要是指司法权运作过程中各种因素应达到的理想状态，其基本内涵是要求司法主体在司法活动的过程和结果中体现公平、平等、正当、正义的精神。它是以司法主体的职能活动为载体并体现在职能活动之中的。

在实践中，司法权的行使最终总是体现为司法主体的司法活动，表现出独立的个量化特征。与此相应，司法公正与否最终也只能以司法主体的实际司法行为来判断。司法主体在其具体个案中表现出来的某些不公正行为，不但是对理性与法治的否定与背叛，亦是司法主体借法律权威又以不合法的行为来推翻法治的理性安排。[①] 因此，司法主体是否做到了公正司法，是衡量和评价一个国家司法水平高低的最重要因素，也是促进司法生态良性循环的

① 陈炳水：《加强司法主体的道德建设与制度规约：实现司法公正的重要保障》，《宁波大学学报》（人文科学版）2009 年第 6 期。

关键环节。按照现代法治的基本要求，实现司法公正必须要求司法主体独立，而司法主体独立又重在法官独立，所以，实现司法公正，必须加强对司法主体的理性规约，特别是对法官的约束和监督。同时，也必须提高司法人员的道德修养，培养他们良好的职业道德品质，只有这样，才能促进司法生态的和谐发展。

二 司法行为的理性化

（一）司法行为的理性化含义

所谓理性，其主要特征被叶秀山总结为“对象性思维方式”。[①] 而理性化，一般指代的是人类思维模式在社会意义上的理性转化（包含动态的变化过程及相对稳定的客观状态）；反映于外在表现上——人的认知和行为摆脱由情感所主导的观念之束缚，取而代之的是以斟酌计算、规划设计等为典型特征的生活态度；更具体一些——人们基于合理的目标、可行的方法及明确的形式而系统性地对个人行为和社会生活进行组织。[②] 理性思维从其结构来分析，它包括工具理性和价值理性两种。工具理性一般指人与自然二分后，人对自然进行分析所采取的逻辑推理方式，从而发现客观事物的内在规律和本质。而本文司法行为理性化也是从工具理性的角度来讨论的。

讨论司法行为的理性化，离不开对法的合理性认识。有学者认为，法的合理性是法的价值性与真理性的统一，是法满足人民群众需要和法符合社会发展的客观性和其自身发展规律的属性，判断法的合理性的关键因素是价值需要、客观必然、自身规律、主观意志四个方面。[③] 司法行为是法律活动的

---

① 参见魏敦友《回返理性之源——胡塞尔现象学对实体主义的超越及其意义研究》，武汉大学出版社，2005，第 119 页。

② 参见刘祥超《文明转型视野下法律的理性化》，博士学位论文，中共中央党校，2013，第 57 页。

③ 参见周世中《论法的合理性》，博士学位论文，中国人民大学，1999，第 8 页。

有机组成部分，是整体的法的动态部分。那么，对于司法行为的合理性化的认识，可以依据对法的合理性认识为基础进行，由于理性主要是发现和认识客观事物的内在规律和本质，因此，司法行为的合理性含义就是指行使司法职权的主体行使司法权的行为符合司法规律及其原则，达到符合司法目的的效果。有学者认为，把握司法行为合理性含义需要注意几个要点：第一，司法行为是司法主体的意志行为，是司法主体在对司法规律的认识基础上能动地运用法律规则裁判纠纷的活动，这种活动能否达到符合目的的司法效果受制于司法主体对司法客观规律的认识和他的司法经验、悟性、理解力；第二，司法行为本身是有其客观必然性的，有其规律性可循，这种规律性内在地要求法官在行使司法权时应一体遵循并理智地决定自己的行动，合乎逻辑地做出自己的行为决定和选择，而不是借助非理性的因素，任意和随意地做出自己的判断和决定；第三，司法行为合理化还意味着司法行为的结果符合司法目的；第四，司法行为具体方式、过程的形式化也是司法行为理性化的必然要求。① 从以上四个方面理解和把握司法行为的理性化应该说是比较全面的。当然，具体的司法活动不是机械的、僵化的，而是随着社会发展、时代变迁处于经常变动之中，因此，司法行为的理性化实际上是对从事司法行为的司法人员提出的基本要求，可以说，司法人员的专业水平、职业素养等方面决定了司法行为的理性化程度的高低。

（二）司法行为的理性化表现

司法行为的理性化着重在行为理性，而探讨“行为理性”之前应先预设了“认知理性”这一前提，感性认知充满偶然性和被动性，而理性认知则以感性认知的成果为思考材料，致力于将这些表面的、繁杂的、零散的认知成果统一起来，形成相对客观、普遍的认识。只有充分运用理性思维，其

① 参见黄竹胜《论司法行为理性化及其制度性条件》，《当代法学》2002年第3期。

“行为”才会有一个“合理选择”，而“合理选择”涉及两个对象：目的（价值）和手段（工具）。无论目的还是手段，都必须有相应的依据，都必须是可行、合理的。从这方面来看，司法行为的理性化表现可以概括为三点。1. 司法主体的意志自由。任何理性行为的前提条件乃是行为主体具有主体性，也即具有人的自主、主动、自由、有目的性的活动的地位和特性。① 司法主体的意志自由，表现在司法主体一经正当产生，就能主动、自觉地选择与实现司法目的相一致的行为模式，不受他人的直接约束和限制，能够独立进行相关的司法行为。司法主体的这种意志自由，是有相关法理依据的，如“人民法院依照法律规定独立行使审判权，不受行政机关、社会团体和个人的干涉。”（《宪法》第 126 条）“人民检察院依照法律规定独立行使检察权，不受行政机关、社会团体和个人的干涉。”（《宪法》第 131 条）2. 司法行为的理性程序。一般来说，在行为驱动层面，理性注重行为的程序性，而司法更是讲究程序的制定和运作。司法程序有其外在的表现形式。这种形式性，就是要通过具体可见并且便于操作的程序来实现司法所追求的正义目标。包括司法活动中有明确的起诉要求、参与方式、庭审步骤等等，这些程序规定目的使司法行为能够依从一定的轨道和路线进行，并规范法官的审判行为。当然，程序本身也合乎一定理性，即“程序正当”，任何权力运作都必须合理、有效，经得起人们对其进行的“正当性追问”，现代法治国家强调正当程序，根本目的是以限制国家权力的方式来保障公民权利。因此，无正当也就无程序。3. 司法行为的理性规则。由于理性化之核心部分在于摆脱非理性的行为驱动、强化行为的规范性约束，因此，规范性是理性化的核心。司法行为的规范性则体现在其有完备的理性规则。这种理性规则必须设定规则适用条件、权利义务要求、违反义务的行为以及具体

① 严存生：《合法性、合道德性、合理性》，《法律科学》1999 年第 4 期。

的处理规定。规则必须准确、清晰，这便于司法者合理、有效、准确地适用法律。另外，理性规则还必须是可行的。由于法律不能“要求人们做不可能之事”。[①] 因此，司法规则必须合符逻辑、具有现实可行性，这样才有可操作性。

（三）入选评价指标的理由

2007年，党的十七大报告明确提出，要“深化司法体制改革，优化司法职权配置，规范司法行为，建设公正高效权威的社会主义司法制度，保证审判机关、检察机关依法独立公正地行使审判权、检察权”。目前司法体制的确存在诸多问题，如司法权的地方化倾向明显、司法独立性不强、审判活动行政化色彩浓厚、司法权威不足、司法腐败严重等等，司法体制改革势在必行。但是，司法体制由于属于政治体制的一部分，全面改革的难度非常大，因此，党中央提出了司法体制改革的基本目标，就是司法制度必须符合全社会的公平和正义。所以，司法公正成为司法机构的生命和灵魂，成为实施依法治国方略的关键和保障，而这也成为司法行为、司法结果的评价标准。“优化司法职权配置，规范司法行为”也是在这一“公平、正义”目标下提出的。

规范司法行为，其实就是要使司法行为理性化，优化司法职权配置，完善司法机关内部工作机构设置和管理机关的分工，形成配置科学、运行顺畅、公开透明的司法工作机制。同时，必须改革司法人员的选拔管理和保障制度，提升司法人员的办案水平和防御不当干扰的能力。健全司法人员行为规范，规范司法人员行为，确保在全社会形成公正、廉洁的司法作风。因此，司法行为的理性化，是司法体制改革的重要内容，是司法评价指标体系中的不可或缺的指标。

---

① 〔美〕富勒：《法律的道德性》，郑戈译，商务印书馆，2005，第83页。

三 司法结果的公平考量

（一）司法结果的公平考量含义

公平有程序公平与结果公平，我们不能否认程序的独立价值，但任何程序倘若保证不了结果的正义，那程序也失去了其存在价值和意义。当然，程序公正和实体公正是司法公正的两翼，二者相互依存，程序因实体问题而生，为保障实现实体公正服务。实体公正必须在程序合法和程序正义的指引和限制下实现，追求程序公正的过程也是追求实体公正的过程。历史上我国是一个重实体而轻程序的国家，在一定意义上说，程序是为实体服务的，实体公正是司法公正的核心内容，国家行使司法权的目的就是在查明主体间纠纷的客观事实基础上，运用法律规制恢复已被侵害的法律权利、矫正被扭曲的社会秩序。因此，从根本上说，离开实体公正，司法活动是没有实际意义的。所以，司法结果的公平考量就是指所有司法裁判都要判断是否合符公平正义的价值评价标准，是否都能达到合理与合法的平衡与和谐统一。

（二）司法结果的公平考量表现

2006 年 4 月 21 日晚，许霆到某银行的 ATM 机取款，由于机器故障，在其取出 1000 元后，银行卡账户里却只被扣 1 元。许霆乃取款 171 次，合计 17.5 万元后潜逃，次年 5 月 22 日被抓获。2007 年 11 月 20 日，广州市中级人民法院一审认定许霆盗窃金融机构，犯盗窃罪，判处无期徒刑，剥夺政治权利终身。同年 12 月 17 日，该案引发激烈争论，公众纷纷通过网络畅谈看法，矛头直指畸高的刑期。该案被广东省高级人民法院发回重审后，广州市中级人民法院于 2008 年 3 月 31 日以盗窃罪判处许霆有期徒刑五年。同年 5 月 22 日，广东省高级人民法院终审维持原判决。[①] 许霆案可谓一波三折，由最初的无

① 张慧鹏等:《许霆案的落幕及疑惑破解》,《人民法院报》2008 年 5 月 25 日。

期徒刑到终审的五年有期徒刑，巨大的量刑差距引起了社会各界的激烈讨论。学界有观点认为，从依法办案的角度看，广州中院最初作出的“无期徒刑”判决，是一个实现了法律的合法判决，理应得到社会的尊重和认可，但为什么如此判决却出乎意料地受到社会舆论的一致责难和声讨呢？[①] 对比一审、重审以及终审判决书，可以看到，三份判决在事实和证据上的认定并没有实质差别，但为何结果却相差如此之大，法院最后给出的意见是“主观恶性较小、犯罪情节较轻、犯罪行为具有很强的偶然性”，这种判决论述集中在该案的偶然性和特殊性上，这是法官适用不同解释方法得出的不同结论，不同结论所引发的社会效果是不一样的。因此，从许霆案中可以看出，对司法结果的公平考量应该体现在多个方面。①符合正义的评价标准。一般认为，正义是现代社会中法与国家的一种道德品质，是衡量一种法律制度是否能够成为良法的伦理标准。正义包括“实体的正义”与“程序的正义”，“实体的正义”通常是指法律对法律主体在法律实体权利方面的一种正当、合理的规定，而“程序的正义”则是指法律对法律主体在法律实施过程中的程序权利的一种正当和合理的规定。[②] 司法结果的公平首先依赖于符合正义的法律制度，而后要有正当程序予以保证。司法不仅仅要实现结果的公正，还要以人们“看得见”的方式实现公正。诉讼程序不完善、不公开使得当事人受到不公正的诉讼待遇，或无法知晓诉讼的进程及裁判理由，而再审程序启动的随意性使当事人的利益纠葛长期处于悬而未决状态，这些都大大增强了他们对审判过程与裁判结果的不信任感，进而引发对司法公正的合理怀疑。②司法公开。对司法结果进行公平考量，重在对司法过程的公开程度。我国法律明确规定，以公开审判为原则，不公开审判为例外，如一些涉及国

① 仇慎齐:《实现法律抑或实现正义——对司法权本质属性的正义考量》,《法律适用》2011年第2期。

② 李龙主编《法理学》，人民法院出版社、中国社会科学出版社，2003，第295—296页。

家秘密、商业秘密和个人隐私的案件一般不公开审理。公开审判制度能增加司法的透明度，有利于接受社会和人民群众的监督，防止司法腐败，实现司法公平；同时，公开审判也有利于进行社会法制宣传教育，提高全社会的法律意识。当然，司法过程的公开，不仅指审判的公开，而应是司法程序全面的透明化，即司法的各个环节都向社会公开。只有这样，才有利于最后司法结果达到一个公平状态。③司法人员的道德理性。由于个案的裁判结果具有后发的辐射效应，所以，对待每个案件都要以追求它的实体正义为核心，如何在合法与合理间的矛盾中作出选择是个两难问题。当前我国有一项重要的司法原则，即“以事实为依据，以法律为准绳”，但当该“法”为“恶法”时，究竟是依法办案，还是以理性良知裁判，这就会产生一个矛盾。这就需要司法人员充分发挥其道德理性，当法律与社会普遍正义相违背时，我们应该选择社会正义。司法人员应该充分运用自己的道德理性而实现实质正义。[①] ④息讼服判的社会效果。司法结果的公平考量除了符合公平公正的标准外，还需满足息讼服判的社会效果。因为司法是否公正是一个主观性评价，它涉及几个关键概念，如客观事实和法律事实的关系、实体公正和程序公正的关系、法律效果和社会效果的关系等，这些对司法公正的评价都有直接和间接的影响。据最高法院副院长沈德咏介绍，2011 年全国四级法院一年办理的各类案件是 1200 多万件，诉讼案件的一审案件的服判息诉率达到 90.6%。我们国家实行两审终审制，经过二审之后服判息诉率能达到 98.99%，将近 99%。[②] 司法裁判结果如果真的都能达到服判息诉，那么其裁判也能符合公平考量的尺度了。

---

① 李寿荣等:《社会公平的司法路径研究》,《行政与法》2009 年第 8 期。

② 沈德咏:《2011 年全国诉讼案件二审服判息诉率达 99%》，http：//legal.people.com.cn/n/2012/1113/c42510-19567324.html。访问日期：2013 年 11 月 9 日。

（三）入选评价指标的理由

司法的本质和最终目的在于实现公平、正义。通常情况下，法律就是正义的代名词，因此，遵守法律就是实现了公平正义。依法办案，是司法机关应首先坚持的最基本原则。当然，由于人类认识的局限性，特别是当今社会发展变化日新月异，如果法律没有及时回应社会的发展，则有可能成为“非正义”，而坚持“非正义”的法律办案的结果则是实现了法律，背离了正义。因此，对司法结果的考量，不能单纯的从依法办案的角度来衡量。要达到法律效果与社会效果的统一，必须考量司法结果是否符合一般的公平正义，而这也是司法的本质和最终目的，是提高司法公信力的最佳途径。司法公正包含着实体公正和程序公正，司法不仅仅要实现结果的公正，还要以人们“看得见”的方式实现公正。妥善处理维护社会稳定与确保裁判遵循之间的关系，不能为了追求稳定而简单地置司法权威于不顾，当事人谁能闹就偏袒谁，否则将给公众留下“会哭的孩子有奶吃”的印象，只会成就短期的风平浪静，并最终牺牲长久的正义与和谐。

“在任何社会司法公正都要反映民意，因为在绝大多数案件中，公众对是与非、善与恶都存在着一些基本的判断，如果司法的裁判与公意完全背离，则很难说是完全公正的。”① 司法公正与否，应当接受民众的评判。表2-1是有关学者对公众关注司法理由的一个概述。

表 2-1　公众关注司法的理由

公众关注司法的理由	重要性程度
裁判结果，期望公平正义最终得以实现	*****
裁判结果，期望以自己的观点影响纠纷处理	*****

① 王利民，《司法改革研究》，法律出版社，2001，第151页。

续表

公众关注司法的理由	重要性程度
裁判过程，对司法不信任欲通过监督施加影响	****
裁判过程，注重司法参与而不苛求裁判结果	***
纯粹出于好奇，对裁判结果和过程持无谓态度	**

资料来源：冯伟、罗新祥:《从冲突走向和谐：平民话语权冲击刑事司法的考量与应对——寻求网络语境下舆论与司法关系的全新建构》，黄太云、李仕春主编《司法权的监督制约机制》，中国长安出版社，2013，第631页。

强调民意在司法裁判的地位和作用，充分反映了我国对司法裁判结果的可接受性的考量。2009年4月13日，最高人民法院出台《关于进一步加强民意沟通工作的意见》，其中对改进和完善网络民意沟通机制作了专门规定。司法结果的公平考量，不但要符合正义标准，而且必须从当前社会生活的实际出发，达到息讼服判的社会效果，这是当前司法体制改革的目标。

四　司法职业的保障与责任追究

从国务院新闻办公室于2012年10月发布的《中国的司法改革》白皮书可以了解到，我国司法改革已进入重点深化、系统推进的新阶段。改革从民众司法需求出发，以维护人民共同利益为根本，以促进社会和谐为主线，以加强权力监督制约为重点，抓住影响司法公正、制约司法能力的关键环节，解决体制性、机制性、保障性障碍，从优化司法职权配置、落实宽严相济刑事政策、加强司法队伍建设、加强司法经费保障等四个方面提出具体改革任务。① 因此，国家把加强司法职业保障作为新一轮司法改革的重要任务，这也是实现依法治国目标的迫切需要。

① 《中国的司法改革》白皮书（2012年10月），人民出版社，2012，第5页。

（一）司法职业保障与责任追究含义

司法职业保障，是指对从事司法工作的职业人士正当履行职责提供保障，其目的并非为维护司法职业的特权与利益，而是为了确保司法职业顺利完成宪法赋予的使命，依照法律规定审判案件，解决纠纷。同时，司法人员在履行职责的过程中，对自己的过错行为需要承担相应的法律责任。这不仅是为了维护司法的尊严、社会正义的有效手段，而且也是维护当事人合法权益，避免当事人受到制度伤害的保障。

（二）司法职业保障与责任追究的表现

从目前来看，我国正在建立和完善司法职业保障与责任追究机制。具体表现为以下 5 个方面：①国家实行了统一的司法考试制度。自 2002 年起，国家对法律职业人员（包括初任法官、检察官、律师和公证员等）的从业资格进行了统一司法考试，这在规范法律职业人员任职资格、提高司法人员综合素质、推动法律人员职业化方面发挥了重要作用。特别是改变了以往大量不具备基本法律素养的社会人员进入到法院担任法官的现象，极大地提高了法院审判人员的职业水平。②加强司法人员的职业教育培训。为适应时代发展、满足公众日益增长的司法需求，我国越来越重视完善司法人员职业培训制度，不断提升司法能力。目前，中央和省级司法机关已设立培训机构，制定培训规划，把培训范围拓展到全体司法人员，确立首任必训、晋升必训以及各类专项培训制度。在培训中，转变传统的以提升学历、传授理论知识为主的培训模式，选择有丰富实践经验和较高理论水平的法官、检察官、警官担任教官，围绕司法工作实践中的重点、难点和新情况新问题开展教育培训，不断强化针对性和实用性。2007—2012 年，全国共培训法官 150 万余人次、检察官 75 万人次、公安民警 600 万人次。[①] ③加强司法人员职业道德

① 参见《中国的司法改革》白皮书（2012 年 10 月），人民出版社，2012，第 29 页。

建设。司法机关结合各自工作特点，普遍制定了职业道德基本准则，从职业信仰、履职行为、职业纪律、职业作风、职业礼仪、职务外行为等方面，对司法人员道德修养和行为举止提出具体要求。2011 年以来，在司法人员中广泛开展核心价值观教育实践活动，把“忠诚、为民、公正、廉洁”作为共同的价值取向。[①] ④改革完善司法经费保障体制。在 2008 年启动的新一轮司法体制改革中，明确提出要建立“分类负担、收支脱钩、全额保障”的司法机关经费保障体制。[②] 中央和省级政府加大对司法机关的经费投入，确保各级司法机关的经费由财政全额保障，大大提高了基层司法机关的履职能力。司法机关依法收取的诉讼费和罚没收入全部上缴国库，做到收支脱钩、罚缴分离，遏制因利益驱动而乱收滥罚的现象。国家还制定了司法机关基础设施建设标准和装备配备指导标准，改善办公、办案条件，提高信息化、科技化水平，为提升司法能力提供扎实的物质保障。⑤建立错案追究与惩戒制度。2013 年 10 月 28 日，最高人民法院召开新闻通气会，公布了最高人民法院制定的《关于切实践行司法为民大力加强公正司法不断提高司法公信力的若干意见》。《意见》指出，根据审判工作实际，建立科学公正的错案评价体系，明确错案的认定标准，健全错案的分析和问责机制，完善错案分析和问责的相关程序，分清错案的不同情形及不同执法过错的相应责任。[③] 其实早在 1998 年，最高人民法院就出台过《审判人员审判责任追究办法》。而后各省高院也出台了相关实施意见。但错案仍然时有发生，错案责任也鲜被追究。主要原因在于责任主体不明确；有些错案纠正历时较长，错案责任人已经离开公职岗位；还有的错案追究规定因法律法规修订及执法环境改变已经不符合实际情况；等等。因此，为了进一步提高司法公信力，必须重新构建

① 参见《中国的司法改革》白皮书（2012 年 10 月），人民出版社，2012，第 29 页。

② 参见《中国的司法改革》白皮书（2012 年 10 月），人民出版社，2012，第 31 页。

③ 参见《北京晨报》2013 年 10 月 29 日。

科学公正的错案评价机制，同时科学的错案追究机制也是向法官释放出一种信号：只要法官依法办案，就不应受到追究与处理，这也是保障司法人员的自身利益。另外，我国也出台了法官惩戒制度。我国于 1995 年颁布的《法官法》第 11 章对惩戒制度作出了规定。该法第 32 条列举了各种应受惩戒的违法行为，法官实施其中一种行为，便应受警告、记过、记大过，降级、撤职、开除的处分，构成犯罪的，应依法追究刑事责任。当然，我国《法官法》关于惩戒规定比较简陋，需要进一步完善。比如《法官法》第 32 条列举了各种禁止法官从事的行为，这一规定仍过于原则化，不能替代具体的司法行为守则，还需要专门规定惩戒机构与建立相关的惩戒程序等。只有真正建立和落实错案追究制与法官惩戒制度，才能克服司法腐败现象、督促法官在审判中尽职尽责、严格执法、公正裁判。在检察机关方面，为防止检察官的行为损害法制尊严，2001 年修订颁布的《检察官法》专章规定了检察官惩戒制度，对应受惩戒的行为、惩戒的种类、惩戒的权限和程序作了明确规定。为落实《检察官法》的规定，最高人民检察院先后制定了《检察官纪律处分暂行规定》《人民检察院错案责任追究条例》《检察人员纪律处分条例（试行）》等规范，进一步明确规定了应受惩戒的行为、相应的惩戒措施以及惩戒程序。这些规定对检察系统中有关司法人员的违法行为进行了规范，这对于提高司法权威、提高司法公信力具有非常重要的意义。

（三）入选评价指标的理由

司法权作为国家的三大公权力之一，其处于比较弱势的地位，也容易受到其他国家权力的干预。特别是在我国，法官纳入《公务员法》进行管理调整，适用一般的干部人事管理制度，没有任何特殊的职业保障措施和制度。此种局面非常不利于我国司法建设和法官职业化。

由于司法权缺乏特殊的保障机制，影响了我国司法权威的建立。公众对司法的公正和有效性持怀疑态度的现象非常普遍，每年有大量的再审案件被提起，既有的生效裁判也常常得不到执行，“执行难”仍是当前的顽疾，种种对司法的不信任衍生大量的“信访不信法”现象，严重影响了司法权威的建立。在此情形下，我国必须对司法体制进行有效改革，保证法官排除各种不当、非法的干扰，依法独立行使审判权，必须建立和完善司法保障体系。

同时，建立错案追究和惩戒机制也是树立司法权威的重要方面。由于法官操有审判权，一旦从事违法甚至犯罪行为，对社会的危害性更大，因此各国法律对法官弹劾和惩戒制度以及预防或处罚法官的违法犯罪行为都有明确规定。因此，司法职业保障与责任追究机制的建立成为司法体制改革不能忽视的课题。

第三节　法治的地位指标

根据《宪法》第 5 条规定，中华人民共和国实行依法治国，建设社会主义法治国家。这一规定表明，依法治国是党领导人民群众治理国家、管理社会的基本方略。赋予依法治国方略以宪法地位，将加速推进法治，使依法治国方略的实施获得宪法性的根本保障。“法治”在形式上已被赋予了极高的地位。但是，由于受到各种因素的影响，“法治”在我国还没被提高到其应有的地位，依法治国任重而道远。

一　法治的工具主义价值观

马克斯·韦伯在其著作《经济与社会》中，把人类的理性形式分为两种：工具理性与价值理性。工具理性与价值理性是两个多义而复杂的范畴，它们的侧重点是不同的，工具理性更多地是指向手段选择，而价值理性则侧重目的追求。社会主义和谐社会命题下的现代法治认为法律既是手段，也是目的，这两者存在内在张力关系。但是，受传统文化的影响，法律的工具主义属性一直被人们放大。特别是新中国成立以后，受苏联法学理论的影响，我国当时占主导地位的观点认为法律是实现国家治理的有效工具。

（一）法治的工具主义价值观含义

有学者认为，对法治的有两种不同理解，一种是工具性的，另一种是实体性的。按照工具性的理解，法治的价值仅在于保证规则的有效性。① 如果仅从工具性角度理解法治有点片面，因为法治的价值不仅需要保证有效的实行规则，也表现达到其另外一个价值——追求人类的尊严和自由。而法治的工具性只是手段，后者才是真正的目的。概括地说，法治的工具主义价值观的含义就是科学地制定规则并有效地实行规则。当然，单纯强调法治的工具价值也会带来极大的危害，比如纳粹政体想通过规则来实现其令人发指的目标，它也会使命令的制定和实施符合这种意义上的法治要求。“法治简单地指‘公共秩序的存在’。它的意思是通过法律指挥的各种工具和渠道而运行的有组织的政府。在这一意义上，所有现代社会，法西斯国家、社会主义国家和自由主义国家，都处在法治下。”② 这种绝对的工具主义法治观只看到法治的外壳，而无视其精神，在人类历史上造成了惨痛的教训。第二次世界大战期间的德国法西斯就曾以立法多、执法严而标榜以法治国，这当然不是我们所理解的以追求人类尊严和自由的法治观。

否认工具主义法治观，并不是要否认法治的工具品德，规则之于法治是有其工具价值的，规则本身的确定性与法治本身的形式主义要求都体现了工具特性。有学者概括法治的十个构成要件或要素，分别是：①有普遍的法律；②法律为公众知晓；③法律可预期；④法律明确；⑤法律无内在矛盾；⑥法律可循；⑦法律稳定；⑧法律高于政府；⑨司法威权；⑩司法公正。这十个

① 夏勇：《法治是什么——渊源、规诫与价值》，《中国社会科学》1999 年第 4 期。

② 〔美〕弗里特曼：《法律与社会变革》，转引自沈宗灵《现代西方法理学》，北京大学出版社，1992，第 66 页。

要素可以说是养成法治品德必须依循的基本规诫。[①] 在这十大规诫中，法律本身的工具价值是非常明显，而树立司法权威，保障司法公正义是法治的应有之义。因此，评价社会的司法生态如何，一个很重要衡量标准就是看法治在其中的地位高低。

（二）法治的工具主义价值观表现

法治的工具主义价值观表现在很多方面。其一，立法上的表现。对法律的理解和认识，有一个观点长期流行，“法由国家制定或认可，以国家机器为后盾，以国家强制力来保障执行”，这是以国家为根本立足点和基本价值取向的认识论和方法论在法学上的体现，也被称为法律国家主义观，其来源于苏联。“国家制定法律规范、监督它们的遵行，并对不遵守法律规范的人采取强制措施。另一方面，法是实现国家基本任务和职能的主要手段，是在立法上确认国家机构的主要手段，没有国家，法就不能存在；同样，没有国家制定的法律规范，单只有国家也是不行的。”[②] 法律工具主义实则为法律国家主义，法律为国家的工具，是国家达到不同目的、完成不同职能的最重要工具。因此我国在立法上，也可以看出一些工具主义的影子。比如我们最先注重的就是对刑法、刑事诉讼法的制定，显然是看重它们作为维护社会治安，打击惩罚犯罪的有力工具的特有功能，而像民商法典、行政程序法典等制定的步伐却缓慢，结果造成公民权利长期处于不确定状态，权利保障法律制度长期发育不良，公权力却非常发达。据国务院新闻办于 2011 年 10 月发布的《中国特色社会主义法律体系白皮书》统计，截至 2011 年 8 月底，中国已制定现行宪法和有效法律共 240 部、行政法规 706 部、地方性法规 8600 多部，中国特色社会主义法律体系已经形成。但是，民商法比重偏小，大部分为公法。这反映了国家在立法上的工具思维。其二，司法上的表现。司法上也体

① 夏勇：《法治是什么——渊源、规诫与价值》，《中国社会科学》1999 年第 4 期。

② 〔苏〕玛·巴·卡列娃等：《国家和法的理论》，中国人民大学出版社，1956，第 2 页。

现出工具主义的思维方式。在前现代社会中，司法权属行政权，是国家控制社会的重要手段，是施行行政权力的工具。在现代法治社会，司法权应该回归社会：司法权从纯国家的变为既是国家的又是社会的，一方面司法权代表国家作出司法判断，另一方面它又在国家与社会间作出判断（对立法和行政的司法审查），保持国家与社会的平衡。司法机关通过司法活动，维护作为社会理性的法律及社会的一般价值观，以保持社会的独立地位，保障国家为社会服务而不是相反。[①] 但是，在我国，由于司法不独立，司法依附于行政，因此，法院的主要定位一度以维护秩序为主要任务。从 1954 年的第一部法院组织法始，法院的任务即被界定为惩办犯罪分子、解决纠纷、保卫国家制度、维护秩序、保卫公共财产等方面，维护公民权利被置于次要的地位。尽管这种状况至今有所好转，但司法机关作为维护社会稳定，为经济建设保驾护航的角色依然没有改变。其三，在法律知识的普及上的表现。虽然我们党提出“有法可依、有法必依、执法必严、违法必究”十六字法制方针，也开展了多次普法教育活动，但仍认为“法律是由国家制定或认可的由国家强制力保证实施的行为规范，是统治阶级意志的体现，是阶级统治的工具”，“法律是调节社会各阶层之间的利益关系的手段”。尽管法理学界已经修正了这种定义，但在一些普法宣传、各种法律考试辅导书、中小学课本中仍沿用这些说法。久而久之，人们对法律可能产生疏离感和不信任感，这种法制宣传的工具主义做法，对我国法治建设的长远发展非常不利。

（三）入选评价指标的理由

法治的工具主义价值观形成原因是多方面的。其一，我国传统上是一个人治国家，历史上不管是儒家的德治、礼治论，还是法家的法治论，本质上都体现为人治，认为法的存在取决于人，把法看成是君主统治的工具，法即

---

① 参见周永坤《法律国家主义评析》，《云南法学》1997 年第 1 期。

“刑”。新中国成立后，受苏联法律工具主义影响，早期党和国家的领导人对法律的理解大多停留在“法律是无产阶级专政的工具”认识层面，“对敌人说来是用专政的方法，就是说在必要的时期内，不让他们参与政治活动，强迫他们服从人民政府的法律”。[①] 由于党对国家具有绝对的领导权，因此法律作为党执政的工具也被明确强调，1955 年 9 月 19 日，罗瑞卿（时任公安部长）在全国 21 省市公安厅局长会议上说：“公安、检察、法院都是党的工具，是党的保卫社会主义建设、镇压敌人的工具，这点必须明确。但是在宪法上又规定了‘人民法院独立审判，只服从法律’、‘地方各级人民检察院独立行使检察权’，所以，关于检察院和法院在对内和对外的讲法上要分开。当然，如果有些检察院 、法院的同志以法律上的规定来对抗党的领导，那就错。凡是对这点认识上有偏差的，必须纠正。”[②] “文革”时期又出现了一种“砸烂公检法司”的法律虚无主义思潮，“文革”前的法律工具主义与法律虚无主义被党的十一届三中全会进行了有力纠正。邓小平明确提出了“党政分开”的主张，“党要管党内纪律的问题，法律范围的问题应该由国家和政府管”，对法律的重视提高到一新的高度。特别是进入 21 世纪后，我国将“依法治国”载入宪法后，法律的工具主义价值观进一步淡化，法律体系建设更加健全，法律开始走向专业化、职业化。但是，法律工具主义倾向还是存在，重实体法轻程序法依然严重。从立法修改的频次上看，实体法的修改多于程序法。以刑法为例，截至 2010 年，从 1979 年到 1997 年，刑法被彻底变动过一次，以后又以修正案的形式经历了八次修改；而刑事诉讼法自 1979 年至 2010 年，只经过 1996 年一次修改。由于体制原因，司法权还远没有被提高到应有的高度，司法依附于行政的现象非常严重，司法被干扰的现象经常

① 毛泽东:《做一个完全的革命派》,《毛泽东选集》(第 5 卷)，人民出版社，1977，第 28 页。

② 于一夫:《“以党治国”面面观》,《炎黄春秋》2010 年第 7 期。

发生。因此，在建立现代法治的目标下，应该将法律的工具主义价值观进行彻底淡化，树立宪法权威，确立宪法、法律至上的理念，才能构建良好的司法生态。

二 法治中的权力制约意识

法治，在制度上起始于法律对最高国家权力的限制。人类用法律约束王权最早可追溯到英国1215年《自由大宪章》，英国的法治和宪制就是从一步步约束限制王权开始的。权力制约思想最早可追溯到古希腊亚里士多德的权力职能分工，启蒙思想家们的分权制衡理论对于宪制建设提供了有力的理论支持。洛克认为，为防止专制统治的出现，应当将国家权力分为立法权、执行权和对外权。这三种权力应由不同的机关行使，而不能集中于一个人之手。法治的真实含义就是对一切政体下的权力都有所限制。法治实践表明，权力越集中，对其控制就越困难，举凡法治有效的地方，权力都是相对分离和分立的。如果立法主体同时也是执行和监督主体，那么实际上这个主体已经无异于国王了。在权力的王国里是没有法的。[①] 孟德斯鸠继承和发展了洛克的分权和制衡思想，他确信权力对于社会安定和人民的自由是必要的，但同时权力又是一个可怕的事物。他认为国家的各种权力只有实行有效地配置而不被滥用的时候，才能建立一个优良的政体，而公民的政治自由只有在一个良好的政体之下才能最大限度地实现。因此，在一个法治国家里，法治的立足之本就在于控权，而控权的有效办法就是对国家权力进行分立和以权制权，法律上确立这样的制度和原则，便可避免暴政和恶政发生。法治国家中，对公权力的四大制约方式：道德制约、一种权力对另一种权力的制约、权利对权力的制约，都最终表现为法律对权力的制约，这是法治政府的基本特征。[②]

① 〔英〕洛克:《政府论》(下篇)，瞿菊农、叶启芳译，商务印书馆，1964，第92页。

② 参见张文显主编《法理学》，高等教育出版社、北京大学出版社，2001，第190页。

（一）法治中的权力制约意识含义

权力需要制约的观点得到了普遍的认可。就权力的产生来看，权力起源于维护社会公共利益和社会公共生活秩序的需要，就其本质看，权力是一种公共意志。在法治社会里，权力制约是实现法治的重要手段。凡是实行法治的国家，必然存在权力制约，同时，法治越发达，对人民权利保障就越有利。孟德斯鸠说："一切有权力的人都容易滥用权力，这是万古不易的一条经验。""要防止滥用权力，就必须以权力约束权力。"[①] 根据孟氏理论，只要有权力存在，如果其得不到有效制约就会造成权力异化。权力制约以权力存在为基础，权力制约是权力发展到一定阶段的产物。

法治中的权力制约是指在法治社会中，公权力各个部分应该相互监督，彼此牵制，保证公权力在一定的制度范围内运行，并形成相关的制约机制。权力制约思想最初产生于西方，但它是人类对政治权力认识理性化的成果，作为具有工具性的技术手段，只涉及权力构成形式和合理运作，与政权的性质、时空差异和意识形态并无必然联系。因此，在社会主义国家，权力制约机制也得建立健全，尽管我国不实行"三权分立"制度，但以人民代表大会为核心的适合我国国情的权力监督制约机制的建立，是我国社会主义优越性的根本体现。总的说来，在法治社会中，没有权力制约就无法建立法治，没有权力制约也没有公平、平等可言，没有权力制约，人民的自由不可能得到保障，同时，也建立不起应有的社会公共秩序。

（二）法治中的权力制约意识表现

法治社会中的权力制约主要表现在如下几个方面。第一，以权力制约权力。这一权力制约机制的核心是分权，并使不同的权力机构之间形成一种监督与被监督或相互监督的关系。这种机制有可能同时存在于民主和专制

---

① 孟德斯鸠：《论法的精神》（上册），张雁深译，北京商务印书馆，1982，第154页。

社会，因为即使在专制社会，最高专制统治者不可能对所有国家大事事必躬亲，必然会将某些权力下放，此时就会对权力进行必要的分开并建立一定的监督机构对执行者进行监督或使他们相互监督和制约。在民主社会中，一般设计了权力分立机制，立法、行政、司法三种权力分立，分别由不同的部门行使，各部门的权力大致平衡，相互制约。在我国社会主义社会，也建立了一套权力监督机制，比如人民代表大会对行政机关、检察机关与审判机关全面监督，各机关内部也有一套监察系统，特别是 2018 年 3 月我国宪法修正案通过建立的监察委员会制度，是深化国家监察体制改革的一大成果，是我国宪法规定的最高国家监察机关，其监察范围覆盖了全国的公职人员。当然，我国的权力制约制度与西方的三权分立资本主义制度是有本质区别的。我国的根本政治制度是人民代表大会制，这一制度实行民主集中制、“议行合一”的组织活动原则，行政、司法等机关在职权上有所分工和制约，但都是由人民代表大会产生，并向它负责，受它监督。第二，以道德制约权力。这一机制的涵义是通过学习和教育的方法使社会或统治阶级对政府官员的要求内化为他们的道德信念，帮助他们树立“正确”的权力观，培养他们勤政廉政为统治利益或公共利益服务的意识和品质，使他们能够自觉地以内心的道德力量抵制外在的不良诱惑，自觉地严格地要求自已，行使好手中的权力。[①] 以道德制约权力自古有之，古希腊亚里士多德曾说过，“在主奴关系的统治之外，另有一类自由人对自由人之间的统治，被统治者和统治者的出身相同。这类治理的方式就是我们所谓城邦政治家的治理体系；在这类体系中，统治者就须先行研习受命和服从的品德”。[②] 亚里士多德要求统治者需具备明哲、节制、正义、勇毅四种品德，培养这些品德的途径就是学习和教育。在我国传统历史中，以德治国已经实行了上千年，对“德”的重视应该是远高于

① 参见侯健《三种权力制约机制及其比较》，《复旦学报》（社会科学版）2001 年第 3 期。

② ［古希腊］亚里士多德：《政治学》，吴寿彭译，北京商务印书馆，1965，第 124 页。

"法"的，主流思想的儒家学派一直宣扬德性的意义。当然，以道德制约权力机制主要是侧重于事前的预防，与以权力制约权力相比，后者更注重事后的惩罚与补救等。以道德制约权力重在统治者通过内心的自省，正确运用公权力，这种制约方式也应该形成制度，发挥其应有的作用。第三，以权利制约权力。通过宪法及法律赋予公民广泛的政治权利尤其是参政权，进而对政治过程进行控制，这种思想基本上为各国宪法所确认。以权利制约权力模式现在越来越被看重。公权力只有让其处于阳光下，才能被人民所监督。同时，权利制约权力的力度，也是衡量一个国家的民主发达程度，因为公权力的最终归属不仅是看法律上载明的表象，更要看普通民众以权利制约权力的实现程度。另外，当某种公权力受到了社会的普遍抵制的时候，就意味着权力已经到达了应当止步的边界。因此，权利制约权力能够起到为国家权力划定一个边界的作用。第四，以社会制约权力。这是著名的自由主义思想家孟德斯鸠的继承者托克维尔所首创，并为西方现代民主理论家罗伯特·达尔所发展起来的一种控权理论。这种理论认为，在当今的民主社会里，存在众多的、分散的相对独立的社团、组织和群体。这些行使着一定社会权力的社团、组织，构成一个独立于国家的多元的、自我管理的公民社会，便可以对权力构成一种社会的制约。①

（三）入选评价指标的理由

权力制约与权力分离可以说是近代法治产生的前提和基础，尽管有了权力制约与分离机制不一定产生法治，但没有权力制衡机制是一定产生不了法治的。权力制约与分离制度确保立法机关制定出一定的法律，并保障政府依法行政和司法独立。因此，确立法治中的权力制约机制在很大程度上是为司法独立服务的，没有司法独立，当然也就谈不上人权保障了。这已经为思想

① 〔美〕罗伯特·达尔：《民主理论的前言》，顾昕、朱丹译，三联书店，1999，第170—204页。

界所高度关注和重视。“一个自由国家的首要原则乃是，法律应当由一部分人制定，另由另一部分人实施；换言之，立法与司法的性质必须加以严格区分。当此类职责集中于同一个人或同一个机构时，他或它就往往会因为徇私情而制定出规定特定情形的特定的法律，旨在实现一己的目的；如果立法机构与司法机构分离，那么立法机构就会制定出一般性的法律，因为立法者在立法时毋须也无从预见这些法律将对谁产生影响；……因此，作为权力分离的结果，议会在进行决策时就会去考虑普遍效果和普遍趋势，而这将产生无偏袒的，且通常是极具裨益的法则。”① 权力分离是为了权力制约，而权力监督制约机制的完善与否，对确保司法公正起了决定性的作用。因此，党中央在2008年专门召开了深化司法体制改革工作会议。该会议明确提出司法体制改革重点为加强权力监督制约，进一步解决体制性、机制性、保障性障碍，优化司法职权配置，规范司法行为。权力制约制度的完善，自然成为司法生态建设的重要一环。

三　法治中的权利保护意识

当今社会，我国大众的权利意识应该说是觉醒非常快速，这也是我国社会转型期的最大变化之一。权利意识的觉醒同时为树立法律权威，培养法治观念起到了巨大的推动作用。近几年颁布的几部重要法律，如《刑事诉讼法》的大幅修改、《物权法》的出台、《行政许可法》的产生等，都与公民权利意识觉醒表达有关。但是，权利意识的伸张，离不开“法治观念”护航，伸张权利，是不能突破法律底线的，一个成熟的社会，权利一定在法治的框架下才能得以实现。有“权利意识”，也要有“法治观念”，这是当前主流媒

---

① 〔英〕弗里德利希·冯·哈耶克:《自由秩序原理》，邓正来译，三联书店，1997，第218—219页。

体针对中国社会从传统到现代艰难转型过程中所倡导的基本看法。[①] 其实，权利意识的觉醒能推动法治观念的发展，而法治社会的建立，是一定会保障权利是实现的。

（一）法治中的权利保护意识含义

依法治国不仅是指有法可依，更重要的是体现依法治国的理念。而依法治国的理念则是保障人民的权利。判断一个国家法治水平高低的标准，则是公民权利意识的强弱。宪制是法治的高级形态，我国已经明确要建设社会主义法治国家，其关键之处在于宪法政治的实现。依宪治国，它要求限制政府的公权力，最终目的则是保障公民的权利。

近代以来，西方学者对法治提出过各种主张，例如英国学者戴雪认为法治有三条标准；美国学者富勒认为法治有八项原则等。而我国著名法学家李步云教授则认为，根据实际情况，法治国家的标准在我国可概括为十项，分别为法制完备；主权在民；人权保障；权力制约；法律平等；法律至上；依法行政；司法独立；程序正当；党要守法等。[②] 通观李先生对法治内容的高度概括可以看出，法治的最终目标指向是为了保障人的自由和权利。“人权的彻底实现，是全人类共同的理想”，更是共产党人矢志不渝为其奋斗的伟大目标（参见 1991 年国务院《中国人权状况》序言），我国是社会主义国家，而中国共产党又是代表全体广大群众根本利益的，是我国的唯一执政党，因此，党在宪法与法律范围内开展活动，就是带领全体人民追求“人人自由、人人平等、人人富裕”的社会。而自由、平等、富裕正是现代“人权”的最主要的内容，社会主义者应当是最进步的人道主义者，是最坚定的人本主义者，也是最彻底的人权主义者。[③]

---

① 《有“权利意识”，也要有“法治观念”》，《人民日报》2013 年 5 月 21 日，第 5 版。

② 参见李步云《论法治》，社会科学文献出版社，2008，第 266—273 页。

③ 参见李步云《论法治》，社会科学文献出版社，2008，第 268 页。

（二）法治中的权利保护意识表现

法治中权利保护意识主要表现在以下三点。第一，法律至上。“法律至上”的含义主要指“法律应具有极大权威”（党的十一届三中全会公报），是指“法律的统一、尊严和权威”（党的十七大报告）。法律至上不是提倡法律是万能的，而法律也不是解决所有事物的灵丹妙药，但是法律一旦制定就应该被遵守，维护法律权威其实就是维护人民利益，因为法律至上和人民意志与利益至上完全一致，而且前者是后者的体现和保障。只有把人民的利益和意志都体现在宪法和法律当中，并赋予宪法和法律以最大的权威和尊严，人民的意志和利益才能得到最大限度的保障。目前我国还存在比较严重的有法不依、执法不严、违法不究的现象，特别是对“一把手”的监督机制还不完善，这是应该予以高度重视的。第二，依法行政。有学者认为，法治就是政府必须依法行政，这观点不一定对，但这是有一定道理的。因为在任何一个法治国家政府肯定会依法行政，也必须做到依法行政。我国目前行政机关的权力过大是不争的事实，同时，行政机关侵犯、损害相对人利益的现象时有发生，各种基层矛盾突出的一个重要原因是行政机关要么越权行政，要么行政不作为。国务院在 1999 年发出了《全面推进依法行政的决定》，2004 年又颁布了《关于印发全面推进依法行政实施纲要的通知》，党的十七大报告也明确提出“建设法治政府”，“加快行政管理体制改革”，要“着力转变职能、理顺关系、优化结构、提高效能，形成权责一致、分工合理、决策科学、执行顺畅、监督有力的行政管理体制”。特别是在 2013 年 11 月党的十八届三中全会通过的《关于全面深化改革若干重大问题的决定》中又提出，“维护宪法法律权威，深化行政执法体制改革”，这是我国体制改革的又一次重大突破，也是在人权保障发展史上的新的里程碑。党的十九大报告在以往基础上，提出“要求坚持依法治国、依法执政、依法行政共同推进，坚持法治国家、法治政府、法治社会一体建设”，这又是将依法治国、依法行政提高到一个新的高度。第三，程序正当。法律程序是法的生命存在形式。[①] 在我国传统法文化当中，历来重实体轻程序，实践证明，这是极不利于保障人民权利的。因为公正的法律程序，能体现立法、执法、司法、护法等国家权力的科学配置与程序约束，也能体现公民的各种权利在程序中的应有保障，所以将程序正当作为建设法治国家的基本内容是极为必要的。第四，司法独立。司法独立原则在我国 1954 年宪法中表述为“人民法院独立进行审判，只服从法律”。1982 年宪法对此表述有所改变:“人民法院依照法律规定独立行使审判权，不受行政机关、社会团体和个人的干涉。”尽管司法独立概念现在没有明确使用，但是司法独立一词在我国历史上是被多次提及的。叶剑英担任 1982 年宪法修改委员会主席时，在代表中央发表该委员会第一次会议的讲话时，也使用了“司法独立”一词。[②] 司法审判独立作为一项宪法原则，从保障人权角度来看，是指一个人被指控为犯罪嫌疑人时，有得到一个独立而公正的审判机关审判的权利。这是法治国家的重要标志。党的十七大报告明确提出，要“深化司法体制改革，优化司法职权配置，规范司法行为，建设公正高效权威的社会主义司法制度，保证审判机关、检察机关独立公正地行使审判权、检察权”。党的十八届三中全会通过的《关于全面深化改革若干重大问题的决定》中，更明确提出“要维护宪法法律权威，深化行政执法体制改革，确保依法独立公正行使审判权、检察权，完善人权司法保障制度”，这说明我党对独立行使司法裁判权已经高度重视，因为这关涉到人权保障的最高目标。所以，一个完善的法治社会，权利保障是离不开司法审判权独立的。

（三）入选评价指标的理由

《社会管理蓝皮书——中国社会管理创新报告》指出:“一部分人只注

① 参见李步云《论法治》，社会科学文献出版社，2008，第 272 页。

② 参见李步云《论法治》，社会科学文献出版社，2008，第 271 页。

重享受权利，不注重履行自己的责任和义务，由此导致公众权利意识强与社会责任意识弱并存这一现象的存在。”[①] 这种现象存在，正说明我国法治建设任重而道远，因为在法治社会中，权利享有与义务履行大体是一致的，享有权利的同时，绝不能以损害或牺牲他人利益或自由为代价。法律是权利的保障，同时也是权利行使的边界。“飞机航班延误，冲上跑道拦飞机；发生医患纠纷，把棺材花圈抬到医院；网上讨论辩论，动辄粗口相向，乃至暴力威胁……一些人为了维护个人权益，无视他人权益，罔顾公共利益，甚至更进一步，把他人权益、公共利益当作讨价还价的筹码，以实现个人利益最大化。这种走岔道的极端方式，将‘权利意识’异化为‘交相害’而非‘交相利’的行为，让人遗憾，也发人深思：权利的风帆如何行进，才能抵达文明的彼岸？”[②] 如此多的非正常权利行使现象，恰恰反映的是法治意识的薄弱、缺乏，只有建设完善的法治国家，权利保护才会真正落在实处，权利意识才会趋于理性。因此，探讨法治中的权利保护意识，对于公众通过司法手段，寻求权利救济途径具有非常重大的理论与现实意义。

第四节　公民的法律信仰指标

什么是信仰？援引《汉语大词典》的解释即对某人或某种主张、主义、宗教极度相信和尊敬，拿来作为自己行动的榜样或指南。[③] 我国学者对“信仰”一词进行过界定，认为就信仰内涵来说，“它是人类意识对客观世界及

---

① 转引自《有“权利意识”，也要有“法治观念”》，《人民日报》2013 年 5 月 21 日，第 5 版。

② 《有“权利意识”，也要有“法治观念”》，《人民日报》2013 年 5 月 21 日，第 5 版。

③ 《汉语大词典》，上海辞书出版社，1986，第 1417 页。

自身生命过程的反映，人类精神宇宙存在全面沟通与融合的愿望与努力。它既包括由意识所形成的带有价值参数的有关宇宙、社会和自身存在的一系列观念和知识，以及由这些观念的偶像所构成的信仰对象，又包括人的信仰情感、信仰态度和信仰行为”。[①] 法律信仰是信仰的一种形式，与其他形式相比只在信仰对象上存在差异。一般认为，法律信仰（有时称法的信仰）是指社会主体对社会法的现象的一种特殊的主观把握方式，是社会主体在对社会法的现象的理性认识的基础上油然而生的一种神圣体验，是对法的一种心悦诚服的认同感和依归感，是人们对法的理性、感情和意识等各种心理因素的有机的综合体，是法的理性和激情的升华，是主体关于法的主观心理状况的上乘境界。[②] 为什么人民要信仰法律，法律不被信仰又会产生什么不利的后果，法律如何才能促使人民信仰等这些问题，学术界已经进行了广泛热烈的讨论。一般认为，法律信仰问题的讨论最初是由我国学者梁治平翻译了美国学者伯尔曼教授的《法律与宗教》而引发的。在该著作中，作者不仅讨论了历史上法律与宗教的关系，而且在学理上分析了法律与信仰之间的关系问题。“没有信仰的法律将退化成为僵死的教条”，“法律必须被信仰，否则它将形同虚设”等语被人们广为引用和传颂。法律为什么会被信仰？首先是因为法律具备了被信仰的品质。具体来说，人的价值、尊严，人的独立人格、个性，人的存在和生活及其意义，人的理想，人的命运等，都需要法律予以关怀，并且是首要的关怀。[③] 这里所说的法律，是以追求公平、正义等价值为核心的。也有学者用另外的观点表达了与此近似的思想，认为法律能给人们的生活带来便利，也就是说法律对人们来说是有用的。“能够为人们所信

---

① 冯天策:《信仰导论》，广西人民出版社，1992，第 4 页。

② 刘旺洪:《法律信仰与法制现代化》，许章润等:《法律信仰：中国语境及其意义》，广西师范大学出版社，2003，第 4 页。

③ 姚建宗:《法治的人文关怀》，《华东政法学院学报》2000 年第 3 期。

仰的法律必须是能够给人们或至少是绝大多数人带来利益的”，“遵循或诉诸法律必定是由于法律可能是人们带来各种便利和利益，包括心理和感情上的利益（公正）”。①

法律追求的是公平和正义的价值诉求，这对人们来说就是一种最大的利益。因此，信仰法律，就好比信仰宗教一样，有了其充分的伦理基础。法治社会，从操作层面看，是要求各种行为的合法性问题。权力应该是服从法律的，法律一旦被制定，就应该被各种主体严格遵守。法治社会的法律就是具有至上性和神圣性。人们对法律信仰的程度，反映了这个社会的法治发达程度，这也是衡量一个国家司法生态好坏的一个重要标准。

一　对法律的敬畏心理

（一）对法律敬畏心理的含义

所谓敬畏，从字面上说，就是敬重又畏惧。敬畏是一种对事物的态度，是在面对权威、庄严或崇高事物时所产生的情绪，带有恐惧、尊敬及惊奇的感受。对法律敬畏心理，就是指人类在面对法律时产生的一种既神圣又畏惧的心理状态。对法律敬畏是实现法治的前提，没有对法律的敬畏意识，法律就不能得到有效的遵守。对法律的敬畏与对道德的敬畏有所区别，如果说对道德的敬畏是一种境界，那么对法律的敬畏就是一种理性。因为法律不仅是一种规则，是一种为人们服务的工具，更重要的是法律是一种体现人类理性的具有普适性的准则。法律是现代文明社会的基础，是人类发展到今天所能拥有的最为合理、最为有效而完善的社会治理方式，法律所体现的自由、秩序、正义等价值是人类发展普遍追求的，无论是立法者、执法者还是守法者，都只有在对法律心存敬畏的前提下，才能实现法律的公平正义要求，才

---

① 参见许章润等《法律信仰：中国语境及其意义》，广西师范大学出版社，2003，第133—134页。

能实现整个社会的和谐发展。

（二）对法律敬畏心理的表现

①立法规范。对法律敬畏，首先应该是表现在对立法规范方面，因为立法的健全规范，是建立法治社会的前提和基础。如果对立法都不予重视的话，那么谈何法治，何谈对法律的敬畏呢？我国在改革开放以后，特别是自20世纪90年代提出建立社会主义市场经济以来，出台了相当多的法律法规，大部分法律法规都发挥了积极作用，但是还有一小部分法律，制定之后没有发挥应有作用，如原来的《中华人民共和国企业破产法》（试行）、《反垄断法》等，由于没有经过科学论证而制定出来不具备实施条件而被束之高阁，这是立法草率的表现，也是缺乏对法律敬畏心的表现。目前国内食品和环境问题频发，违法成本过低、监管不严导致违法行为屡禁不止，因此，社会呼吁能尽快健全公益诉讼的规定。《民事诉讼法》第55条明确规定："对污染环境、侵害众多消费者合法权益等损害社会公共利益的行为，法律规定的机关和有关组织可以向人民法院提起诉讼。"但是，该项规定不明确，没有指出"法律规定的机关和有关组织"到底是什么范围，目前也没有出台司法解释，只有检察机关提起公益诉讼进行了试点工作。同时，该诉讼法将公民个人提起公益诉讼的资格也排除在法律规定之外。因此，针对目前这些与老百姓生活密切相关的重大法律问题，这么多年来却没有切实可行的办法予以解决，不能不说是我国立法机关的失职。另一种在立法上缺乏敬畏心表现在有不少部门立法、行业立法。当前社会是一个利益多元的社会，立法者应该充分尊重不同社会主体在利益上的不同追求，应充分照顾各方的利益诉求。但是，现实中却经常出现以权入法，以部门利益代替社会利益，最终使很多国家立法变成行业立法、部门立法。这些立法可以说是对公民权利赤裸裸的限制和剥夺，这也是对法律缺乏敬畏的结果。②依法行政。对法律的敬畏除了在立法上严格规范外，在执法方面也应该严格依法办事。特别是作为执法部门的

政府机关，更应该从严要求。但是，在现实生活中，却经常出现行政机关把法律仅仅看作管理人的工具，制定法律的目的就是方便自己行政管理。特别是涉及部门自身利益时，往往就出现了选择性执法。有时利用相对人对法律知识的欠缺，执法部门以权谋私，滥用权力的现象也经常发生。如此等等，都说明执法机关缺乏对法律的敬畏，公权力只有在对法律保持足够敬畏时，才能使自己的行为更加符合社会的公益目的，而公权力藐视法律时，也是法治的失败悲哀之时。③严格司法。如果一个社会司法非常严格，那么对法律也应是极其敬畏的。在法治社会，司法的基本功能应该是通过判决在社会上形成一种引导力量，恰当地分配权利、义务和责任，最终将法律所体现的公平正义精神通过个案体现出来。但是，由于我国司法体制等各种原因，将司法作为权力寻租工具的现象还非常多，少数法官枉法裁判、徇私舞弊，出现了令广大群众极为不满的司法腐败现象，司法公信力一直难以建立。这是因为对法律缺乏敬畏，所以对法律没有认同感，对司法判决没有权威感，对法官没有信任感。这极不利于法治社会的建设，因此，当前我国的迫切任务应该是培养广大公民，特别是公权力机关的从业人员，一定要使他们对法律有强烈的敬畏感，一定要从内心尊重法律、严格执法，才能形成良好的法治氛围，才能形成有利于社会发展的法治生态，如此，法治文明才能得以建立，法治目标才能逐步实现。

（三）入选评价指标的理由

信仰法律首先必须敬畏法律，对法律敬畏是实现法治的前提。因此，形成对法律的敬畏心理，有助于培养法律在人们心目中的神圣感。一旦有了高度的神圣感，法律才会对广大公民发挥作用，尤其在法治建设初期，工具价值被凸显，法律的震慑作用还会被反复强调，在这样的大时代背景下，大力宣扬法律的惩治保障功能，有非常大的积极作用。所以，培养人们对法律的敬畏心理，进而推动对法律的全面信仰，在法治生态指标中是一项重要内容。

二 对法律的亲近心理

（一）对法律亲近心理的含义

亲近法律与敬畏法律是相对的两个概念，上文说到敬畏法律，是指对法律要有既尊敬又畏惧的感觉，而亲近法律则是指对法律要亲密接近之意。能够亲密接近的对象当然应该是朋友、亲人等，因此，对法律的亲近心理意思就是将法律作为朋友、亲人看待，这也是培养人们法律信仰的重要一环。对法律亲近，实际上是将法律作为“日用品”。但现实中，我国绝大多数群众对法律还是抱有一种敬而远之的心态，唯愿少和“法律”打交道，有些人认为一辈子不和“法律”打交道是最好的。这种观念是受传统文化的深刻影响。当然，随着市场经济的建立，民主政治的逐渐发展，法律意识和法治观念有了较大的改变，但是，在目前看来，国人亲近法律的心理应该还是没有建立起来，信仰法律被信仰法官（权力）所取代。这是极不利于推动现代社会主义法治目标建设的。

（二）对法律亲近心理的表现

对法律的亲近心理，应该分析两类人群，一类是掌握公权力的执法、司法人员，另一类是普通公民。掌握公权力的执法、司法人员亲近法律的表现，首先要遵守法律，严格依法办事。我国执法、司法机关在依法行政、严格司法方面，客观上说，近些年有了长足的进步。我国社会主义法律体系基本建立，为执法机关严格执法提供了充分的法律依据。2003年，我国发生“非典”的紧急状况，有关部门出台了相关法律，保证了当时整个社会安定有序。著名行政法专家应松年教授对当时依法行政有过评价：“全国有100多名官员因抗‘非典’不力受到严厉处罚，这种力度在以往很少见，这一举措直接对各级官员产生强烈震动，使绝大多数官员雷厉风行、严格履行法定职责。”[①] 各级

① 参见宋安明《法治意识更深入人心了》，《检察日报》2003年5月30日。

政府官员越自觉亲近法律，遵守法律法规的意识就会更强。其次，公民亲近法律，表现在自觉遵守法律，维护法律权威，具有强烈的法律意识和法制观念。尽管这些年国家普法教育是以义务本位为导向，公民的守法意识进一步增强了。但是，不可否认的是，广大公民的法律观念、权利意识也大幅增强。通过本课题组的相关调查，公民在遇到与政府或者其他机关事业单位发生争议时，选择向法院提起诉讼的比例比较高（见表 2-2）。这种“民告官”案件比例的上升，很大程度上说明公民法律意识相比改革开放前已经有了相当大的提升。

表 2-2　与政府或者其他机关事业单位发生争议时，是否会选择向人民法院提起诉讼

案例处理摘要

	案例					
	有效的		缺失		合计	
	N	占比（%）	N	占比（%）	N	占比（%）
地区 * T14 会选择向人民法院提起诉讼	7998	97.4	211	2.6	8209	100.0

地区 * T14 会选择向人民法院提起诉讼

			T14 会选择向人民法院提起诉讼					合计
			会起诉	多数情况会起诉	基本不会起诉	绝对不会起诉	说不清楚	
地区	东部经济区	计数	905	1147	1367	150	486	4055
		经济区划分内的比重（%）	22.3	28.3	33.7	3.7	12.0	100.0
		总数的比重（%）	11.3	14.3	17.1	1.9	6.1	50.7

续表

<table>
<tr><th colspan="9">地区 * T14 会选择向人民法院提起诉讼</th></tr>
<tr><th colspan="3" rowspan="2"></th><th colspan="5">T14 会选择向人民法院提起诉讼</th><th rowspan="2">合计</th></tr>
<tr><th>会起诉</th><th>多数情况会起诉</th><th>基本不会起诉</th><th>绝对不会起诉</th><th>说不清楚</th></tr>
<tr><td rowspan="6">地区</td><td rowspan="3">中部经济区</td><td>计数</td><td>693</td><td>733</td><td>1363</td><td>140</td><td>292</td><td>3221</td></tr>
<tr><td>经济区划分内的比重（%）</td><td>21.5</td><td>22.8</td><td>42.3</td><td>4.3</td><td>9.1</td><td>100.0</td></tr>
<tr><td>总数的比重（%）</td><td>8.7</td><td>9.2</td><td>17.0</td><td>1.8</td><td>3.7</td><td>40.3</td></tr>
<tr><td rowspan="3">西部经济区</td><td>计数</td><td>157</td><td>185</td><td>306</td><td>24</td><td>50</td><td>722</td></tr>
<tr><td>经济区划分内的比重（%）</td><td>21.7</td><td>25.6</td><td>42.4</td><td>3.3</td><td>6.9</td><td>100.0</td></tr>
<tr><td>总数的比重（%）</td><td>2.0</td><td>2.3</td><td>3.8</td><td>0.3</td><td>0.6</td><td>9.0</td></tr>
<tr><td colspan="2" rowspan="2">合计</td><td>计数</td><td>1755</td><td>2065</td><td>3036</td><td>314</td><td>828</td><td>7998</td></tr>
<tr><td>总数的比重（%）</td><td>21.9</td><td>25.8</td><td>38.0</td><td>3.9</td><td>10.4</td><td>100.0</td></tr>
</table>

资料来源：本课题的问卷调查。

另外，国家普法教育理念的转变，也有助于权利意识的培养。据报道，有些地方为了打造“亲近”法律的宣传平台，设计了多种普法宣教形式。例如，绥棱县为推进城镇法治文化阵地建设，县政府投资 2 万元，在步行商业街建设了法制宣传用语一条街，在步行街两侧制作安装了 30 个以法治格言、法制漫画、法制短语、警句为内容的法制宣传灯箱。在县内繁华地段以“崇尚法律权威，维护法律尊严；培养守法习惯，强化用法意识”为内容，制作了150平方米的大型室外宣传图板悬挂于县内主要繁华地段。[①] 宣传法律知识，不仅告诉公民应该“守法”，更重要的是如何“用法”，让人们切实接近法律、将法律与生活紧密联系在一起，去除笼罩在法律上的神秘面纱，只有这样，人们才会了解法律，真正将法律作为生活中不可或缺的组成部分。

（三）入选评价指标的理由

有学者对我国开展的普法教育效果进行过调查分析，发现我国在前几次普法教育中，教育的理念还存在较大的问题。前几次普法教育基本上都是以“义务”为本位来开展活动的。[②] 导致的教育效果是，人们树立了对法律的敬畏感，但内心里并没有认同法律，没有将法律视为自己生活中不可缺少的一部分。很多地方在普法教育中，相继张贴了“乱砍滥伐要判刑，烧山要坐牢”“私设路障违法，拦路抢劫判刑”之类等标语牌。这些宣传主要侧重法律的惩罚功能，给广大公民的印象是，只要不犯法，这社会就会和谐稳定。普法教育，实质演变为守法教育。因此，在广大基层，常常在有矛盾冲突时（矛盾另一方往往有点小权势者）会听见“老子不犯法，你能将我怎么样”的说语，这种观念其实就是将法律视为惩治犯罪的工具。人们即使服从法律，也是表面形式上的，因为法律并没有体现其为人们服务，特别是保障人民权利的根本属性。所以，普法教育应该转变教育理念，应该以“权利”为本位，大力宣扬其保障人权功能的应有本质。只有真正培养建立起权利意识，才能树立法律意识，只有让人们亲近法律，人们才可能从内心认同法律、信仰法律，法治社会才会得以建立。

---

① 《“亲近”法律》，http：//suihua.dbw.cn/，2013年12月1日访问。

② 参见廖德凯《“法律”何时让人觉得不可怕》，《中国青年报》2010年8月19日。

三 认同法律

（一）认同法律的含义

按弗洛伊德的理解，认同“是一个心理过程，是一个人向另一个人或团体的价值、规范与面貌去模仿、内化并形成自己的行为模式的过程，认同是个体与他人有情感联系的原初形式”。[①] 一般认为，认同法律是指公众通过实践经验和理性对法律进行评判，对法律的企盼和需要，法律符合实践经验和理性的要求，顺应民众的期待、满足民众的需要后，民众认可法律、尊重和信任法律、愿意服从法律的过程。[②] 民众认同法律，说明法律所蕴含的价值符合民众的内心期待，民众对法律制度普遍认可和接受，并对法律有相当的尊重和肯定。这种法律也应该是反映了民众的利益诉求，并且具有正当性。认同、尊重法律，是对法律作用的肯定，承认法律在社会生活中的地位和作用，但是，认同法律并不等于将法律神圣化，离法律信仰还有相当的距离。当然，对法律的认同为法律的信仰打下了坚实的基础。

（二）认同法律的表现

首先，认同法律表现为主动服从法律。服从可以分为主动服从与被动服从两种形式，认同法律这种主动性服从是出于内心的尊重，不是国家单方面的强制力造成的。主动服从意味着民众有认同或不认同法律的自由，也有服从与不服从的自由。任何强制服从都不可能构成认同法律。其次，认同法律表现为公众对立法的社会认同。立法的社会认同的关键在于立法是否已经表达了民意，这是构成法律权威正当性的价值基础。立法要充分表达民意就必须扩大公众在立法层面的参与权。立法的公众参与制度是国

① 转引自梁丽萍《中国人的宗教心理》，社会科学文献出版社，2004，第 12 页。

② 参见卢东凌《民众法律认同初探》，《西南政法大学学报》1999 年第 3 期。

家机关的民主选举制度的补充，是民主向深度和广度发展的重要方面。建立立法的公众参与制度，目的是让立法机关以外的人员参与发表意见。在最大程度上反映广大民众的利益诉求，这也是立法民主化的关键所在。只有让广大民众最大限度地参与立法，民众对法律的认同感才会更加深刻。最后，认同法律表现为公众对司法的社会认同。司法的社会认同最重要的是解决当事人是否满意问题。这是保障法律实效的最重要方面。一个好的司法裁判是让双方当事人都能口服心服。这要求法官所作出的裁决不偏不倚，符合程序公正和实体公正的标准。如果公众对司法不信任，就不可能认同法律，结果就会选择非法律途径的方式来解决本应由法律解决的问题。

（三）入选评价指标的理由

法律认同问题，其核心应该是法律制度究竟是否能满足主体人的需要，这是法律权威得以建立的先决条件。法律认同必须以民众的需要为基础。法律应顺应民众的期待，满足民众的需求，否则民众不会自愿认可法律、接受法律，更不会尊重、信任并自愿服从法律。如果民众内心不相信法律、认可法律，那么法律权威没办法建立起来，即使法律以其外在的强制力压制民众服从法律，那也是权力大于法律的表现。“权大于法”只是将法律作为统治社会、管理社会的工具，是一种典型的人治。所以，法治社会的建立，一定是法大于权的，而只有民众确实从内心认可法律、服从法律，法律的至上地位才能确立，这是当前司法体制改革应高度重视的问题。

四　恪守法律

（一）恪守法律的含义

恪守法律，从其主体来说，主要包括公民和政府两个方面，公民作为守法主体应该认知法律，并遵守一切具有强制力的法律以及其他规范性文件。

具体来说，公民守法是指所有公民必须遵守国家法律、法规和法令，这是公民起码的行为准则。公民守法包括知法、懂法、用法、护法等多个方面。每个公民只有知法、懂法、用法、护法，才能以法律和法律精神来指导与约束自己，才能明辨是非，培养文明行为，抵制消极现象，维护法律的严肃性与统一性。政府守法是指一切公权力的行使者和享受者，包括政府机关以及工作人员，必须遵守法律，严格依法办事，自觉维护法律的尊严和权威，从而自觉约束行政权力。政府守法是建设法治国家的关键，也是培养公民守法的基础，只有政府及其工作人员带头守法，树立良好的遵纪守法的榜样，才能带动全体公民遵守法律，进而形成全社会维护法律权威的局面。

（二）恪守法律的表现

①民众恪守法律。法律从本质上来说是自由的保障，并以最大限度实现公民权利自由为根本目的。因此，恪守法律是公民自由实现的根本途径。正如孟德斯鸠所言："自由是做一切法律所允许做的事情的权利。然而，如果一个公民能够做法律所禁止做的事情的话，那么它就不再有自由了，因为其他人同样有这个权利。"[①] 公民自觉恪守法律规则是具备社会主义法律信仰的逻辑结果和外在表现。也只有当法律成为公民的内心确认与信仰，当公民从"不得不服从法律"的消极被动心理转变为"自觉恪守法律"的积极主动心态时，法律文本的规定才能真正实现于公民的行动，落实于公民的生活，公民才能真正成为社会主义法治社会的缔造者和守护者。[②] 因此，要培养公民社会主义法律思维，加强公民法律修养，将守法、护法内化为公民自身的品格，才能使公民真正懂得尊重他人的权利和自由，才能具备守法的内心驱动

---

① 〔法〕孟德斯鸠：《论法的精神》，孙立坚等译，陕西人民出版社，2001，第 182 页。

② 周叶中、韩轶：《论社会主义法治理念对公民的基本要求》，《江汉大学学报》（社会科学版）2009 年第 1 期。

以及维护法律尊严的思想觉悟和自我要求，进而做到内心笃信法律，自觉抵制违法行为，真正参与到公共法律生活中来。②官员（政府）恪守法律。当前我国提出建立社会主义法治国家，法治的基本含义就是法律的统治，法律具有至上权威。法治的核心要义就是“官员守法”，因为官员代表公权力，只有将公权力关进笼子，严格加以限制，才不会造成公权力肆意侵犯公民私权的现象。所以，在法治国家，恪守法律的最重要主体在于政府，政府如果严格按照法律进行整治统治和社会管理，那么法治的目标也就基本实现了。政府守法其实就是官员阶层要普遍遵守法律，只有各级政府官员（特别是高级官员）都能严格依法办事，其权力才不会肆无忌惮，故有人说法治的关键是“治官”而非“治民”就是如此的道理。3. 司法审判恪守法律。司法权是一种公权力，但是司法权的本质是一种判断权，法官依法作出不偏不倚的专业判断，裁决各种纠纷，维护社会公平和正义，是司法的最终目的。因此，公正的司法裁判前提是司法人员遵守法律，依法办事，并应尽可能与政治分离，不受任何机关和个人的干涉。

（三）入选评价指标的理由

美国法哲学家伯尔曼曾精辟地指出：“确保遵从规则的因素如信任、公正、可靠性和归属感，远较强制力更为重要。法律只在受到信任，并且因而并不要求强制力制裁的时候，才是有效的。”[①] 法律信仰作为现代法治精神的内核，其形成和发展是一个自然历史的过程，同时又是人们有意识地选择和培育的结果。信仰法律与遵守法律可谓相辅相成，信仰法律一般都会遵守法律，但法律制定以后是否能够得到遵守，法律信仰是一个重要因素，但不是唯一因素，人们是否守法是由多重现实因素所决定的。其中从合法性角度讲，守法与法律信仰相关，因为合法，所以遵守，这是对法律权威的尊重和

① 〔美〕哈罗德·J. 伯尔曼：《法律与宗教》，梁治平译，三联书店，1991，第43页。

信任。这也是培养人们法律信仰的最初方式。因此，恪守法律，能促使人们对法律的信仰，这是法治社会建立的基础。这要求立法者在立法时兼顾不同利益群体之间的利益需求，公正立法，增加人们对法律合法性的信任感，为公民的法律信仰奠定良好的基础。

第五节　司法生态评价指数测度

一　问卷调查

有关法治生态建设在近年来是一理论和实践热点问题，党和国家的有关部门非常重视对此问题的研究，尽管中央有关文件没有专门论述该议题，但是在很多重大会议和报告中都会涉及此问题。本课题组有针对性地设计了几个问题。

针对法律工作者的职业身份，分别设计了如下问题。

（一）您认为当前法院的社会公信力如何？

①好；　　②一般；　　③说不清楚；

④差，原因是：（可多选）

A. 对司法的权威宣传不够，负面报道太多

B. 司法腐败问题严重

C. 司法受干扰太多

D. 公众不信仰法治或缺乏法律意识

E. 法官素质和形象不佳

F. 司法程序不透明

G. 司法判决不公

表 2-3　当前法院的社会公信力如何

<table>
<tr><th colspan="9">地区 * T1 当前法院的社会公信力如何</th></tr>
<tr><th colspan="3" rowspan="2"></th><th colspan="4">T1 当前法院的社会公信力如何</th><th rowspan="2">合计</th></tr>
<tr><th>好</th><th>一般</th><th>说不清楚</th><th>差</th></tr>
<tr><td rowspan="9">地区</td><td rowspan="3">东部经济区</td><td>计数</td><td>519</td><td>2465</td><td>405</td><td>1281</td><td>4670</td></tr>
<tr><td>经济区划分内的比重（%）</td><td>11.1</td><td>52.8</td><td>8.7</td><td>27.4</td><td>100.0</td></tr>
<tr><td>总数的比重（%）</td><td>5.0</td><td>23.8</td><td>3.9</td><td>12.4</td><td>45.1</td></tr>
<tr><td rowspan="3">中部经济区</td><td>计数</td><td>434</td><td>1890</td><td>381</td><td>846</td><td>3551</td></tr>
<tr><td>经济区划分内的比重（%）</td><td>12.2</td><td>53.2</td><td>10.7</td><td>23.8</td><td>100.0</td></tr>
<tr><td>总数的比重（%）</td><td>4.2</td><td>18.3</td><td>3.7</td><td>8.2</td><td>34.3</td></tr>
<tr><td rowspan="3">西部经济区</td><td>计数</td><td>343</td><td>1156</td><td>213</td><td>418</td><td>2130</td></tr>
<tr><td>经济区划分内的比重（%）</td><td>16.1</td><td>54.3</td><td>10.0</td><td>19.6</td><td>100.0</td></tr>
<tr><td>总数的比重（%）</td><td>3.3</td><td>11.2</td><td>2.1</td><td>4.0</td><td>20.6</td></tr>
<tr><td colspan="2" rowspan="2">合计</td><td>计数</td><td>1296</td><td>5511</td><td>999</td><td>2545</td><td>10351</td></tr>
<tr><td>总数的比重（%）</td><td>12.5</td><td>53.2</td><td>9.7</td><td>24.6</td><td>100.0</td></tr>
</table>

表 2-3 显示，西部经济区的被调查者评价“当前法院的社会公信力好”，所占比例较高为 16.1%，而中部经济区所占比例为 12.2%，东部地区为 11.1%；三个地区对此评价为“差”的比例，分别为东部 27.4%，中部 23.8%，西部 19.6%。选择了“一般”的比例分别是东部经济区 52.8%，中部经济区 53.2% 和西部经济区 54.3%。选择了“说不清楚”的百分比分别是东部经济区 8.7%，中部经济区 10.7% 和西部经济区 10.0%。

表 2-4 当前法院的社会公信力差的原因

个案摘要						
	个案					
	有效的		缺失		总计	
	N	占比（%）	N	占比（%）	N	占比（%）
经济区划分＊当前法院的社会公信力差的原因	4647	44.9	5707	55.1	10354	100.0

经济区划分＊当前法院的社会公信力差的原因										
			原因							总计
			T1 差，原因是对司法的权威宣传不够负面报道太多	T1 差，原因是司法腐败问题严重	T1 差，原因是司法干扰太多	T1 差，原因是公众不信任法治或法律意识不高	T1 差，原因是法官的素质和形象不佳	T1 差，原因是司法程序不透明	T1 差，原因是司法判决不公	
地区	东部经济区	计数	934	1102	1493	1229	678	709	517	2201
		经济区划分内的比重（%）	42.4	50.1	67.8	55.8	30.8	32.2	23.5	
		总计的比重（%）	20.1	23.7	32.1	26.4	14.6	15.3	11.1	47.4
	中部经济区	计数	712	796	981	874	475	418	333	1708
		经济区划分内的比重（%）	41.7	46.6	57.4	51.2	27.8	24.5	19.5	
		总计的比重（%）	15.3	17.1	21.1	18.8	10.2	9.0	7.2	36.8
	西部经济区	计数	377	286	497	429	241	174	147	738
		经济区划分内的比重（%）	51.1	38.8	67.3	58.1	32.7	23.6	19.9	
		总计的比重（%）	8.1	6.2	10.7	9.2	5.2	3.7	3.2	15.9
总计		计数	2023	2184	2971	2532	1394	1301	997	4647
		总计的比重（%）	43.5	47.0	63.9	54.5	30.0	28.0	21.5	100.0

表 2-4 显示，对于“法院的社会公信力差的原因”方面的回答，三个地区对此的回答集中在“司法干扰太多”，比例为 63.9%；其次是“公众不信任法治或法律意识不高”，所占为 54.5%；接下来的分别是 43.5%“对司法的权威宣传不够负面报道太多”和 47.0% 的“司法腐败问题严重”，剩下的三项原因所占比例相差不大。在东部经济区，67.8% 的被调查者选择了“司法干扰太多”；55.8% 的被调查者选择了“公众不信任法治或法律意识不高”；50.1% 的被调查者选择了“司法腐败问题严重”；42.4% 的被调查者选择了“对司法的权威宣传不够负面报道太多”；30.8% 的被调查者选择了“法官的素质和形象不佳”；32.2% 的被调查者选择了“司法程序不透明”；23.5% 的被调查者选择了“司法判决不公”。在中部经济区，57.4% 的被调查者选择了“司法干扰太多”；51.2% 的被调查者选择了“公众不信任法治或法律意识不高”；41.7% 的被调查者选择了“对司法的权威宣传不够负面报道太多”；46.6% 的被调查者选择了“司法腐败问题严重”；27.8% 的被调查者选择了“法官的素质和形象不佳”；24.5% 的被调查者选择了“司法程序不透明”；19.5% 的被调查者选择了“司法判决不公”。在西部经济区，67.3% 的被调查者选择了“司法干扰太多”；58.1% 的被调查者选择了“公众不信任法治或法律意识不高”；38.8% 的被调查者选择了“司法腐败问题严重”；51.1% 的被调查者选择了“对司法的权威宣传不够负面报道太多”；32.7% 的被调查者选择了“法官的素质和形象不佳”；23.6% 的被调查者选择了“司法程序不透明”；19.9% 的被调查者选择了“司法判决不公”。

（二）您认为当前群众有纠纷不愿意通过司法途径解决的原因是：（可多选）

A. 诉讼效率不高　　B. 诉讼成本过高

C. 诉讼程序繁杂　　D. 执行难

E. 以和为贵的传统文化影响

F. 诉讼外解决更有利

G. 其他（请填写）________________

表 2-5 当前群众有纠纷不愿意通过司法途径解决的原因

个案摘要						
	个案					
	有效的		缺失		总计	
	N	占比（%）	N	占比（%）	N	占比（%）
经济区划分 * 当前群众有纠纷不愿意通过司法途径解决的原因	10288	99.4	66	0.6	10354	100.0

经济区划分 * 当前群众有纠纷不愿意通过司法途径解决的原因										
			原因							总计
			T3 诉讼效率不高	T3 诉讼成本过高	T3 诉讼程序繁杂	T3 执行难	T3 以和为贵的传统文化影响	T3 诉讼外解决更有利	T3 其他	
地区	东部经济区	计数	2160	2820	2724	2944	561	716	164	4637
		经济区划分内的比重（%）	46.6	60.8	58.7	63.5	12.1	15.4	3.5	
		总计的比重（%）	21.0	27.4	26.5	28.6	5.5	7.0	1.6	45.1
	中部经济区	计数	1375	2127	2099	1977	373	420	80	3530
		经济区划分内的比重（%）	39.0	60.3	59.5	56.0	10.6	11.9	2.3	
		总计的比重（%）	13.4	20.7	20.4	19.2	3.6	4.1	0.8	34.3
	西部经济区	计数	880	1030	1133	1321	233	275	53	2121
		经济区划分内的比重（%）	41.5	48.6	53.4	62.3	11.0	13.0	2.5	
		总计的比重（%）	8.6	10.0	11.0	12.8	2.3	2.7	0.5	20.6

续表

经济区划分＊当前群众有纠纷不愿意通过司法途径解决的原因									
		原因							总计
		T3 诉讼效率不高	T3 诉讼成本过高	T3 诉讼程序繁杂	T3 执行难	T3 以和为贵的传统文化影响	T3 诉讼外解决更有利	T3 其他	
总计	计数	4415	5977	5956	6242	1167	1411	297	10288
	总计的比重（%）	42.9	58.1	57.9	60.7	11.3	13.7	2.9	100.0

从表 2-5 调查显示，“群众有纠纷不愿意通过司法途径解决的原因”主要有三个，分别是“诉讼成本过高”“诉讼程序繁杂”、“执行难”，所占的比例均超过 50%。三个经济地区的答案相对集中在这三个中，并且之间的比例相差甚小。其他的原因，除了“诉讼效率不高”比例达到 42.9% 外，其他答案所占的比例都不高，相差不大。

从表 2-5 可以看出，关于群众有纠纷不愿意通过司法途径解决的原因，在东部经济区中，63.5% 的被调查者认为是因为“执行难”；58.7% 的被调查者认为是“诉讼程序繁杂”；60.8% 的被调查者认为是“诉讼成本过高”；46.6% 的被调查者认为是“诉讼效率不高”。在中部经济区中，60.3% 的被调查者认为“诉讼成本过高”；56.0% 的被调查者认为“执行难”；59.5% 的被调查者认为“诉讼程序繁杂”；39.0% 的被调查者认为“诉讼效率不高”。在西部经济区中，62.3% 的被调查者认为是“执行难”；53.4% 的被调查者认为“诉讼程序繁杂”；48.6% 的被调查者认为“诉讼成本过高”；41.5% 的被调查者认为是“诉讼效率不高”。

（三）您认为哪些因素导致案件审理时间过长？（可多选）

A. 案件疑难复杂　　　　B. 追求案件效果

C. 诉讼程序过繁　　D. 案多人少的压力

E. 人为原因　　F. 鉴定、公告时间过长

G. 其他（请填写）____________

表 2-6　导致案件审理时间过长的原因

个案摘要						
	个案					
	有效的		缺失		总计	
	N	占比（%）	N	占比（%）	N	占比（%）
经济区划分 * 导致案件审理时间过长的原因	10266	99.2	88	0.8	10354	100.0

经济区划分 * 导致案件审理时间过长的原因										
			原因							总计
			T4 案情疑难复杂	T4 追求案件效果	T4 诉讼程序过繁	T4 案多人少的压力	T4 人为原因	T4 鉴定、公告时间过长	T4 其他	
地区	东部经济区	计数	1872	1411	2008	2645	1697	1442	90	4639
		经济区划分内的比重（%）	40.4	30.4	43.3	57.0	36.6	31.1	1.9	
		总计的比重（%）	18.2	13.7	19.6	25.8	16.5	14.0	0.9	45.2
	中部经济区	计数	1159	1228	1461	1570	1359	1003	62	3518
		经济区划分内的比重（%）	32.9	34.9	41.5	44.6	38.6	28.5	1.8	
		总计的比重（%）	11.3	12.0	14.2	15.3	13.2	9.8	0.6	34.3

续表

<table>
<tr><th colspan="11">经济区划分 * 导致案件审理时间过长的原因</th></tr>
<tr><th colspan="3" rowspan="2"></th><th colspan="7">原因</th><th rowspan="2">总计</th></tr>
<tr><th>T4 案情疑难复杂</th><th>T4 追求案件效果</th><th>T4 诉讼程序过繁</th><th>T4 案多人少的压力</th><th>T4 人为原因</th><th>T4 鉴定、公告时间过长</th><th>T4 其他</th></tr>
<tr><td rowspan="3">地区</td><td rowspan="3">西部经济区</td><td>计数</td><td>889</td><td>706</td><td>836</td><td>1195</td><td>708</td><td>561</td><td>24</td><td>2109</td></tr>
<tr><td>经济区划分内的比重（%）</td><td>42.2</td><td>33.5</td><td>39.6</td><td>56.7</td><td>33.6</td><td>26.6</td><td>1.1</td><td></td></tr>
<tr><td>总计的比重（%）</td><td>8.7</td><td>6.9</td><td>8.1</td><td>11.6</td><td>6.9</td><td>5.5</td><td>0.2</td><td>20.5</td></tr>
<tr><td colspan="2" rowspan="2">总计</td><td>计数</td><td>3920</td><td>3345</td><td>4305</td><td>5410</td><td>3764</td><td>3006</td><td>176</td><td>10266</td></tr>
<tr><td>总计的比重（%）</td><td>38.2</td><td>32.6</td><td>41.9</td><td>52.7</td><td>36.7</td><td>29.3</td><td>1.7</td><td>100.0</td></tr>
</table>

从表 2–6 可以看出，导致案件审理时间过长的主要因素是“案多人少的压力”造成，占比 52.7%，其次为“诉讼程序过繁”和“案情疑难复杂”，分别占比为 38.2% 与 32.6%，这在东、中、西部经济区的情况差异不大。

（四）您认为许多人法律信仰缺失的主要原因有：（可多选）

A. 中国传统的历史文化背景：法律伦理化

B. 行政干预严重

C. 法律制定有缺陷

D. 执行不到位

E. 司法腐败

F. 冤假错案的消极影响

G. 其他（请填写）________________

表 2-7 许多人法律信仰缺失的主要原因

个案摘要						
	个案					
	有效的		缺失		总计	
	N	占比（%）	N	占比（%）	N	占比（%）
经济区划分 * 许多人法律信仰缺失的主要原因	10308	99.6	46	0.4	10354	100.0

经济区划分 * 许多人法律信仰缺失的主要原因										
			原因							总计
			T5 中国传统的历史文化背景：法律伦理化	T5 行政干预严重	T5 法律制定有缺陷	T5 执行不到位	T5 司法腐败	T5 冤假错案的消极影响	T5 其他	
地区	东部经济区	计数	1767	3207	1694	2273	2149	1655	140	4657
		经济区划分内的比重（%）	37.9	68.9	36.4	48.8	46.1	35.5	3.0	
		总计的比重（%）	17.1	31.1	16.4	22.1	20.8	16.1	1.4	45.2
	中部经济区	计数	1228	2226	1028	1593	1480	895	60	3533
		经济区划分内的比重（%）	34.8	63.0	29.1	45.1	41.9	25.3	1.7	
		总计的比重（%）	11.9	21.6	10.0	15.5	14.4	8.7	0.6	34.3
	西部经济区	计数	776	1392	784	994	852	618	43	2118
		经济区划分内的比重（%）	36.6	65.7	37.0	46.9	40.2	29.2	2.0	
		总计的比重（%）	7.5	13.5	7.6	9.6	8.3	6.0	0.4	20.5

续表

经济区划分 * 许多人法律信仰缺失的主要原因									
		原因							总计
		T5 中国传统的历史文化背景：法律伦理化	T5 行政干预严重	T5 法律制定有缺陷	T5 执行不到位	T5 司法腐败	T5 冤假错案的消极影响	T5 其他	
总计	计数	3771	6825	3506	4860	4481	3168	243	10308
	总计的比重（%）	36.6	66.2	34.0	47.1	43.5	30.7	2.4	100.0

表 2-7 显示，对于“许多人法律信仰缺失的主要原因”这一问题，在六个原因中所占比例最大的是“行政干预严重”，其所占比例最高为 66.2%，三个地区的比例分别是东部 68.9%，西部 65.7%，中部 63.0%，东部比例最高，其他原因所占比例不大且相差不大。

（五）您认为影响法官独立审判的主要因素是什么？（可多选）

A. 法院系统以外权力的影响

B. 新闻与社会舆论的影响

C. 法官自身素质的影响

D. 法院系统内部上级领导的影响

E. 法院内同事的说情影响

F. 来自亲朋好友的影响

G. 利害关系人给予的利益诱惑

H. 其他（请填写）________________

表 2-8 影响法官独立审判的主要因素是什么

影响法官独立审判的主要因素是什么											
			因素								总计
			T20 法院系统以外权力的影响	T20 新闻与社会舆论的影响	T20 法官自身素质的影响	T20 法院系统内部上级领导的影响	T20 法院内同事的说情影响	T20 来自亲朋好友的影响	T20 利害关系人给予的利益诱惑	T20 其他	
地区	东部经济区	计数	3420	2653	1895	2889	1132	873	1548	89	4621
		经济区划分内的比重（%）	74.0	57.4	41.0	62.5	24.5	18.9	33.5	1.9	
		总计的比重（%）	33.3	25.9	18.5	28.2	11.0	8.5	15.1	0.9	45.0
	中部经济区	计数	2394	1903	1590	1934	848	714	1029	31	3527
		经济区划分内的比重（%）	67.9	54.0	45.1	54.8	24.0	20.2	29.2	0.9	
		总计的比重（%）	23.3	18.5	15.5	18.8	8.3	7.0	10.0	0.3	34.4
	西部经济区	计数	1544	1166	901	1215	525	446	599	31	2112
		经济区划分内的比重（%）	73.1	55.2	42.7	57.5	24.9	21.1	28.4	1.5	
		总计的比重（%）	15.0	11.4	8.8	11.8	5.1	4.3	5.8	0.3	20.6
总计		计数	7358	5722	4386	6038	2505	2033	3176	151	10260
		总计的比重（%）	71.7	55.8	42.7	58.8	24.4	19.8	31.0	1.5	100.0

从表 2-8 看出，影响法官独立审判的主要因素是多方面的，占比最大的是“法院系统以外权力的影响”，为 71.7%；其次是“法院系统内部上级领导

的影响”，占比 58.8%；当然，现在新闻媒体的影响力也很大，常常会对具体典型个案产生较大的影响，其占 55.8% 的比例。

（六）您认为我国公开审判制度存在的问题有：（可多选）

①没有问题；　　②说不清楚；　　③有，问题是：

A. 缺乏实质性公开，公开审判流于形式

B. 审判公开的内容不彻底

C. 公开审判程度不够

D. 审判公开的程序不规范

E. 其他（请填写）________________

表 2-9　我国公开审判制度存在的问题

个案摘要						
	个案					
	有效的		缺失		总计	
	N	占比（%）	N	占比（%）	N	占比（%）
经济区划分＊我国公开审判制度存在的问题	6057	58.5	4297	41.5	10354	100.0

经济区划分＊我国公开审判制度存在的问题								
			问题					总计
			T24 有，缺乏实质性公开，公开审判流于形式	T24 有，审判公开的内容不彻底	T24 有，公开审判程度不够	T24 有，审判公开的程序不规范	T24 其他	
地区	东部经济区	计数	2044	1294	1243	835	47	2893
		经济区划分内的比重（%）	70.7	44.7	43.0	28.9	1.6	
		总计的比重（%）	33.7	21.4	20.5	13.8	0.8	47.8

续表

经济区划分 * 我国公开审判制度存在的问题								
			问题					总计
			T24 有，缺乏实质性公开，公开审判流于形式	T24 有，审判公开的内容不彻底	T24 有，公开审判程度不够	T24 有，审判公开的程序不规范	T24 其他	
地区	中部经济区	计数	1350	883	795	540	23	2106
		经济区划分内的比重（%）	64.1	41.9	37.7	25.6	1.1	
		总计的比重（%）	22.3	14.6	13.1	8.9	0.4	34.8
	西部经济区	计数	709	487	453	357	23	1058
		经济区划分内的比重（%）	67.0	46.0	42.8	33.7	2.2	
		总计的比重（%）	11.7	8.0	7.5	5.9	0.4	17.5
总计		计数	4103	2664	2491	1732	93	6057
		总计的比重（%）	67.7	44.0	41.1	28.6	1.5	100.0

从表 2-9 可以看出，我国公开审判制度存在的问题很多，其中最大的问题是“缺乏实质性公开，公开审判流于形式”，占 67.7%；其次是“审判公开的内容不彻底”，占 44.0%；“公开审判程度不够”占 41.1%。这些问题在东、中、西部经济区的差异不大，这说明在全国范围内是一普遍现象。

（七）您认为当前导致司法不公的主要原因是：（可多选）

A. 违法办理“人情案、关系案、金钱案”

B. 司法机关领导干部干预过问案件

C. 地方党政人大等领导干预过问案件

D. 案件当事人威胁恐吓缠闹干扰案件审理

E. 媒体公众等舆论对案件热炒的压力

F. 部分办案人员业务水平低

G. 其他（请填写）________________

表 2-10　当前导致司法不公的主要原因

个案摘要						
	个案					
	有效的		缺失		总计	
经济区划分 * 当前导致司法不公的主要原因	N	占比（%）	N	占比（%）	N	占比（%）
	10315	99.6	39	0.4	10354	100.0

经济区划分 * 当前导致司法不公的主要原因										
			原因							总计
			T25 违法办理“人情案、关系案、金钱案”	T25 司法机关领导干部干预过问案件	T25 地方党政人大等领导干预过问案件	T25 案件当事人威胁恐吓缠闹干扰案件审理	T25 媒体公众等舆论对案件热炒的压力	T25 部分办案人员业务水平低	T25 其他	
地区	东部经济区	计数	3074	2979	3021	1652	2247	1627	53	4654
		经济区划分内的比重（%）	66.1	64.0	64.9	35.5	48.3	35.0	1.1	
		总计的比重（%）	29.8	28.9	29.3	16.0	21.8	15.8	0.5	45.1
	中部经济区	计数	2204	1966	2114	1324	1491	1083	33	3543
		经济区划分内的比重（%）	62.2	55.5	59.7	37.4	42.1	30.6	0.9	
		总计的比重（%）	21.4	19.1	20.5	12.8	14.5	10.5	0.3	34.3

续表

经济区划分 * 当前导致司法不公的主要原因										
			原因							总计
			T25 违法办理“人情案、关系案、金钱案”	T25 司法机关领导干部干预过问案件	T25 地方党政人大等领导干预过问案件	T25 案件当事人威胁恐吓缠闹干扰案件审理	T25 媒体公众等舆论对案件热炒的压力	T25 部分办案人员业务水平低	T25 其他	
地区	西部经济区	计数	1325	1211	1319	765	1046	840	25	2118
		经济区划分内的比重（%）	62.6	57.2	62.3	36.1	49.4	39.7	1.2	
		总计的比重（%）	12.8	11.7	12.8	7.4	10.1	8.1	0.2	20.5
总计		计数	6603	6156	6454	3741	4784	3550	111	10315
		总计的比重（%）	64.0	59.7	62.6	36.3	46.4	34.4	1.1	100.0

表 2-10 显示，对于“导致司法不公的主要原因”这一问题，三个经济区在六个原因中的选择所占比例最大的是“违法办理‘人情案、关系案、金钱案’”，其所占比例为 64.0%；其次是“地方党政人大等领导干预过问案件”，所占比例为 62.6%，并且三个地区之间的比例相差较小。反映了现实生活中，这个“人情案、关系案、金钱案”的现象比较严重。

在东部经济区中，66.1% 的被调查者选择了“违法办理‘人情案、关系案、金钱案’”；64.0% 的被调查者选择了“司法机关领导干部干预过问案件”；64.9% 的被调查者选择了“地方党政人大等领导干预过问案件”；48.3% 的被调查者选择了“媒体公众等舆论对案件热炒的压力”。在中部经济区中，62.2% 的被调查者选择了“违法办理‘人情案、关系案、金钱案’”；59.7% 的被调查者选择了“地方党政人大等领导干预过问案件”；55.5% 的被调查者选择了

"司法机关领导干部干预过问案件"；42.1%的被调查者选择了"媒体公众等舆论对案件热炒的压力"。在西部经济区中，62.6%的被调查者选择了"违法办理'人情案、关系案、金钱案'"；62.3%的被调查者选择了"地方党政人大等领导干预过问案件"；57.2%的被调查者选择了"司法机关领导干部干预过问案件"；49.4%的被调查者选择了"媒体公众等舆论对案件热炒的压力"。

（八）您认为在我国司法权威对当事人息诉服判意义如何？

A. 意义很大　B. 比较有意义　C. 一般

D. 意义不大　E. 没有意义　F. 说不清楚

表 2-11　司法权威对当事人息诉服判意义如何

地区 * T26 司法权威对当事人息诉服判意义如何									
			T26 司法权威对当事人息诉服判意义如何						合计
			意义很大	比较有意义	一般	意义不大	没有意义	说不清楚	
地区	东部经济区	计数	713	1280	1600	770	143	161	4667
		经济区划分内的比重（%）	15.3	27.4	34.3	16.5	3.1	3.4	100.0
		总数的比重（%）	6.9	12.4	15.5	7.4	1.4	1.6	45.1
	中部经济区	计数	441	1030	1264	602	87	122	3546
		经济区划分内的比重（%）	12.4	29.0	35.6	17.0	2.5	3.4	100.0
		总数的比重（%）	4.3	10.0	12.2	5.8	0.8	1.2	34.3
	西部经济区	计数	346	609	690	340	73	68	2126
		经济区划分内的比重（%）	16.3	28.6	32.5	16.0	3.4	3.2	100.0
		总数的比重（%）	3.3	5.9	6.7	3.3	0.7	0.7	20.6

续表

地区 * T26 司法权威对当事人息诉服判意义如何								
		T26 司法权威对当事人息诉服判意义如何						合计
		意义很大	比较有意义	一般	意义不大	没有意义	说不清楚	
合计	计数	1500	2919	3554	1712	303	351	10339
	总数的比重（%）	14.5	28.2	34.4	16.6	2.9	3.4	100.0

表 2-11 显示，我国司法权威对当事人息诉服判意义为“一般”，占34.4%，如加上“意义不大”和“没有意义”两项，则占 53.9%。这说明目前我国司法的权威性还很不够，树立司法权威的任务非常艰巨紧迫。

（九）您认为案件的改判率会影响司法权威吗？

A. 非常大　　B. 较大

C. 一般　　D. 很小

E. 没有　　F. 说不清楚

表 2-12　案件的改判率会影响司法权威

地区 * T27 案件的改判率会影响司法权威									
			T27 案件的改判率会影响司法权威						合计
			非常大	较大	一般	很小	没有	说不清楚	
地区	东部经济区	计数	364	1219	1435	930	548	172	4668
		经济区划分内的比重（%）	7.8	26.1	30.7	19.9	11.7	3.7	100.0
		总数的比重（%）	3.5	11.8	13.9	9.0	5.3	1.7	45.1

续表

地区 * T27 案件的改判率会影响司法权威									
			T27 案件的改判率会影响司法权威						合计
			非常大	较大	一般	很小	没有	说不清楚	
地区	中部经济区	计数	279	980	1247	673	263	105	3547
		经济区划分内的比重（%）	7.9	27.6	35.2	19.0	7.4	3.0	100.0
		总数的比重（%）	2.7	9.5	12.1	6.5	2.5	1.0	34.3
	西部经济区	计数	217	680	635	309	218	67	2126
		经济区划分内的比重（%）	10.2	32.0	29.9	14.5	10.3	3.2	100.0
		总数的比重（%）	2.1	6.6	6.1	3.0	2.1	0.6	20.6
合计		计数	860	2879	3317	1912	1029	344	10341
		总数的比重（%）	8.3	27.8	32.1	18.5	10.0	3.3	100.0

表 2-12 显示，三个经济区中认为案件的改判率会影响司法权威占 36.1%，而将近 30% 的被调查对象认为案件的改判率不会或很少影响司法权威。目前司法系统已将法院的改判率列入考核的范围。

（十）您认为我国当前存在司法权威实现的人为障碍吗?

A. 非常大　　B. 较大

C. 一般　　D. 很小

E. 没有　　F. 说不清楚

表 2-13 我国当前是否存在司法权威实现的人为障碍

地区 * T28 我国当前存在司法权威实现的人为障碍吗										
			T28 我国当前存在司法权威实现的人为障碍吗						合计
			非常大	较大	一般	很小	没有	说不清楚	
地区	东部经济区	计数	811	1885	1356	281	72	258	4663
		经济区划分内的比重（%）	17.4	40.4	29.1	6.0	1.5	5.5	100.0
		总数的比重（%）	7.8	18.2	13.1	2.7	0.7	2.5	45.1
	中部经济区	计数	519	1202	1333	251	75	167	3547
		经济区划分内的比重（%）	14.6	33.9	37.6	7.1	2.1	4.7	100.0
		总数的比重（%）	5.0	11.6	12.9	2.4	0.7	1.6	34.3
	西部经济区	计数	320	796	697	118	61	133	2125
		经济区划分内的比重（%）	15.1	37.5	32.8	5.6	2.9	6.3	100.0
		总数的比重（%）	3.1	7.7	6.7	1.1	0.6	1.3	20.6
合计		计数	1650	3883	3386	650	208	558	10335
		总数的比重（%）	16.0	37.6	32.8	6.3	2.0	5.4	100.0

从表 2-13 可以看出，认为当前存在司法权威实现的人为障碍“非常大”和“比较大”合计占 53.6%，即超过半数被调查者认为影响司法权威建立的是人为因素造成的。如何破除人为障碍，改革司法体制，树立司法权威，是今后必须重点考虑的问题。

（十一）您认为支撑法官依法公正办案的主要因素是：

A. 党的领导　　B. 人大监督

C. 检察院的监督　　D. 纪检部门的监督

E. 法院领导的监督　　F. 社会舆论的监督

G. 法官的良知　　H. 法官的学识

I. 其他（请填写）________

表 2-14　支撑法官依法公正办案的主要因素

地区 * T34 认为支撑法官依法公正办案的主要因素												
			T34 认为支撑法官依法公正办案的主要因素									合计
			党的领导	人大监督	检察院的监督	纪检部门的监督	法院领导的监督	社会舆论的监督	法官的良知	法官的学识	其他	
地区	东部经济区	计数	788	813	671	337	140	477	1232	170	31	4659
		经济区划分内的比重（%）	16.9	17.5	14.4	7.2	3.0	10.2	26.4	3.6	0.7	100.0
		总数的比重（%）	7.6	7.9	6.5	3.3	1.4	4.6	11.9	1.6	0.3	45.1
	中部经济区	计数	760	714	552	285	129	316	681	86	20	3543
		经济区划分内的比重（%）	21.5	20.2	15.6	8.0	3.6	8.9	19.2	2.4	0.6	100.0
		总数的比重（%）	7.4	6.9	5.3	2.8	1.2	3.1	6.6	0.8	0.2	34.3
	西部经济区	计数	498	272	308	131	91	139	606	68	9	2122
		经济区划分内的比重（%）	23.5	12.8	14.5	6.2	4.3	6.6	28.6	3.2	0.4	100.0
		总数的比重（%）	4.8	2.6	3.0	1.3	0.9	1.3	5.9	0.7	0.1	20.6

续表

地区 * T34 认为支撑法官依法公正办案的主要因素											
		T34 认为支撑法官依法公正办案的主要因素									合计
		党的领导	人大监督	检察院的监督	纪检部门的监督	法院领导的监督	社会舆论的监督	法官的良知	法官的学识	其他	
合计	计数	2046	1799	1531	753	360	932	2519	324	60	10324
	总数的比重（%）	19.8	17.4	14.8	7.3	3.5	9.0	24.4	3.1	0.6	100.0

从表 2-14 看出，支撑法官依法公正办案的主要内在因素是“法官的良知”，占 24.4%；而支撑法官依法公正办案的外在因素有三个，分别是“党的领导”（19.8%）、“人大监督”（17.4%）、“检察院的监督”（14.8%），这三项相加占比 52%。因此，外部监督其实更重要。

二　访谈调查

本次访谈的对象主要是法律职业群体，还包括少数其他职业的人群，法律职业主要包括法官、检察官与律师等三类人员，访谈是采取书面作答的形式，分组进行，每一组被访谈人员是 60 位，下面节选的是部分受访人士的观点。

访谈问题一：请您评价当前司法公信力状况。如果以 60 分为及格线，那么当前司法公信力得分是否及格？

法官职业群体的代表性观点（五位法官的个人观点）

1. 当前司法公信力状况整体还是高的，但离人民心中的高度有差距。司法公信力距离满意高分仍有较大差距，存在以下原因。①由于受地方保护主义大气候的影响，外地当事人与到外地进行诉讼的当事人心理上感受深，影响大，即使得到判决，执行难更是有过之而不及。②审判执行干预多，由于司法的地方化，司法机关人、财、物均受地方党政支配。地方各部门利益至上，一旦影响到地方利益，干扰过问就出来了。法院如公正执法，就会被说成吃里扒外。③法院内部行政化管理也是造成司法地方化的原因之一。司法地方化造成地方党政为地方发展利益向法院领导施压干预。法院内部领导向办案法官施压干预案件的处理。现在提倡审判法官负责，庭院领导负责，到头来都不负责，从而导致案件在人民群众中印象是什么都要走关系、后门，托关系、走后门比比皆是。如果以 60 分为及格线，司法公信力还是合格的。

2. 随着电视、网络及报纸期刊等传媒的深入传播，对一些案件的报道确实引起人们对于司法公信力的忧思。社会大环境、法治状况自身存在的不公正的基础、对“程序公正”理念的不重视、司法系统人员的法律水平与道德水平等都影响了司法公信力的提升。但是，总体上讲，当前司法公信力还是及格的，司法系统越来越强调程序合法公正，以确保结果公平正义。比之从前，越来越注重廉政建设、建立问责制度、加强对案件的说理及案件质量监督管理及引导公共参加公开审理案件等。

3. 司法公信呈现差异：人大代表与政协委员对司法院近年来的评价较高，《法院报告》连续三年全票通过；但民众对司法公信仍旧不高。在一次宴会时，听闻有民众仍说“法官是吃了原告吃被告”，作为一个法律科班出身的我，深感受伤。就我感受，近年来，从最高法院到基层法院在提高司法公信的措施不可谓不多，效果不可谓明显，尤其在强调司法公开和党的群众路线教育背景下，当下法官根本不会明目张胆地如前述民众所说的那样大张旗鼓地搞司法腐败。所以，民众意识很可能因为曝光的司法腐败个案，产生了对法院的偏见。

4. 司法公信力是一个具有双重维度概念：既包括社会公众对司法权运作的尊性信服力、认同感，也表征司法权在社会生活秩序中的权威性、影响力，是法治建的重要标志性内容；既是理性博弈的过程，更是互动调协的结果。近几年，全国各级法院受理案件总数每年超过 1000 万件，2011 年达到 1220 余万件；全国各级检察院 2011 年提起公诉 1148409 人，办理群众信访 439750 件次。司法在化解社会矛盾、维护社会秩序、促进公平正义中的角色日益重要。与此同时，司法机关的权威和公信力现状却不容乐观，执行难、重复申诉、案结事不了等现象十分普遍，司法机关作为社会矛盾纠纷最终裁决者的地位和功能受到严峻挑战。当前司法公信力得分是合格的。但是要做到树立和维护司法权威，使司法公信力得到更好的体现，就要树立司法权威，是实行法治，保持正常社会秩序，维护社会公平正义的客观需要；司法没有权威，将会使大量本应由司法途径解决的问题演变成信访案件，成为维稳的沉重负担；加强和创新社会管理，必须建设公正高效权威的司法制度。

5. 我认为当前司法公信力的得分只到刚好及格的分数。第一，我认为现在司法公信力一定程度上受到公众的质疑，这表现在每年“求决类”信访案件占信访的比例已经超过 30%，如今流行一句话“信法不成就信访”，体现了司法的公信力如此不足。第二，我认为司法公信力不足是因为有的法官的个人素质不高，有的法官责任心不强，在判案是只根据法条的文字含义判案，忽略案件的社会影响，忽略当事人的利益。还有会出现徇私舞弊，不尊重程序，侵犯当事人的利益，特别体现在扣押、查封、搜查当事人的合法财产方面。另外，司法工作人员会出现托人情的情况，导致往往案件进到法院就会出现两方当事人都托人的情况。第三，造成司法公信力低下的重要一点是，司法机关是以行政区划进行设置的，这使司法不能独立，法官处于一种尴尬的地位，在办案时往往要受当地政府的影响，特别是民告官的案件中，往往在审判之前，地方领导就会托人情、打招呼，托人给承办案件的法官施加压力影响裁决，从而给当事群众公信力不高的印象。第四，我认为现在司法机关的工作仍然不够公开，公众对司法机关的运作不了解，对法院的裁决也不明白。最后，之所以我认为公信力还是及格的是因为，现在冤假错案不断被纠正，被冤枉的人也得到补偿，这一定程度上恢复了公众对司法制度的信心。

（二）检察官职业群体的代表性观点（六位检察官的个人观点）

1. 司法公信力是一个政治用语而非法律概念。目前法院系统用得较多，检察院与之对应的是执法公信力。评价司法公信力，应当是评价普通民众对司法活动的信赖程度。如果 60 分为及格线的话，我认为当前司法公信力应该还达不到及格线。作出这个评价，缺乏客观准确的依据，但有几个主观方面的感受。一是当前的信访难题，很多上访人相信市长、市委书记，实际上是相信行政权能解决问题，而不是司法权。这也从侧面反映出司法权的公信力不足。所以，个人认为信访难题的解决程度可以反映司法公信力的高低。二是屡见不鲜的司法腐败案件，仅仅从从近几年媒体曝光的司法腐败案件，比如上海法官集体嫖娼、张高平叔侄强奸案等，确实反映出当前司法体制存在的缺陷，也反映出司法从业人员素质的阴暗面，这是不可否认的。说明司法公信力不足存在体制、人员方面的原因。三是司法舆情，从网络上对司法腐败案件的舆情反映，甚至从涉及司法问题的普通新闻的跟贴来看，民众对公正司法的不信任感还是比较强烈的。

2. 司法公信力是社会公众对司法信任和尊重的程度，是衡量一个国家法治程度的标尺。司法公信力高低，直接关系到司法权威和法律尊严，同时也影响到社会稳定、经济发展和依法治国方略的有效实施。在我国现阶段，全面提升司法公信力，对实现社会公平与正义，构建和谐社会具有不可替代的重要意义。这些年来，人民检察院紧紧围绕党和国家的工作大局，严格履行宪法法律赋予的职责，大力加强审判、执行工作和自身建设，司法公信力有了很大的提升，但人们对司法的满意度不高，司法公信力差强人意是一个不争的事实。当前司法公信力得分勉强及格，需要进一步提高司法公信力，而这要司法工作人员甚至全社会人员的共同努力。

3. 从整体来说，由于受到信访、司法人员腐败曝光等的影响，当前的司法公信力整体不高。特别是受维护社会稳定的需要的影响，司法公信力受到严重的挑战，当事人信访不信法，司法并没有成为解决社会纠纷的最后一道防线。同时，有许多不应该由司法机关管辖或司法机关无法解决的事情也涌入了司法渠道，致使司法机关无法也无力解决纠纷，进一步加剧了民众对司法的不信任。司法的程序也较为复杂，未能建立繁简分流的程序，提高司法的效率，也在一定程度上减弱了民众对司法的信任，民众无法在司法程序中及时获得公正。如果以 60 分为及格线，当前司法公信力的得分及格，但分数也是在 60—70 分。

4. 个人认为基本及格。司法机关处理大量的社会纠纷案件，对于维护社会稳定，保持基本社会秩序发挥重要作用。在这些案件中，一部分案情简单，事实清楚，证据明确，司法机关的处理具有较强的公信力，处理结论具有权威性。而另一部分涉及利益众多，案情相对模糊和复杂的案件，由于司法工作人员自由裁量、可操作的空间较大，由于监督措施不一定有效，存在司法工作人员进行权钱交易的可能性，民众的观感普遍不好。相应地，此类案件的公信力也不足。检察机关在这一方面口碑略好，估计也是因为检察机关的职能所限。因此，司法公信力状况也分情况、分领域，但总体上，由于具有国家权力保障，司法机关具有一定权威性，但整体公信力不足。

5. 这个还真是不好判断，整体上还算是基本及格吧，但这也应当区分不同的司法机关来评判。就我个人感觉而言，检察机关的司法公信力应当最高，侦查机关与人民法院两个机关的司法公信力谁高谁低仍不好判断。因为检察机关是代表国家权力追诉犯罪嫌疑人、被告人，尤其是有对贪污、受贿、渎职等国家工作人员犯罪的侦查职能，在公众看来可能是最正义的力量，而且公众与检察机关接触也最少，相应地发现其中问题的可能性也最小。要是打分的话，我觉得检察机关的司法公信力可能在 80 分以上。而侦查机关与人民法院因为与社会公众的接触都很多，公众看到的问题也最多，因此评价就会低一些。你也可以从近些年来媒体对司法机关的一些负面报道来看，基本上都是对公安机关办案滥用权力、刑讯逼供，或者人民法院审判不公的不满。但这两年来，法院做了不少努力，比如微博直播重大案件的庭审，尤其是薄熙来案件的庭审直播，还是获得了不少公众的赞许，因此法院司法公信力应当是有所提升。如果一定要打分的话，法院的司法公信力可能介于 70—80 分，侦查机关的司法公信力可能在 60—70 分。

6. 我认为当前司法公信力得分还未达到及格线。首先，从大众解决纠纷争议的方式来看，现今社会民众解决争议的方式更多是“信法不如信访，信访不如信网”，法律对于民众来说是更像是最低效的解决方式，法院为了完成化解信访任务，对部分无理上访案件做出了法律原则之外的退步，以求息访罢访，这样直接导致了“会哭的孩子有奶喝”的闹剧不断上演，恶性循环。其次，从法院判决被认可程度来看，我国法院判决被认可率低。与欧美国家相比，在我国，败诉方拒不执行法院判决的现象比比皆是，当事人自动履行率不高。此外，自从 2001 年全国首例拍卖判决书出具以来，就接连出现洛阳女子胡岩峰、沈阳男子刘迁、磁县包工头夏来顺等叫卖判决书现象。最后，从法官在民众心中地位来看，法官在民众心中地位较低，法官频频被伤害。在我国，特别是近几年，法官被伤害、群体围攻法院事件频频发生，在工作中遭遇谩骂、侮辱等人身攻击更是家常便饭，法官这一维护司法正义的群体渐渐与“弱势群体”靠近，这一行业被戏称为“高危行业”“刀尖上的舞者”。而且，在法官被伤害事件被媒体报道后，民众的反应更多的居然是拍手叫好。公众对袭击法院喊好的背后反映出的其实是公众人人自危的心理。法院作为社会正义的最后屏障理应得到公众的尊敬和信任，然而现实却相反，当公众对司法途径失去认同之时，他们便选择用极端手段去发泄不满，危及社会稳定。在缺失司法权威的司法裁判不仅没有平息纠纷，反而成为更严重的社会怨恨和冲突的起源。所以我认为当前司法公信力尚未达到及格水平。

（三）律师职业群体的代表性观点（六位律师的个人观点）

1. 以 60 分为及格线，本人认为当前司法公信力分得分已经及格，但是并没有达到令人满意的高分。司法公信力是社会和民众对于司法程序、司法人员、司法审判等的一种信赖程度。目前，社会主义法制社会已经基本建立，各项法律法规也在不断完善，相较于“文革”时期，法制得到了很大程度的改善，不再是一个视法律于无物社会，司法的公信力也较从前大为提高。司法作为维护法律的一种重要手段，对于社会和民众起到了一定的震慑作用并带有一定的权威性，因而我认为目前司法公信力达到其公信力得分是及格的。但是，在现行的司法体制中，司法公信力虽然已经达到及格却仍然没有达到令人满意的程度。现行的司法实践中，存在部分法官业务性不强、品格不高的现象，社会上托人情拉关系的风气盛行，司法地方化、行政化的问题长期得不到解决，导致部分民众对于法院的判决不予以尊重，甚至随意指责判决。这些方方面面的问题和现象都在冲击着当前司法的权威性和司法公信力，因而我认为当前的司法公信力虽然已经及格，但是并没有达到令人满意的高分。

2. 不合格。影响当前司法公信力的一个重要原因是司法腐败、司法惰性，司法腐败、司法惰性行为损害了法律和法院的威信，降低了法治的公信力，社会危害性极大，司法腐败是最大的腐败。西方哲学家培根说过：“一次不公正的审判，其恶果甚至超过十次犯罪。”因为犯罪是无视法律，而不公正的审判则毁坏法律。司法腐败所造成的恶劣影响以及由此引起的一系列连锁反应不可低估。凡是发生司法腐败的地方，那里的司法部门的公正形象就会到损害，人民群众的利益就得不到切实有效的保护，坏人就猖獗，歪风邪气就横行，社会治安就不稳定。司法腐败直接损害了人民群众利益，败坏了司法机关的形象，降低了法治的公信力。提升公信力的关键在人，用制度管好手握大权的法官，避免司法腐败的发生比什么都重要。

3. 随着法治体制的不断完善，人民群众法律意识的增强、法律知识的丰富，以及法院自身工作的创新发展，人民法院的司法公信力在不断提高。但因法律作为上层建筑具有滞后性，与快速发展的形势相比仍有不适应的方面，从而在一定程度上影响了司法权威的树立，也使一部分人民群众对司法公正还有所质疑。华南沿海部分城市司法环境相对内地其他城市比较透明，个人认为可以打 90 分以上。我认为要想加强司法公信力最主要是要积极做好舆论引导工作。要加强司法宣传管理，严格对个案宣传报道的把关，从源头上减少负面报道的产生，防止别有用心的人插手利用、歪曲炒作。要有效应对涉诉舆情突发事件，在第一时间快速反应，迅速查清事实真相，迅速公布调查情况，迅速表明应有态度，确保及时有效地形成于我有利的舆论氛围。要努力构建科学、畅通、有效、便捷的民意沟通表达机制，完善人民法院与人大代表、政协委员、民主党派和无党派人士以及广大人民群众的沟通联络机制，积极创建人民法院网站、信箱、论坛等便于人民群众表达意见和建议的平台，为人民群众和社会各界及时反映司法需求提供有利的条件。

4. 当前的司法公信力我认为刚及格。近年来，随着我国经济社会的发展和法治化的逐步推进，各种新类型的社会问题和纠纷不断涌现，人们更多地把解决争议的目光投向司法机关，寻求司法救济，这是法治进程中令人鼓舞的进步。但从社会实践中看，司法公信力依然面临着挑战。首先，涉法信访折射司法公信力不足。涉法信访问题是部分群众对司法不信任的表现和结果，司法公信力不足导致“信访不信法”现象的产生。其次，司法乱作为。

司法乱作为主要表现在一些司法机关或司法人员违反法律程序和实体规定，为谋取个人利益、部门利益或地方利益，滥用司法权、乱罚款、乱扣押、乱查封、乱冻结。当前，有的法官办人情案、关系案、金钱案，甚至徇私舞弊、枉法裁判，造成恶劣影响。最后，司法不作为。司法不作为主要表现为司法机关或司法人员不履行法定职责，有案不立，效率低下。“立案难”、“申诉难”和“执行难”作为司法不作为的主要表现，主要表现有老百姓没钱打官司，诉讼成本高、费用大；一些案件有理打不赢官司；一些案件诉讼周期长，判决没有稳定性；当事人对已发生法律效力的判决不服，进行申诉尤为困难；生效的裁判得不到有效执行，合法权益得不到有效的保障。

5. 如果要给我国当前的司法公信力打分的话，我只能给出一个及格的分数（60分）。本人在广州从事律师工作，感觉整个珠三角地区的司法公信力状况还是不错的。在民商事领域，普通市民和企业主碰到复杂纠纷一般都会选择通过司法渠道来处理，通常都会咨询律师或委托律师参与。只要程序得当，当事人两方对于法院的审判结果都比较遵从，时常也会在法官的斡旋下选择调解结案，取得不错的社会效果。这种情况可能跟沿海地区经济比较发达，民众法律意识比较强有关。本人的家乡某内陆省份的落后山区，司法公信力状况就不容乐观了。传统的“官本位”意识比较强，遇到涉法问题通常想到的是找关系、拉关系，而不是选择法律手段来维权。“黑头文件（法律）不如红头文件、红头文件不如无头文件（领导批条）”等顺口溜在民间广泛流传，从一个侧面反映了部分群众的固有思维。对于已经进入诉讼程序的案件，群众也是抱着“信访不信法”的态度，一些信访老户在审判结果出来之后还是反复纠缠、不断上访，迫使当地政府作出让步，给予补偿。这些问题说明部分地区司法公信力还是非常脆弱的。

6. 我国司法公信力的现状不容乐观，司法不被社会公众信任和认同。尤其是涉诉案件，普遍不能被原被告双方理性接受，其原因有四个方面。一是司法和稀泥，失信于民。近些年，法官心中似乎都有一根红线：稳定压倒一切。正因为法官办案的第一个出发点是维稳，其归宿点显然就不是公正司法。现在，绝大多数法官心中的那杆称，往往是以称砣不打自己的脚为基准，尽管裁判时不允心，却仍因故而为之。可谓法官难当。二是法官在其位不谋其“正”，而谋其“位”。近些年，权力干预司法特别严重，一方面，几乎管官（法官）的官过问的司法案件往往都是错案，这些管官的官主要包括人大、政法委、纪委、组织部、政府等主要或分管领导；另一方面，正常申请再审、申诉、抗诉启动再审程序难上加难，但只要管官的官打个招呼，必定启动再审并翻案。为什么管官的官这样灵？因为法官知道“位”比“正”重要。三是办关系案、人情案、金钱案、利益案成风，钱权交易成了一种潜规则，谁不守规则必受其伤。四是个别当事人法律意识、公正意识不强，不能客观判断是非，或评估对错；有的固执己见，只要自己感到不满意就认为是错案。总之，我认为当前司法公信力得分刚及格。

访谈问题二：请谈谈当前领导干部（特别是司法系统领导）的法治意识状况，他们的法治意识对我国法治建设有何影响？

（一）法官职业群体的代表性观点（五位法官的个人观点）

1. 十八大之后，从新一届国家领导人以及最高法院院长教育背景来看，习近平总书记拥有法学博士学位，李克强总理是法律科班出身，周强院长是法学研究生，这说明国家领导人的法治意识不断增强，党中央已经充分认识到在当前社会转型的矛盾凸显期，通过法律途径解决争议是行之有效的理性选择，通过国家领导人以及最高人民法院院长人选的配置充分彰显了依法治国的勇气与决心。在十八大报告以及十八届三中全会的公报中，司法体制改革已被提上议事日程，一些地方已经开始进行法官单独序列管理的试点改革，不少法院系统的同仁提出，法治的春天即将来临。应当说，领导干部尤其是司法系统领导干部的法治意识状况对于我国法治建设的进程有着十分重大的影响，法治建设除了受立法因素、公众法律意识等因素影响外，其进程与司法政策紧密相关，而司法系统领导的法治意识直接决定了司法政策的方向。

2. 当前领导干部对实现法治国家都寄予厚望，但对法制建设的现状评价不高；对法的作用有了深刻认识，但尚需建立坚定的法律信仰。由于缺乏法律至上的信仰，有些干部在执法过程中，就很难顶住来自各方面尤其是上司的压力和干扰。作为执法者的领导干部，如果没有法律信仰的支持，一遇到权势的压力或与个人利益、地方利益发生矛盾时，其执法的坚定性将大打折扣。领导干部的法治意识关系到个人能否建立起建设社会主义法治国家的坚定信念，这种信念又反过来影响个人的法律观念和法律行为。当前，进行法治建设的艰巨之处不在于法制的构建与实施，而在于能否彻底清除“人治”思想残余，形成法治意识。领导干部的法治意识是公民法治意识的重要组成部分。由我国政府主导型法治建设模式所决定，领导干部的法治意识如何，将对我国法治进程产生举足轻重的影响。

3. 现在的领导干部，绝大部分都是知法懂法的，但能真正拥有法治思维的领导干部还不多，领导干部置法律于不顾，运用手中的行政权力干预司法的情况屡见不鲜，甚至可以说，当前人治思维依然盛行，领导干部的法治意识距离法治国家的要求还有不小差距。领导干部习惯于人治思维，缺乏法治思维，遇事总喜欢采用行政手段来解决问题，其结果导致法治权威和尊严荡然无存、弊病丛生，导致人民群众信访不信法、信大不信小、信上不信下，违背了法治精神，损害了人民权益，也破坏了法治秩序。增强领导干部法治观念，提高领导干部运用法治思维和法治方式来处理和解决改革、发展过程中所遇到的各种矛盾和问题的能力，有助于消除人治顽疾，在全社会倡导和弘扬法治精神，树立法治权威，营造法治环境。

4. 本人认为改革开放以来，领导干部总体法治意识逐步增强，但水平仍然较低。领导干部尤其是行政机关的领导干部对法律的敬畏是表面的，往往是口口声声讲依法行政，但实际上却认为法律约束了其手脚，对权力的信仰大过对法律的尊重。不少领导干部眼中法律是绊脚石，法律仅仅是工具。对于司法系统领导而言，虽然其法治意识总体上强于其他系统的领导，但情况也不是很乐观。司法系统的领导的人治意识仍然较浓，在外部环境的熏染下，司法系统的领导的法治意识短时间内也很难有实质性的改变。 领导的法治意识对我国法治进程和建设影响非常大。领导人的法治意识决定了一个单位甚至一个地区的法治意识水平。提高领导干部运用法治思维和法治方式深化改革、推动发展、化解矛盾、维护稳定的能力，是我国法治建设的重要手段。

5. 党政领导干部的法治意识还有待提高，不少领导干部还是官味十足，潜意识里有着“权大于法”的基本思想。司法系统的领导同样也存在类似的问题，尤其是很大一部分司法机关领导根本没受过法律学科训练，直接是从党政机关调任过来的，连基本的法律思维都没有，让人担忧！我觉得，普法的第一对象应该是领导干部（尤其是党委、政府、政法委领导）。我们以往的普法总是把群众当作普法对象，我觉得有点偏离方向，在我国传统文化影响之下，领导干部的一言一行，有很多教化作用，领导天天讲普法，自己却不守法，怎么能让人信服呢？自己讲要法治，在个案时却干预司法运作，这很不恰当。所以，提高领导干部的法治意识对我国推行法治建设意义更加重大。

（二）检察官职业群体的代表性观点（五位检察官个人观点）

1. 当前领导干部的法治意识都比较强，绝大多数情况下都要求检察人员依法办理相关案件，认真审批每一个案件，并在案件可能存在问题时听取办案人员的汇报，并就可能改进的方向进一步提出要求，同时还积极与相关部门进行协调。他们的法治意识有利于培养检察办案工作人员依法独立办案的意识和能力，促进检察依法独立行使，有利于我国法律的统一贯彻实施，提高检察人员的职业责任感。

2. 总体上，检察院领导懂法，在日常工作中也能够依法办事。但是，由于干部管理体制原因，以及在办案过程中需要考虑多重社会影响，平衡各类关系和诉求，领导干部容易妥协。基层司法机关领导的法治意识对于我国法治建设肯定有影响，但是，个人认为影响不大。主要影响在于对个案处理的公正性的影响及由此可能引发的社会对于司法机关的负面评价和印象。之所以说影响不大，主要基于我国的历史传统及现实国情的考量，我国法治建设的推进主要还是要依靠顶层设计，靠顶层的制度建设来规范地方司法人员的行为，进而改变我国法治建设的面貌，改善民众对法治建设的观感。

3. 第一，部分司法系统领导非法学专业出身，法治意识不强，专业知识不熟悉。作为司法部门的领导干部，除应当具备普通公民和国家公职人员的法律素质，还要具备与其领导职务相称的有关法律意识和法律知识，具有依法决策和依法管理的能力。一些非法学系统教育出身或没有经过实践专业操作的领导，可能在具体案件办理中不能从专业眼光考虑问题，多是凭借自身的社会素养和政治眼光考虑，使得一些案件处理只考虑社会效果，忽视了法律规则，个别案件甚至通过下指示办理，影响案件的公正办理，损害司法机关公信力。此外，部分领导违反法律程序，执法随意。不注重按法定程序办，重实体法、轻程序法，认为只要执法行为实际效果合法，违反法定程序无关紧要。长此以往必将损害司法公正的水源，使群众对司法机关权威产生质疑。

4. 首先，国家或中央层面，新一届国家领导人的法治意识应当说还是比较好的，最高法院院长、最高人民检察院检察长都是法律科班出身，法治意识也应当是比较好。其次，在地方层面，各级党政领导人的法治意识也在提升，不少地方都提出了“法治某某”的口号，比如“法治四川”“法治湖南”“法治广东”等，各级司法机关领导法律科班出身的比例也在逐步提高。不过，整体意义上，当前领导干部的法治意识仍然处于比较形式化而非实质性的层面，一些司法机关领导甚至还表现出强烈的非专业性。较为极端的比如河南省高院院长张立勇，最近他有两段话在微博等网络空间引发热议。一段是说庭长必须会做饭炒菜，而且要纳入考核体系；另一段说离婚案件中要将财产判给女方，把男方罚得倾家荡产。前一个要求让人感觉很可笑，后一个则明显体现了他连基本的法律制度与法理都不懂。领导干部的法治意识对我国法治建设的影响是极大的，在中国这种强科层制体制下，一个法治意识强的领导干部可能就会推动法治的进步，反之则可能阻碍法治发展。也就是说，中国法治的进程还是比较艰难的，没有制度的延续性，可能换一个领导就会出现不同的执政理念和方式，而这又会影响到法治建设。但总的来说，法治是有普适性的，我们的法治建设应该会越来越好。

5. 当前领导干部的法治意识有了较大提高，更加强调法律在处理社会矛盾和纠纷中的作用，但受传统观念的影响，大部分领导将德治置于社会治理的首位，如有的地方政府提出“德治为基，法治为要，自治为本”这样的一些口号，还是值得思考的。其实，我们的领导干部大部分还是为人民群众考虑的，仅仅是在具体的思维路径上更多偏向于传统观念，没有真正意识到制度的重要性。我觉得，在习近平总书记提出“把权力关进制度的笼子里”这样一个基本定调后，领导干部的法治意识或许会有一定的改观，但可能不会很大。这种法治意识的最终确立，可能还是需要政治体制的改革，甚至可以说“不民主，则无法治”。

（三）律师职业群体的代表性观点（四位律师的个人观点）

1. 目前现状：①法律至上观念不强，执法犯法。作为执法者，应该懂得甚至熟悉法律，也应该知道违法犯罪要承担相应法律责任的后果。但由于在市场经济条件下法律至上观念不强、防腐拒变意志力不够坚定，极少数民警执法犯法。近些年来执法队伍中相继发生了司法工作人员违法犯罪的事情。②人权保障观念不强，刑讯逼供屡禁不止。少数司法工作人员法律意识、证据意识淡薄，以管人者自居，根本不把执法对象的权利放在眼里，随心所欲。在审讯时，偶尔会发生辱骂、体罚违法犯罪嫌疑人，甚至搞刑讯逼供。影响：只有增强法治观念，才能扫除各种社会丑恶现象，抵制腐朽思想文化，不断铲除其借以滋生的土壤，才能切实保护人民生命财产安全，为广大群众安居乐业创造良好的社会环境，就能更好地实现最广大人民的根本利益。

2. 往上看，自新中国成立以来，中央政治局常委极少有人接受过正规的法律教育，也极少有人从事过一线的法官、检察官工作，要说他们的法治意识有多强，很大程度上只能看其觉悟或者天意。往下看，相当一部分法院、检察院的领导都是从外部系统调入，也没有从事一线的法官、检察官工作，却领导着众多一线的法官、检察官。当然，这并不是说没有接受过正规的法律教育，没有从事过一线的法官、检察官工作的领导法治意识就不强，只是在当前凡事政治化、凡事行政化、凡事级别化的大环境下，领导干部的法治意识很难受环境熏陶而成。而领导干部法治意识的淡薄，有效监督制度的缺失，必然造成有法不依的混乱局面。长此以往的结局就是官不守法，民不信法，凡事讲权力、讲情面、讲关系，整个社会陷入一种无序状态。

3. 领导干部的法治意识当然对法治建设有一定的影响作用。如领导干部法治意识较强且努力将其意识付诸实践，则其所在的部门多多少少会更加尊重法律，依法办事。但是光靠领导干部远远不够，法治建设永远是人和体制的合一与良好互动。如果只是领导干部法治意识强，面面俱到、事无巨细都加以管理，但没有将他的意识形成一套体制并加以实施，则可能该领导在职期间人人都按照他的意志来执行，但不能保证更换领导之后会变得怎样。因此，需要“领导的艺术”，将其意识形成日常工作中的原则和细则，达到人人信服、人人发自内心遵守的程度，方能说领导干部的法治意识对法治建设有积极影响。如果只强调领导干部的法治意识，则单纯依赖其法治意识所建立的法治，本质上也是人治。

4. 领导干部特殊的职业要求领导干部不仅要具备高尚的道德修养以及对各种复杂事物的分析判断能力，还应具备较高的法治意识。但是当前我国领导干部素质参差不齐，法治意识淡薄，普遍存在干部高龄及断层，整体素质与社会对干部的要求相比仍存差距。司法实践中，仍有部分司法系统领导存在着业务不强、能力不足、形象不佳、服务不到位的问题，甚至极少数领导还没“认清为谁掌权，为谁服务的基本属性”等问题，使当事人对司法系统产生抵触和不满情绪。就近年来的各类错案来看，折射司法公信力不足的因素主要表现在司法系统领导自身素质的干扰和影响，给人民法院提高司法公信力造成许多困难。因此解决领导法治意识问题成为我们提高司法公信力的出发点和落脚点。

（四）社会普通民众的一般观点（三位普通民众的观点）

1. 法治意识状况：①司法系统领导干部：因经常接触相关案件，尤其是参与审判工作的领导干部对当下法治进展、新发布法律法规、国内外法治发展的新动态都较为了解。②非司法系统领导干部：精力主要集中于处理本职工作，甚少接触法律，所以法治意识相对淡薄。尤其一些年老干部，学历可能不高，存在墨守成规的现象，接受新知识、新法治的速度较为缓慢。“法治思维”和“法治方式”对领导干部的执政理念、执政方式和行为准则等诸多方面产生深远影响，并使其发生深刻变化。“法治思维”和“法治方式”要求领导干部在对法治的认识上，更加注重法治的本体性价值；在行为模式上，更加注重法治的基础性作用。可以预见，这将是法治理念、法律知识、法治自信循环往复和不断攀升的过程，构成一个由思维到实践更为完整、更为统一的领导干部推进法治的工作体系。因此增强领导干部法治意识具有重大意义。

2. 当前领导干部的法治意识应该还是有进步的。例如，十八大之后的反腐活动，无不借助和依靠法律进行，不管其背后真正目的为何，但是善于依靠法律本身即是一种进步的表现，也表现了法律在国家生活中的重要地位。领导干部的强烈法治意识对于我国的法治建设具有积极影响。①促使法律日益受到尊重与重视。领导干部的意识与行为对下级往往具有示范作用，是下级的执行标杆，领导干部较强的法治意识可以带动其他干部、其他公务人员也形成良好的法治意识。而公务人员法治意识的形成是法治建设不可缺少的条件之一。②有助于促进法治化的进程。领导干部良好的法治意识，将使得公权力得到依法行使，当一切均在法律的框架内规范进行时，金钱、人情等则无机可乘，这对法治国家的建设是非常重要的一个环节。

3. 据我了解，当前我国的大多数领导干部的法治意识还是不错的，但是还是有一些领导干部的法治意识比较薄弱，比如在很多司法案件中，会出现一些不公正的判罚。为什么这么说呢，原因如下：一是我国法治体制建设不完善，因此在选择领导干部时就比较少考虑他们的法制意识；二是领导干部在就职后没有接受一系列法治教育以及培训；三是我国社会存在的一些问题，一些不和谐的问题。毫无疑问，他们的法治意识对我国法治建设有着重大影响。可以这么说，法治建设主要依靠这些领导干部，特别是司法系统领导。我国的法治建设需要一些改革方案，从而改善我国的法治建设。而这些方案，主要是依赖于领导干部们的提议，所以说领导干部法治意识的强弱直接影响到我国法治建设。因此我觉得国家和党应该重视加强领导干部特别是司法系统领导干部的法治建设意识，通过这种办法不断完善我们国家的法治建设。至于怎么提高领导们的法治意识，首先要解决的是提高他们对这方面的认识。再者，应该加强对领导们的法治意识教育。我国还可以借鉴外国的经验，从而提高领导们的法治意识。

三　权重设计

一级指标：司法生态（权重5%）

司法生态的评价指标

<table>
<tr><th>一级指标</th><th>二级指标</th><th>三级指标</th></tr>
<tr><td rowspan="5">司法生态
（5%）</td><td rowspan="2">司法官的专业化（50%）</td><td>司法机关领导的专业化（50%）</td></tr>
<tr><td>业务型司法人员的专业化（50%）</td></tr>
<tr><td rowspan="3">公民的法律信仰（50%）</td><td>对法律的敬畏心理（30%）</td></tr>
<tr><td>认同法律（30%）</td></tr>
<tr><td>恪守法律（40%）</td></tr>
</table>

二级指标：司法官的专业化（权重50%）

三级指标：司法机关领导的专业化

权重：50%

分值：100分

测量内容：司法主体是否严格按照宪法、法律的规定产生。

评分标准：针对所调研地区，司法主体严格按照宪法、法律产生的，得满分；凡是出现违法产生的，发现1例，得0分。

测量方法：客观查询。评估团队所依据的材料与数据来源主要通过所评估地区司法机关的门户网站（微博）、纸媒报道、网络搜索引擎关键词查询、实地访谈和电话核实等方式获得。

三级指标：业务型司法人员的专业化

权重：50%

分值：100分

测量内容：业务部门负责人、普通司法人员的专业化情况。

评分标准：可以根据情况将业务部门负责人、普通司法人员的专业化程度设定为优、良、及格和不及格 4 个等级，相应分值为 10 分、8 分、6 分、0 分。

测量方法：客观查询。评估团队所依据的材料与数据来源主要通过所评估地区司法机关的门户网站（微博）、纸媒报道、网络搜索引擎关键词查询、实地访谈和电话核实等方式获得。

二级指标：公民的法律信仰（权重 50%）

三级指标：对法律的敬畏心理

权重：30%

分值：100 分

测量内容：公民是否对法律持有敬畏的心理。

评分标准：调查对象包括公权力机关人员、普通公民，设计调查问题，问卷调查的结果可设定为优、良、及格和不及格 4 个等级，赋予分值为别为该问题初始赋值的 100%、80%、60%、0%，计算后相加总分即为该问题的实际得分。取上述群体实际得分的平均值，即为该项指标的实际得分。

测量方法：主观问卷。

问题设计：您是否认为法律是神圣不可侵犯的?

A. 非常赞同　　B. 比较赞同

C. 一般　　D. 不赞同

【A 为优、B 为良、C 为及格、D 为不及格】

三级指标：认同法律

权重：30%

分值：100 分

测量内容：产生纠纷并无法通过协商、调解等方式解决时，是否会选择通过法律途径（仲裁、诉讼）解决。

评分标准：调查对象包括公权力机关人员、普通公民，设计调查问题，问卷调查的结果可设定为优、良、及格和不及格 4 个等级，赋予分值为别为该问题初始赋值的 100%、80%、60%、0，计算后相加总分即为该问题的实际得分。取上述群体实际得分的平均值，即为该项指标的实际得分。

测量方法：主观问卷。

问题设计：当您与他人产生纠纷并无法通过协商、调解等方式解决时，是否会选择通过法律途径（仲裁、诉讼）解决？

A. 肯定会　　　　B. 很大可能会

C. 有可能会　　　　D. 几乎不会

【A 为优、B 为良、C 为及格、D 为不及格】

三级指标：恪守法律

权重：40%

分值：100 分

测量内容：公民在日常生活中是否遵守法律。

评分标准：调查对象包括公权力机关人员、普通公民，设计调查问题，问卷调查的结果可设定为优、良、及格、不及格 4 个等级，赋予分值为别为该问题初始赋值的 100%、80%、60%、0，计算后相加总分即为该问题的实际得分。取上述群体实际得分的平均值，即为该项指标的实际得分。

测量方法：主观问卷。

问题设计：据您观察，在您所在地区，违法犯罪的情况如何？

A. 无　　　　B. 较少

C. 一般　　　　D. 严重

【A 为优、B 为良、C 为及格、D 为不及格】

第三章

司法文化的评价指标

第一节 司法文化的指标构成及其关联

一 司法文化的基本理论

法律本身不一定就是正义的化身。如果法律规定的内容不能为人民所接受，则这样的法律的执行，便只能为达到施政目标及维持秩序的统治工具而已，因此所谓“恶法亦法”的情况便无法避免，这也是西方19世纪末20世纪初盛行之法律实证主义的缺点。法律本身是一种属于“他律”的存在，无法建立或形成人民的“自律”的观念。所以法律必须内化成为一种法律文化，才能深入民心，融入人民日常之生活当中，人民才能够尊崇法律，进而达到守法。从社会人类学的角度看，司法制度的运作是在特定的社会历史条件下展开的，尤其要受到该社会的司法文化的制约和影响。司法文化传统在一定程度上反映一个国家司法制度的内在逻辑，它表现为受司法文化传统制约的司法人员关于司法的态度、价值和信念有形无形地影响司法行为主体的司法实践和司法行为，进而在相当程度上规制着一个国家司法制度的运作模式及其发展走向。

中国法律、司法体制大量移植于外国，中国司法传统与西方司法文化相去甚远，如何使传统价值观与现代价值观有机融合，司法则是深化法治最直接有效的工具，法官、检察官和律师等透过法庭上及法庭外的活动，都可以影响民众的法律意识，促使法律文化内化，执法者与民众对于法律的内容与价值才能取得基本认同。司法改革最终取得成功，核心元素应该是培育良好的司法文化。因此，通过对司法文化培育的指标评估可以反映司法改革取得的相关成绩。

近年来，我国有不少学者对司法文化进行了比较深入的研究，特别是在界定司法文化概念方面。比较有代表性的观点如徐显明教授认为："司法文化为法律文化之一部，泛指人类在司法实践过程中积累起来的一系列司法制度、司法组织机构、司法技术及司法仪式等。司法文化是特定法律文化传统的产物，它汇载着一个民族的司法价值诉求并将之传导给民众。"① 最高人民法院沈德咏常务副院长指出："在任何国家，司法文化都是它的法制文明的核心组成部分。同样，司法文化也是中华法系的基本内容，是中国古代法制文明的重要成果。它从整个中华民族特有的人生观、价值取向、道德操守出发，将法制与伦理紧紧交织在一起，形成特色非常鲜明的中国司法文化。"② 谭世贵、李建波认为："司法文化是人类司法文明发展历史的重要积淀，它从根本上塑造着司法体制和司法制度，甚至影响着一个民族的精神气质和社会进程。"③ 总而言之，关于司法文化的界定，反映出一定的共识：一是思想性，反映与司法有关的各种观念和认识；二是价值性，体现特定的价值取向；三是职业性，司法职业者是创造、承载、传承、发扬司法文化的最重要的主体；四是民族性和地方性，司法文化反映特定民族和地方的精神气质。因此，可以这样界定司法文化：司法文化是指司法机关及人员在长期司法实践中所形成的并得到共同遵循的司法职业特色、精神价值体系、思维模式、行为准则以及与之相关的行为、意识、组织、制度等表现形式。

在建设社会主义文化的热潮中，司法文化建设愈益引起了党和政府的重

---

① 徐显明：《司法改革二十题》，《法学》1999 年第 9 期。

② 沈德咏：《中国司法文化：从传统到现代》，《人民司法》2011 年第 9 期。

③ 谭世贵、李建波：《我国司法文化建设的若干构想》，《中国司法》2009 年第 10 期。

视。中国共产党第十七届中央委员会第六次全体会议通过的《中共中央关于深化文化体制改革、推动社会主义文化大发展大繁荣若干重大问题的决定》提出:"加强法制宣传教育，弘扬社会主义法治精神，树立社会主义法治理念，提高全民法律素质，推动人人学法尊法守法用法，维护法律权威和社会公平正义。"此处的"社会主义法治精神""社会主义法治理念"等无疑是法治文化的重要组成部分，而司法文化作为法治文化的组成部分，自然为中央文件精神所涵盖。十八届四中全会首次把"建设社会主义法治文化"明确提到中央战略高度，提出:"法律的权威源自人民的内心拥护和真诚信仰。人民权益要靠法律保障，法律权威要靠人民维护。必须弘扬社会主义法治精神，建设社会主义法治文化，增强全社会厉行法治的积极性和主动性，形成守法光荣、违法可耻的社会氛围，使全体人民都成为社会主义法治的忠实崇尚者、自觉遵守者、坚定捍卫者。"并且从两个方面进行了详细部署。一是推动全社会树立法治意识。①坚持把全民普法和守法作为依法治国的长期基础性工作，深入开展法治宣传教育，引导全民自觉守法、遇事找法、解决问题靠法。坚持把领导干部带头学法、模范守法作为树立法治意识的关键，完善国家工作人员学法用法制度，把宪法法律列入党委(党组)中心组学习内容，列为党校、行政学院、干部学院、社会主义学院必修课。把法治教育纳入国民教育体系，从青少年抓起，在中小学设立法治知识课程。②健全普法宣传教育机制，各级党委和政府要加强对普法工作的领导，宣传、文化、教育部门和人民团体要在普法教育中发挥职能作用。实行国家机关"谁执法谁普法"的普法责任制，建立法官、检察官、行政执法人员、律师等以案释法制度，加强普法讲师团、普法志愿者队伍建设。把法治教育纳入精神文明创建内容，开展群众性法治文化活动，健全媒体公益普法制度，加强新媒体新技术在普法中的运用，提高普法实效。③牢固树立有权力就有责任、有权利就有义务观念。加强社会诚信建设，健全公民和组织守法信用记录制度，完善守法诚信褒奖机制和违法失信行为惩戒机制，使尊法守法成为全体人民的共同追求和自觉行动。④加强公民道德建设，弘扬中华优秀传统文化，增强法治的道德底蕴，强化规则意识，倡导契约精神，弘扬公序良俗。发挥法治在解决道德领域突出问题中的作用，引导人们自觉履行法定义务，承担社会责任、家庭责任。 二是推进多层次多领域依法治理。①坚持系统治理、依法治理、综合治理、源头治理，提高社会治理法治化水平。深入开展多层次多形式法治创建活动，深化基层组织和部门、行业依法治理，支持各类社会主体自我约束、自我管理。发挥市民公约、乡规民约、行业规章、团体章程等社会规范在社会治理中的积极作用。②发挥人民团体和社会组织在法治社会建设中的积极作用。建立健全社会组织参与社会事务、维护公共利益、救助困难群众、帮教特殊人群、预防违法犯罪的机制和制度化渠道。支持行业协会商会类社会组织发挥行业自律和专业服务功能。发挥社会组织对其成员的行为导引、规则约束、权益维护作用。加强在华境外非政府组织管理，引导和监督其依法开展活动。

随着十七届六中全会提出的繁荣社会主义文化战略的实施，司法文化建设受到最高人民法院、最高人民检察院的高度重视，司法文化建设发展迅速，但是正如学者姚建宗所指出的："中国目前的'司法文化'热，真正展现出来的多只是一些司法文化的'皮囊'，还并未曾展现出司法文化的'神髓'。"[①] 社会主义司法文化的建设与转型一定是在法治的大环境下才能顺利实施的，它不是一时的司法宣传和政治鼓动，现代司法观念和司法意识必须经过相当长的时间才能淀积而成。

二 司法文化的指标构成及其关联[②]

司法文化的指标构成主要包括这几个方面：第一，法律职业共同体职

① 姚建宗：《司法文化的皮囊与神髓》，《中国社会科学报》2012年7月4日，第A7版。

② 本节的主要观点曾发表于《国家检察官学院学报》2015年第2期。

业伦理道德指标，这其中又包括法律职业理想、法律职业责任、法律职业态度、法律职业纪律、法律职业良心以及法律职业共同体职业伦理道德等六个方面；第二，先进司法理念指标，其中包括司法法治理念、司法公正理念、司法文明理念、司法独立理念、司法人权理念等五个方面；第三，司法职业规范指标，其中包括司法职业技能、司法职业精神、司法职业声望、司法职业传统等四个方面；第四，法治知识的传播指标，其中包括崇尚法治的知识培训、法律解释的专业性、司法理论研究和司法文艺创作、司法礼仪等四个方面的内容。对以上四个方面指标的考量，可以基本得出一个国家司法文化发展的程度。

司法文化的衡量指标之间关系密切，就法律职业共同体职业伦理道德指标与司法职业规范指标而言，这就涉及司法文化的培育制度安排问题。21世纪初期，最高人民法院就已经意识到，行政化管理体制已不适应市场经济新秩序条件下的人力资源开发和以人为本全新管理理念的需要，提出了改变过去那种僵化的行政管理模式，建立一套适应“公正与效率”主题的、现代化、司法化、完整的审判管理机制。即对法官实行职业化建设、书记员专业化管理以及司法行政干部单独序列管理的司法现代化管理理念。随着以提高法官职业素质、职业意识及职业道德为宗旨的法官职业化建设的逐步推进，势必要求建立一支与此相适应的高素质、职业化的法院办公室专业岗位人员队伍，为法官的审判工作提供优质、高效的设施保障和司法辅助服务。要造就一支法院专业岗位人员队伍，职业化管理是根本途径。职业化包括职业化素养、职业化行为规范和职业化技能三个部分内容。 第一，司法人员职业化培训。职业化首先体现在法官选任方面，司法官员的选任要有一种专业化的要求。例如要求候选人系法科毕业生，并且通过了司法考试等，这样一种选任标准上的职业化，能够构成一种法律人之间共同体的意识。第二，司法行为的职业化。司法官员或者说司法决策人员是如何决策的？是如何行使自己的权力的？司法行为必须符合法律职业要求，任何事情他都必须站在中立的立场上，而不应该去偏向于一方。第三，法院内部行政管理职业化。管理是一门科学和艺术，它通过对各种资源的有效配置而创造高效益。而职业化的管理是一种制度，也可说是制度化的管理，这就势必要建立一套科学的职业化管理制度，以推动规范的职业化管理。随着法官职业化建设的推进，对法院内部管理提出了更高的要求。要想加快法官职业化建设的进程，实现以法官为本的司法现代化管理新模式，不但要有一支高素质、职业化的管理队伍，还要有切实可行的管理制度。法院管理是一项有独立价值和特别规律的事业，它的服务对象是法官和审判工作，所以法院管理又有别于普通的公共管理。第四，法律人的职业伦理道德培训。法律人职业伦理，是指法律人在履行职责的过程中，或从事与履行职责相关的活动时所应当遵循的道德观念、行为规范和价值理念的总和，它是法律职业化的伴生物，作为一种社会伦理现象，体现并服从伦理的一般规定性；但它又是一种特殊的责任伦理。因为它与法律专业知识和技术紧密相连：在调整范围上，它主要用以指导、规范法律角色岗位上从事法律活动的法律职业者的言行；在调整内容上，它总是鲜明地体现和表达了法律职业行为的伦理准则、规范及道德心理和习惯。其主要内容有：法律信仰、人格独立、公平正义、以民为本、职业荣誉感。第五，陪审制度。陪审制度与司法职业化是一种必然的伴生现象，陪审制度的存在减弱了过度司法职业化本身的缺陷，包括拘泥于法律条文所造成的实质不公正、职业法官的身份偏见等等。陪审团成员对法律的无知及更接近日常生活，使之更容易发现事实真相。可以这样理解，如果没有陪审制度对司法职业化加以纠偏，司法职业化会由于其自身的缺陷而偏离公正，陪审制是司法职业化的必然结果和要求。第六，司法资讯公开——资讯公开具有宪法基础。知情权是一项宪法基本权利；资讯流通共享作为资源给付请求之基础；民主参与作为政府资讯公开之宪法基础。司法资讯公开的方式主要有：刊载于政府机关公报或其他出版品；利用电信网络传送或其他方式供公众查询；提供公开阅览、抄录、影印、录音、录像或摄影；举行记者招待会、说明会等；其他足以使公众得知之方式。司法资讯公开的内容主要有：最高人民法院2009年12月发布的《关于司法公开的六项规定》即立案、庭审、执行、听证、档案文书、审务；“检务公开”，是指检察机关依法向社会和诉讼参与人公开与检察职权相关的不涉及国家秘密和个人隐私等有关活动和事宜；具有司法管辖权的机关应公开的资讯事项；律师事务所与各级律协要公开业务、财务、惩戒手续、律师专业等。

针对先进司法理念指标与法治知识的传播指标而言，主要涉及司法文化的培育内容与培育路径方面的问题。司法文化培育内容相当广泛，大致可以分为两大类：一类为对专业人员的培训，另一类为对社会人员的培训。第一，崇尚法治的知识培训。传统思想观念是倡导的一种德治，把德治放在法治之上，认为完全依赖法律的统治就会使得一个国家变得不合理、不和谐。其实最和谐的社会是人们对法律的遵守不再是因为恐惧惩罚。第二，对“诉讼”的态度。传统是崇尚“无讼”。一般的官方文献里，大家对诉讼都表达了某种排斥的心理，“非讼”其实在中国的历史传统中，有时候给我们的感觉是一种特别偏于经济的考量。也就是说成本，而不是道德方面的事情。第三，法律解释的专业性。我国自20世纪90年代以来的司法改革，仍延续了行政传统，司法的解释性特征没有得到充分尊重。第四，司法礼仪。司法礼仪的现状是混乱的。司法礼仪观念淡薄、司法礼仪无用化、司法礼仪表面化、司法礼仪监督机制缺失。司法礼仪有利于体现司法权威，增强司法公信度；有利于树立法官职业形象，充分展示法官个人素质；有利于处理好案件，解决当事人之间的争议；有利于加强法官的职业道德建设，增强责任感、荣誉感。规范司法礼仪，要培养司法礼仪意识，提升法官素养。规范司法礼仪内容，做到“形式规范”。规范评价标准、完善考核机制。第五，加强司法理论研究和司法文艺创作，着力营造全社会普遍关注司法文化的良好氛围。司法文化的培育路径——有关法治、司法知识培训的机构建设，在司法文化培育中占有非常重要的地位。司法文化的培育，则主要在健全相关培育机构，针对不同的群体设置不同的培育路径。第一，全日制教育。通过在各级全日制学校开设有关法律方面的课程，逐渐培养各级各类学生的法治观念，树立权利意识、公民意识。第二，职业继续教育。在全社会各相关行业成立职业培训机构，开设职业继续教育课程，这大致包括几类：各级法院培训机构；各级检察院培训机构；各侦查机关人员的培训组织；各相关行业协会的培训组织（法官、检察官、律师、公证员、仲裁员协会等）。第三，社会普法教育。对社会各界加强法制宣传、法制教育等。

第二节　法律职业共同体职业伦理道德指标

一　法律职业理想

（一）法律职业理想的含义

有学者认为，职业是要求有很高程度的智识训练和专业才能的工作。“职业是这样一种工作，人们认为它不仅要求诀窍、经验及一般的‘聪明能干’，而且还要有一套专门化的但相对（有时则是高度）抽象的科学知识或其他认为该领域内有某种智识结构和体系的知识。”[①] 法律职业之所以被称为一种职业，就在于它是一种只有接受系统的法律智识训练的人才能胜任的工作。因此，一般认为，法律职业是指受过专门的法律教育，具备法律预先规定的任职条件，取得国家规定的任职资格而专门从事法律工作的一种社会角

① 〔美〕波斯纳：《超越法律》，苏力译，中国政法大学出版社，2001，第 44 页。

色。[①] 而职业理想，则是指人们在职业上依据社会要求和个人条件，借想象而确立的奋斗目标，即个人渴望达到的职业境界。职业理想是人们对职业活动和职业成就的超前反映，是与人的价值观、职业期待、职业目标密切相关的。因此，法律职业理想的含义，则是指人们在法律职业上依据整个社会的基本要求和个人条件，想要达到的职业境界。

（二）法律职业理想的表现

对于法律职业所包括的范围，我国没有明确的分类，主要有两种观点，一是狭义说，即法律职业仅包括法官、检察官和律师；[②] 二是广义说，即除了从事法律工作的人员如法官、检察官、律师外，还把警察、公证员、法律顾问、法学教师和法学研究等视为法律职业。[③] 如果将法律职业定义为“从事直接与法律相关的各种工作的总称”的话，那么法律职业群体的范围就比较广泛，但是法律职业中最基本、最主要的职业群体仍是法官、检察官和律师。因此，在本书中，笔者将法律职业共同体主要限定在法官、检察官和律师三类人群。由于法律职业共同体是一个无形的共同体，不存在有形的统一的组织机构和统一的明确的组织原则和规定，因此，有学者认为法律职业共同体符合或具备三个条件即可：坚决维护人权和公民的合法权益，奉行为公众服务的宗旨，其活动有别于追逐私利的营业；在深厚学识的基础上娴熟于专业技术，以区别于仅满足于实用技巧的工匠型专才；形成某种具有资格认定、纪律惩戒、身份保障等一整套规章制度的自治性团体，以区别于一般行业。[④]

法律职业理想主要针对共同体内的法官、检察官及律师三类群体。其表

① 胡玉鸿:《法的原理与技术》，中国政法大学出版社，2002，第233页。

② 孙笑侠:《法理学》，中国政法大学出版社，1996，第107页。

③ 赵震江:《法律社会学》，北京大学出版社，1998，第408页。

④ 季卫东:《法治秩序的建构》，中国政法大学出版社，1999，第198—199页。

现也可以分为三类。第一，法官的职业理想。最高法院院长周强在最高人民法院法官宣誓仪式上强调，要“坚定理想信念，……保持职业本色”。[①] 法官的职业理想应该是坚持司法为民、坚持公正司法，公正司法是维护公平正义的最后一道防线，让人民群众在每一个司法案件中都感受到公平正义。广大法官要坚持公正司法，坚持依法独立行使审判权，认真对待每一起案件，努力实现法律效果、社会效果和政治效果相统一。广大法官要保持职业本色，常怀公允之心、律己之心、敬畏之心、淡泊之心，自觉抵制金钱、权力、人情干扰，敬畏法律、敬畏人民、敬畏职业，忠于职守，秉公办案。第二，律师的职业理想。律师的职业理想应当是运用法律的武器，去帮助大众争取自身合法权益的最大化，即律师们常说的“最大限度地保护当事人的合法权益”。律师应该多帮助不懂法而受法制约和保护的人更了解法、遵守法、接近法，应当促成社会大众能平等地沐浴在法治的阳光里，扬善惩恶，为和谐社会作出应有贡献。第三，检察官的职业理想。检察机关是国家的法律监督机关，检察工作的特殊性决定了只有经过专门训练，具有法律专业知识和工作能力，并经严格选拔，具备了较强的检察职业修养，才能胜任检察工作。检察官的职业理想主要包括：树立坚定的共产主义信念；树立强烈为人民服务意识；培养高尚的爱国主义情操等。

（三）入选评价指标的理由

法律职业理想是法律职业共同体伦理道德的重要组成部分。法律职业伦理是指法律职业者在履行其职责的活动中应该遵循的行为规范、应该具备的道德品质以及调整法律职业者各种社会关系伦理规范的总和。职业伦理是社会伦理的重要组成部分。法律职业共同体也应当是一个典型的“道德共同体”。它的天职就是追求社会公正。从事法律职业的不同人群，都应该树立

---

① 张先明：《郑重承诺为维护社会公平正义而奋斗》，《人民法院报》2013 年 12 月 5 日，第 1 版。

自己的法律职业理想，只有树立了法律职业理想，才会在从事实际工作中有明确的目标和方向，才会遵循基本的职业伦理道德。因此，将法律职业理想纳入到法律职业共同体伦理道德当中是十分必要的。

二　法律职业责任

（一）法律职业责任的含义

法律职业责任是法律职业人员违反有关法律职业人员的法律和道德所应承担的责任。由于法官、检察官、律师都是法律职业共同体的组成部分，他们有着共同的理想、共同的追求、共同的使命，在法律职业共同体中也有着共同的职业责任，这种责任是以法律人的正义与良知维护法律尊严、化解社会矛盾、匡助社会弱者、净化社会风气的所有努力，归根结底都是为了维护公民的合法权益，都是在致力于社会秩序破坏后的重建与恢复。当然，从专业分工的视角，职业共同体的职责又是不同的。

（二）法律职业责任的表现

法律职业主要包括法官、检察官、律师三类群体，他们在承担责任方面，应该主要包括三种责任：①刑事责任，法律职业人员在履行法律职业过程中构成犯罪的，承担刑事责任；②民事责任，法律职业人员在履行法律职业过程中构成民事侵权、形成债权债务关系或者其他行为，承担民事责任；③行政责任和纪律处分，法律职业人员在履行法律职业过程中违反行政法规、职业纪律，违反职业道德（非民事、刑事范围），承担行政责任和纪律处分。不过，具体到某一行业，可能承担的责任又有所不同。

比如，法官的责任主要包括两类。一是纪律责任。法官的纪律责任，是指法官违反法律、职业道德准则和工作纪律应当承受的纪律处分。《法官法》、《人民法院审判人员违法审判责任追究办法（试行）》、《人民法院审判纪律处分办法（试行）》和《人民法院执行工作纪律处分办法（试行）》对法官纪律责任的内容、形式、适用及追究作了全面具体的规定。根据法官法的规定，法官纪律责任所规定的处分分为以下六种形式。①警告，即对犯错误者提出告诫。这是最轻的一种纪律处分，适用于违法、违纪行为轻微的情况。②记过，即记载过失。这是较警告严厉的一种纪律处分。③记大过，即记载大的过失。这种处分适用于违法违纪比较严重的情况。④降级，即降低工资级别和职务等级。这种处分适用于比记大过处分更为严重的违法违纪情形。⑤撤职，即撤销现任职务。这种处分适用于因违法违纪而无法担任现任职务的情形。⑥开除，即把不适合担任法官职务而且不适合在人民法院继续任职的人清除出法官队伍。这是纪律处分中最严重的处分。二是法官的刑事责任。法官因职务行为构成犯罪的，应当追究其刑事责任。根据刑法第8章(贪污贿赂罪)、第9章(渎职罪)的有关规定，法官的职务行为违反刑法规定的，可能构成贪污、受贿、挪用公款、巨额财产来源不明、滥用职权、玩忽职守、徇私枉法等多种犯罪。

律师职业责任，是指律师在执业活动中因违反有关律师的法律、法规和执业纪律所应承担的责任，包括民事责任、行政责任、刑事责任和纪律处分。律师纪律处分包括训诫、通报批评、公开谴责、取消会员资格等。律师的行政法律责任，根据律师法的规定，对律师的行政处罚分为警告、停止执业、没收违法所得、吊销律师执业证书四种。律师的民事责任，是指律师在执业过程中，因违法执业或者因过错给当事人的合法权益造成损害所应承担的民事赔偿责任。律师的刑事责任，是指行为人实施刑事法律禁止的行为所应承担的法律后果。根据我国《律师法》第45条规定:“律师有下列行为之一的，由省、自治区、直辖市人民政府司法行政部门吊销律师执业证书；构成犯罪的，依法追究刑事责任：①泄露国家秘密的；②向法官、检察官、仲裁员以及其他工作人员行贿或者指使、诱导当事人行贿的；③提供虚假证据，隐瞒重要事实或者威胁、利诱他人提供虚假证据，隐瞒重要事实的。”

（三）入选评价指标的理由

法律职业与其他职业最大的区别应该是职业责任。一般说来，其他行业的责任影响面都有限，唯有法律职业责任，其影响比较深远。从当事人个人角度看，如果法律职业责任心不强，可能会损害当事人的法律权益，进而影响到当事人公平观与正义观的树立。从国家法治建设层面来看，法律职业责任的缺失，会影响国家法律制度的有效实施，长期以往，造成司法公信力的缺乏，会极大损害人民法院的司法权威和法律的尊严，也会危及社会稳定和经济发展。因此，严格规范法律职业共同体内不同法律人的职业责任，提高法律职业人的道德素质，对于国家法治生态建设具有非常大的积极作用。也是司法体制改革应关注的议题。

全书所有访谈的个人观点，除了特别说明，都是被调查者自己整理而成，不代表本书的观点。罗列出来，仅供参考。

三　法律职业态度

（一）法律职业态度的含义

法律职业态度是指法律职业人对待法律及其职业持有的某种观点、评价及行为倾向。态度作为一种心理现象，即是指人们的内在体验，又包括人们的行为倾向。态度的心理结构主要包括认知、情感和意向等三个因素。每个行业、每种职业都有职业态度，法律职业应该怎样对待和评价自己的职业，这就涉及传统文化因素、当前的社会经济政治环境、法律职业人自身的文化素养、社会地位与收入等多个方面。

（二）法律职业态度的表现

法律人的职业态度表现应该是多方面的，作为一个真正的法律职业人，首先应该是尊重法律。法律是代表着正义，是正义的化身。应当坚信法律永远是公正的，相信法律才会尊重法律，只有尊重法律，也会尊重法律赋予职业人手中的权力。尊重权力才不会滥用权力，不管是司法机关的法官还是检察官，都应该充分行使好人民赋予的权力，公正司法，司法为民，让每一公民都能从个案中获得公平和正义。真正的法律职业者对于法律应怀有敬畏之心并严格捍卫法律的神圣地位。其次，法律职业人应该追求司法独立。法律职业是一专门职业、精英职业。它是针对经过专门知识训练和拥有专门知识的人才能胜任的职业类型。它要求从业者既是有关法律的技术精英，同时也是有关社会道义方面的道德精英。同时，法律职业也是精神职业，是以精神产出为使命的职业类型，追求司法独立就是法律职业人的精神追求。因为一个国家只有司法独立，才会有司法公正，司法独立是司法公正的前提。司法独立是手段，司法公正是最终目的，没有独立的司法必然受到权力的制约与影响，甚至构成司法公正的致命伤。司法官在审理案件时，只能依据宪法和法律，不受任何外来干涉。而律师作为社会法律工作者，在维护当事人的合法权益的同时，也应该维护宪法和法律的权威，维护社会的公平正义，为真正的法治社会奉献力量。

由于法官、检察官、律师具体从事的业务不同，他们从业的基本态度也是有差异的。对律师而言，他从业的基本态度就是通过证据事实在法律上寻求对委托人有利的根据。这是作为律师职业的最基本的底线。对检察官而言，其从业的基本态度则是通过证据事实，在法律上寻求有利于政府统治秩序的对策和方案。检察官作为政府的法律雇员，他们是依职权而从业的，“为政府说话”是检察机关的基本立场。主动性地行使权力构成检察官从业的基本方式。对法官来说，他所从业的基本态度是中立。这其中既包含法官在政治活动中的中立，也指向法官对两造的中立。被动性是司法活动的最重要的特征。因此，法官在司法活动中基本是处于被动地位。

（三）入选评价指标的理由

法律共同体职业人的职业态度对构建法治社会具有重要影响。尽管法官、检察官、律师三者在具体从业时态度有所区别，如检察官从业方式是主动的，法官审判案件是被动的，而律师的从业方式则介乎两者之间。但是，三者所追求的社会价值都是相同的，都是以维护法律权威，追求公平正义为价值取向。而这种价值取向对于当前我国司法体制改革，对于实现社会主义法治目标具有非常大的积极作用。所以，将法律职业态度纳入司法体制评价体系的一个分指标是很有必要。

四 法律职业纪律

（一）法律职业纪律的含义

一般认为，职业纪律是劳动者在从业过程中必须遵守的从业规则和程序，它是保证劳动者执行职务、履行职责、完成自己承担的工作任务的行为规则。法律职业纪律是法律职业人员在从事法律职业过程中必须遵守的从业规则和程序。制定法律职业纪律，是为了保证法律职业人执行职务、履行职责、顺利完成本人承担的工作任务，法律职业纪律是具有强制力的行为规则，法律职业人必须遵守，具体到不同岗位、不同工作的职业纪律又有所区别。

（二）法律职业纪律的表现

1. 业内岗位纪律。即法律职业人在完成工作任务履行岗位职责、遵守操作规程、遵守职业道德方面的规则。法官、检察官及律师在自己岗位上所遵守的纪律是不尽相同的。比如法官业内纪律方面，根据《中华人民共和国法官法》《中华人民共和国法官职业道德基本准则》等规定，法官必须遵守上级人民法院及本院制定的各项纪律，遵守工作纪律的规章制度。法官在诉讼活动中的纪律：法官不得与当事人、委托代理人或律师在非办公场所进行接触，不得接受宴请或收受当事人的礼物、金钱；接待当事人或代理人、律师言行要规范；法官开庭时应当遵守法庭规则，并监督法庭内所有人员遵守法庭规则，保持法庭的尊严；按照有关规定穿着法官袍或者法官制服、佩戴徽章，并保持整洁；应准时出庭，不缺席，不迟到、早退、随意出进；等等。如果违反了相关纪律，法官都要受到相应处分。对于律师而言，从业纪律也是规定得非常详细的。根据《律师法》及《律师职业道德和执业纪律规范》等相关规定，律师在从业过程中，必须遵守相应纪律，如律师不得同时在两个或两个以上律师事务所执业；律师在诉讼、仲裁活动中的纪律；律师与委托方、对方当事人的纪律；律师与同行之间的纪律等。检察官在从业过程中也有相关纪律规范，如根据《检察官法》《检察人员纪律处分条例(试行)》等规定，检察官违反忠诚规范的纪律责任；检察官违反公正规范的纪律责任；检察官违反清廉规范的纪律责任；检察官违反严明规范的纪律责任；等等。

2. 业外活动纪律。这主要指与法官、检察官的司法职务外行为有关的规范要求。法官、检察官所从事的超出其司法职责范围的一切社会活动都受到一定规范的制约。现行法官纪律约束业外活动的适用对象，不仅包括现任法官，还包括离岗休养、病退和退休的法官。法官离任后，虽然不具有法官身份，但其行为一定程度上对法官的职业及声誉和司法机关的形象有所影响。约束业外活动的范围：社会交往。法官的社会交往应当谨慎出入社交场合，谨慎交友，慎重对待与当事人、律师以及可能影响法官形象的人员的接触和交往，以避免在履行职责时可能产生困扰和尴尬，以及不廉洁、不公正印象。应当尽量避免参加那些以后可能成为案件诉讼参与人的社会组织，远离有损于其职业形象的商业活动，不得参加营利性社会团体及组织或者可能借法官影响力营利的社会组织，不得担任公司企业的股东、董事或兼职任其律师、法律顾问，从中获取报酬等。对检察官的规定亦比较详细，比如检察官不得利用职务便利或者检察官的身份、声誉及影响，为自己、家人或者他人谋取不正当利益；不从事、参与经商办企业、违法违规营利活动，以及其他可能有损检察官廉洁形象的商业、经营活动；不参加营利性或者可能借检察官影响力营利的社团组织。在职务外活动中，不披露或者使用未公开的检察工作信息；在履职过程中获得的商业秘密、个人隐私等非公开的信息。退休检察官应当继续保持良好操守，不再延用原检察官身份、职务，不利用原地位、身份形成的影响和便利条件过问、干预执法办案活动，为承揽律师业务或者其他请托事宜打招呼、行便利，避免因不当言行给检察机关带来不良影响，等等。

3. 品行纪律。这主要是指法律职业人在廉洁奉公、爱护财产、厉行节约、关心集体方面的规则。根据相关规定，在针对检察官方面，具体规定有：以社会主义核心价值观为根本的职业价值取向，遵纪守法，严格自律，并教育近亲属或者其他关系密切的人员模范执行有关廉政规定，秉持清正廉洁的情操；不收受案件当事人及其亲友、案件利害关系人或者单位及其所委托的人以任何名义馈赠的礼品礼金、有价证券、购物凭证以及干股等，不参加其安排的宴请、娱乐休闲、旅游度假等可能影响公正办案的活动；弘扬人文精神，体现人文关怀，做到执法理念文明、执法行为文明、执法作风文明、执法语言文明；不穿着检察正装、佩戴检察标识到营业性娱乐场所进行娱乐、休闲活动或者在公共场所饮酒，不参与、色情、封建迷信活动；等等。对法官在品行方面的要求也比较详细，如根据2010年修订的《法官行为规范》等有关规定，法官应该遵守各项廉政规定，不得利用法官职务和身份谋取不正当利益，不得为当事人介绍代理人、辩护人以及中介机构，不得为律师、其他人员介绍案源或者给予其他不当协助；严守纪律，遵守各项纪律规定，不得泄露在审判工作中获取的国家秘密、商业秘密、个人隐私等，不得过问、干预和影响他人正在审理的案件，不得随意发表有损生效裁判严肃性和权威性的言论；加强修养，坚持学习，不断提高自身素质，遵守司法礼仪，执行着装规定，言语文明，举止得体，不得浓妆艳抹，不得佩戴与法官身份不相称的饰物，不得参加有损司法职业形象的活动；等等。

（三）入选评价指标的理由

法律职业纪律是法律职业共同体职业伦理道德的重要组成部分。法律职业纪律与职业道德相互联系，又有所区别，两者相辅相成。法律职业人特别是律师应当严格遵守职业道德和执业纪律，认真履行职责，以维护国家法律的正确实施，维护当事人的合法权益。法官、检察官则应严守法律和纪律，依法行使职权，维护宪法和法律权威，维护社会的公平和正义。法律行业纪律有些又是职业伦理道德的组成部分。因此，法律职业共同体职业伦理道德指标中涵盖了法律职业纪律的相关内容。

五　法律职业良心

（一）法律职业良心的含义

良心，属于伦理学范畴，就是人们在履行对他人和社会的义务过程中所形成的道德责任感和自我评价能力，是一定的道德观念、道德情感、道德意志和道德信念在个人意识中的统一。职业良心是指有着特殊职业的从业人员领悟了社会对自己的要求，因而具有为社会尽具体义务的明确意识。或简单地说，就是从业人员对职业责任的自觉意识。而法律职业良心，则是指法律职业人员在从业过程中，在履行对他人、社会的义务过程中形成的职业道德责任感和自我评价能力。它是法律职业人对自己的职业道德责任的自觉意识和自我表现。法律职业良心一般具有两个特点。一是良心与责任、义务密不可分。职责、义务是对他人、对社会应尽的责任，而良心是道德责任的自觉意识。良心形成和表现于人民尽义务、履行职责的过程中。因此，良心是一种自觉的意识。二是法律职业人的职业良心是在从事法律职业实践中以及在接受法律教育的过程中逐渐形成的。良心作为一种意志形式，是主观的，表现为人的内心的情感和理智。

但是它的内容是客观的，是一定社会关系和生活实践在人们意识中的反映。

（二）法律职业良心的表现

法律职业良心是调整法律职业关系、指导职业行为、保证职业者正确执业的重要道德要素。法律人的职业良心是保证法律人正确、公正运用法律机制为公众服务的重要手段。法律职业良心在具体实践中发挥着重要作用，就其外在形式来说，其表现为如下两方面。①诚实守信。诚信原则是民法关系的一项基本原则，对一个公民而言，其基本要求系指在做人、做事和各种社会交往当中，以诚待人、以信对人，遵纪守法，恪守社会公德、职业道德和家庭美德，把“诚信”二字贯穿于做人、做事的始终，贯穿于工作、生活、经济事务的始终。[①] 作为职业道德，诚实守信是对从业者执业的最基本要求，也是社会主义道德建设的根本。它要求法律从业者具有强烈的社会责任感和使命感，以对人民高度负责的精神，本着公平、真诚、恪守信用的精神，坚持正义、清正廉洁、尽职尽责。法律职业者只有在心目中树立诚实守信的意识，有强烈的责任感和使命感，才能正确行使手中的权利（力），维护正义。我国许多法律和道德规范中对法律职业者的诚信品质都提出了要求，如《法官法》《检察官法》等中规定了法官、检察官有维护国家利益、公共利益及其他公民、法人的合法权益，忠于职守，秉公执法，客观求实的义务。我国《法官职业道德基本准则》第35条第2款规定：“法官应当具备忠于职守、秉公办案、刚正不阿、不徇私情的理念，惩恶扬善、弘扬正义的良知，正直善良、谦虚谨慎的品格，享有良好的个人声誉。”另在《律师执业行为规范（试行）》《律师职业道德和执业纪律规范》中有明确规定，律师必须诚实守信，勤勉尽责，依照法律和事实，维护委托人利益，维护法律尊严，维护社会公平、正义等内容。②爱憎分明。疾恶如仇、爱憎分明，也是法律职业者职业良心的表现形

① 王新清主编《法律职业道德》，法律出版社，2007，第47页。

式。由于法律职业者在法的实施过程中起决定性作用，因而职业者的品质是法律的生命依托，是实现法治的重要道德载体。[①] 法律职业者必须树立正确的善恶观，坚持真理，实事求是，爱憎分明，不为权势所屈服，不为假象所迷惑，惩恶扬善，以实现人民的利益为己任。当然这一道德要求必须在忠于法律的前提下理解和实施。依法办案，依法维护当事人的合法利益是法律职业的基本要求。

（三）入选评价指标的理由

人们常常将法律比作冰冷的钢铁大厦，“铁面无私、法律无情”等字眼似乎都表明法律王国里不需要情感，不能掺杂良心。事实上，绝大多数法律案件的处理，离不开规则的同时，也免不了要受到法官情感、良心的滋润或侵扰。曾有人是如此评价过“法官的良心”：“对人民来说，唯一的权力是法律，对法官来说，唯一的权力是良心。”在一个成熟的法治社会里，大众信服法官的裁判，并非仅出于法律，更来自于法官的良心，这种良心其实就是高尚的职业道德。“仅仅要求法官要用最好的智识和良知来裁判，是不够的。应该规定法官仅需要那些最小的智识，而需要那些最大的良知。”[②] 特别是当司法官拥有较大的自由裁量权时，如何合理、合法裁决就取决于其职业良心了。因此，对于法律职业人来说，职业良心应该是法律人的职业底线，如果丧失了职业良心，那么也就无所谓职业良知、职业道德了。因此，职业良心在法律职业中居于非常重要的地位。

六　法律职业共同体职业伦理道德

（一）法律职业共同体职业伦理道德的含义

伦理就是指人们在长期的社会生活中积累所成的赖以维持正常社会生

① 王新清主编《法律职业道德》，法律出版社，2007，第 48 页。

② 董茂云、徐吉平：《法官良知对于司法过程的意义——兼论法官良知与现代宪政体制及理念的关系》，《复旦学报》（社会科学版）2003 年第 6 期。

活的道德行为准则体系。职业伦理是关于从事某种职业的群体或个人的一些总体性的价值要求。法律职业伦理是指法律职业者在履行职责的活动中应该遵循的行为规范和应该具备的道德品质以及调整法律职业者各种社会关系伦理规范的总和。职业伦理道德是与人们的职业活动紧密联系的，有其特殊的道德准则和道德规范。职业道德具有行业性、连续性、差别性、适用性、强制性等特征。从内容看，职业伦理道德包括职业道德意识、职业道德行为和职业道德规则等三个方面。[①] 法律职业共同体的职业伦理道德也应具备上述内容，法律职业共同体也应当是一个典型的“道德共同体”。它的天职就是追求社会公正。法律职业共同体的职业伦理道德主要有三个特征：第一，主体的特定性；第二，职业的特殊性；第三，更强的约束性。[②] 法律职业道德相对于一般道德而言，具有更强的约束力，这是因为法律职业道德的很多内容是以纪律规范的形式体现出来的，违反了这些规定要承担相应的责任。

（二）法律职业共同体职业伦理道德的表现

按法律职业伦理道德的主体来看，可以分为审判伦理、检察伦理、代理伦理（律师伦理）等三个方面。按法律职业伦理的内容来看，则可以分为以下几个方面。第一，忠于法律，维护法律尊严。法律是司法职业活动的依据，法律工作者唯有信守法律，才能安身立命，因此，法律工作者不能以任何理由破坏法治的权威。法律工作者必须忠于宪法和法律，办案以事实为依据，以法律为准绳。两者缺一不可，不以事实为依据就不可能正确适用法律，不以法律为准绳，即使以真实可靠的案件事实为根据，也不可能正确处理案件。只有这样，才能树立法律权威，保障司法公正。第二，严明纪律，保守秘密。职业纪律和职业道德都是规范法律工作者的行为准则。严明纪律是法律工作者依法履行职责的基本要求。只有严格遵守纪律才能保证法律活

① 参见王新清主编《法律职业道德》，法律出版社，2007，第2—3页。

② 参见王新清主编《法律职业道德》，法律出版社，2007，第5页。

动的有效进行。法律职业纪律构成法律职业共同体职业伦理道德的重要组成部分。目前有多部规范性文件对职业纪律进行规定，如最高法院颁布的《人民法院审判纪律处分办法（试行）》《检察人员纪律处分条例（试行）》《律师职业道德和执业纪律规范》等。保守秘密是法律职业工作者一项重要义务，一般认为秘密包括国家秘密、侦查秘密、审判秘密、商业秘密以及个人隐私等事项。法律职业人在工作中经常会接触大量的涉密事务，一旦不慎造成泄密，就会给国家、社会、相关当事人造成不必要的损失。我国《法官法》第 7 条、32 条有相关规定：法官应当保守国家秘密和审判工作秘密，不得泄露，对违反此规定的，应当予以处分；构成犯罪的，依法追究刑事责任。《检察官法》第 8 条规定，检察官应当保守国家秘密和审判工作秘密等。保守秘密更是律师的首要义务，《律师法》对此有明确的规定。律师在职务活动中经常会接触到大量的当事人的商业秘密、个人隐私等，因此，律师在保守秘密方面有严格的规范。第三，清正廉洁，遵纪守法。法律职业可以说是很容易滋生腐败的职业之一。这是因为法律本身是权利和利益的分配工具，只要有相应的空隙，就可能出现权钱交易的现象。另外，法律可能本身存在漏洞，这也给法律职业者留下了自由裁量的空间，滥用权力，以权谋私等现象难以杜绝。因此，我国法律对法律职业人在廉洁自律方面出台了很多具体规定：如法官“不得直接或间接地利用职务和地位谋取任何不当利益”，“不得接受当事人及其代理人、辩护人的款待、财物和其他利益”，“不得参与可能导致公众对其廉洁形象产生不信任感的商业活动或者其他经济活动”等。[①] 检察官应当“模范遵守法纪，保持清正廉洁，淡泊名利，不徇私情，自尊自爱，接受监督”。[②]“律师应当珍视和维护律师职业声誉，模范遵守社会公德，

---

① 《法官职业道德基本准则》第 23、24、25 条。

② 《检察官职业道德规范》第 3 条。

注意陶冶品行和职业道德修养。"[①] 近年来我国司法领域出现的腐败现象严重影响了法律职业者乃至法律的权威，因此，提倡廉洁守法对于提高法律职业群体的地位，推进整个国家的法治建设具有重要意义。第四，恪尽职守，勤勉尽责。对任何一个职业来说，都强调其职业人应该恪尽职守，勤勉尽责。这也是法律职业者应该严格遵守的基本准则。它要求法律职业者在职业活动中严格履行自己的职责，对工作应有积极、认真负责的精神和对事业勤勉努力、孜孜以求的态度。《法官职业道德基本准则》第二部分专章规定："法官应当勤勉敬业，全身心地致力于履行职责，不得因个人事务、日程安排或者其他行为影响职责的正常履行。"《检察官职业道德规范》规定：检察官应当忠于党、忠于国家、忠于人民、忠于事实和法律，忠于人民检察事业，恪尽职守，乐于奉献。《律师职业道德和执业纪律规范》第 5 条规定，律师应当诚实守信，勤勉尽责，尽职尽责地维护委托人的合法权益。这些规范都强调了作为法律职业者"恪尽职守，勤勉尽责"的职业活动基本原则，这也是构成了职业伦理道德的重要内容。

（三）入选评价指数的理由

法律职业共同体是一个语言共同体、事业共同体、利益共同体。[②] 因此，法律职业共同体的职业道德是法律人在共同的法律职业生活实践基础上形成的，用以调节指导职业生活中的各种关系的行为规范。法律职业共同体的形成在西方国家已比较成熟，但目前在我国尚未形成真正意义上的法律职业共同体，这其中影响的因素很多。但是，建立真正法治国家，必须建立法律职业共同体，并形成比较完善的职业道德规范体系，这关涉构筑法律信仰，维护法律尊严和权威的大问题。"一般而言，群体的结构越牢固，适用于群体的道德规范就越多，群体统摄其成员的权威就越大。群体越紧密地凝聚在一

---

① 《律师职业道德和执业纪律规范》第 7 条。

② 王新清主编《法律职业道德》，法律出版社，2007，第 7 页。

起，个体之间的联系越紧密、越频繁，这些联系越频繁、越亲密，观念和情感的交流就越多，舆论也就越容易扩散并覆盖更多的事物。”“职业伦理越发达，它们的作用越先进，职业群体自身的组织就越稳定、越合理。”[①] 这说明职业道德对于职业群体有重要意义。法律职业共同体的职业道德水平，直接关系维护法律尊严，坚持公平公正的法治环境良好氛围的形成。而这些都是实现建设法治目标的关键要素。因此，将法律职业共同体的职业道德作为司法体制改革的评价指标，是极有必要的。

第三节 现代司法理念指标

一般认为，司法理念就是人们对司法的本质及其发展规律的理性认知和整体把握，是一种关于“司法”或“司法权”的理智的思想、认识和态度。现代司法理念则是在现代社会背景下的司法活动实践和现代法官制度基础之上形成的。司法改革可以说是集司法理念与相应的制度架构于一身的系统工程。司法理念的现代化应当是中国司法改革的基础性工程，没有现代化的司法理念作为基础，就难以支撑司法现代化乃至法治化的大厦。按照美国社会学大师帕森斯对现代化的经典解释认为，现代性具有三个标志性特征：市场经济、个人主义、民主政治。从这个角度来理解，市场经济应该是现代司法理念产生的经济基础，民主则是现代司法理念产生的政治基石，人权是现代司法理念的核心内容。由于司法理念是指导司法制度设计和司法实际运作的理论基础和主导的价值观，是现代司法的重要组成部分，因此，确立现代化的司法理念对于我国的司法改革意义重大。具体来说，现代司法理念包括下面几个方面的内容。

---

① 〔法〕爱弥尔·涂尔干：《职业伦理与公民道德》，渠东等译，上海人民出版社，2001，第4页。

一　司法法治理念

（一）司法法治理念的含义

法治是现代司法理念的精神。一般认为，法治的基本含义应是以民主为前提和目标，以严格依法办事为核心，以制约权力为关键的社会管理机制、社会活动方式和社会秩序状态。[①] 理解法治可以从三个层面进行，其一是形式意义上的法治，比如法的普遍性、可预期性、稳定性等。其二是制度层面的法治，这主要是倾向于政治意义上的制度安排来考虑，如法律高于政府、司法独立等等。其三是价值层面理解的法治。价值层面的法治以每个人的尊严和价值为基础信念，立足于在法律体系内确立的基本人权和权利救济体系，通过法治推动一个组织社会向摆脱恣意的权力、个人充分发展自己的能力、实现自我的国家迈进，同时以民主和保护少数利益的自由社会为目标。现代法治的一个重要原则是司法法治化，司法法治的基本含义则是司法作为法治运行的一个基本要素，从其制度设计到具体运行都必须体现现代法治精神，给予现代司法一枚法律标杆，使司法者的行为服从规则治理的事业。而司法法治的关键在于司法独立。

（二）司法法治理念的表现

司法法治理念在很大程度上也是学界所认同的司法现代化的问题，概括起来，司法法治理念主要表现在以下两点。第一，司法中立理念。司法权属于国家权力的一种，但司法权有其独立的品质。行政与立法相分离，审判与行政相分离。其中，“行政与审判的分立，不仅构成了宪政的基石，而且成为政治思想中的一个指导原则”。[②] 司法权除了作为一种公权力被行使外，其

① 张文显主编《法理学》，高等教育出版社、北京大学出版社，2007，第 395 页。

② 〔美〕昂格尔:《现代社会中的法律》，吴玉章、周汉华译，中国政法大学出版社，1994，第 48 页。

本身还有一个独立性的“法的空间”，这个“法的空间”是以司法机关进行的诉讼和审判活动为中心，包含着法的规范、法的秩序、法的解释和从事“法的生产”的法律职业者等要素。[①] 这个“法的空间”既相对独立于国家，又相对独立于社会，同时又将这两者有机地结合起来，发挥一种媒介的中立的作用，即司法在国家与社会的互动体系中占据的是一种“平衡器”的特殊位置。司法中立的理念是由司法权的性质决定的，没有司法中立，便没有法治。第二，司法制度理念。司法权力应该建立在规范的基础上，使之受到规则有效的限制，形成良好的制度环境。美国批判法学代表人物之一昂格尔认为:“法治的目的就是实现权力的非个人化。”[②] 司法法治的一个最重要的基本原则就是判决的依据必须遵照明确的具体的法律规则。因此，在司法活动过程中，应尽量缩小裁判人员的自由解释空间，法官应是法律的侍者而不是主人。一切裁判都应该在法律规定的框架范围内进行，以此确保司法公正。

（三）入选评价指标的理由

在现代社会，司法法治化已经成为人们普遍认同的法律价值取向和普遍的理想，司法法治化，也即意味着司法现代化，先进的现代司法理念可能对一国的司法实践和司法制度产生决定性的影响。当然，法治化“不仅要求有良好的法律，也要有能被确实执行的法律”。[③] 美国法理学家 E. 博登海默曾说过，法律体系建立的全部意义并不仅在于制定颁布法律规则或其他结构性的规范，法律体系就其整体而言“乃是普遍化的规范和个别化的适用和实施行为的混合”。[④] 因此，实现司法法治化，是实现整个国家法治现代化的

---

① 参见王亚新《民事诉讼的程序、实体和程序保障》(代译序)，〔日〕谷口安平:《程序的正义与诉讼》，王亚新、刘荣军译，中国政法大学出版社，1996，第 10 页。

② 参见朱景文主编《对西方法律传统的挑战》，中国检察出版社，1996，第 85 页。

③ 师裳:《严格执法：法治化的必由之路》，《法学》1995 年第 4 期。

④ 〔美〕E. 博登海默:《法理学——法律哲学和方法》，张智仁译，上海人民出版社，1992，第 220 页。

基础。推进司法法治理念，对于预防司法腐败，维护社会公平正义有着重要意义。

二　司法公正理念

（一）司法公正理念的含义

公正是法永恒的和最高的价值。司法公正对于法治之重要性应是不言而喻的。“正义概念所关注的既是法律有序化的迫切和即时的目的，也是法律有序化的较远大的和终极的目的。”① 司法是实现、维护和争取社会正义的最后阵地。关于司法不公的危害，最有名也是最恰当的说法当数英国著名学者培根有关“弄脏水流”和“破坏水源”之间关系的比喻。②“在现代社会，司法应当以公正作为价值取向，公正与现代司法有着内在的联系，不与公正相联系的司法就丧失了现代司法的应有之义。”③ 那么究竟何为司法公正？学术界对此理解众说纷纭，当然，不同群体、不同阶层的人从不同的角度对司法公正的理解是不一样的。笔者赞成从以下两个方面来理解司法公正：其一，从实体的角度讲，司法公正，准确地说是司法公正的标准，具有历史性、抽象性和相对性；其二，从程序的角度讲，司法公正乃是诉讼程序设计公正和程序规则选择运用的公正。④ 司法公正是权威、伦理、制度和程序诸要素综合作用的结果，其实现需要在伦理认同的基础上构建制度和程序，并使司法获得权威性。因此，简单地说，司法公正是司法机关在司法活动的结果和过程中都必须坚持和体现公平与正义的原则，它是司法活动的核心价值和最

① 〔美〕E. 博登海默：《法理学法律哲学与法律方法》，邓正来译，中国政法大学出版社，1999，第 278 页。

② 参见董皞《司法功能与司法公正、司法权威》，《政法论坛》2002 年第 2 期。

③ 公丕祥、刘敏：《论司法公正的价值内涵及制度保障》，中国法制出版社，1999，第 198 页。

④ 董皞：《司法功能与司法公正、司法权威》，《政法论坛》2002 年第 2 期。

高价值。

（二）司法公正理念的表现

司法公正的本质是指公民正当的、合法的权利能够自由、平等地得以实现，司法公正的核心则是拒绝任何司法权的专横行使。公正是个体权利的理性感受，是正当权利顺利实现的理念评价，属主观的范畴。从社会主体的主观评价看，司法公正是社会主体对司法主体将法律平等地适用于相同的行为而得出相同结果的一种满意程度评价，即如果依照法律相同的行为产生出相同的结果，人们就会满意且感到司法的公正性，反之则会怨情陡生而感到司法的不公正。① 尽管在我国人们历来比较关注裁判结果的公正，但是，随着社会文明的进步，法制知识的普及，人们对司法公正的认识又提高到一个新的水平。因此，一般认为，司法公正理念的表现主要为两个方面。第一，实体公正理念。何谓实体公正或实体正义？一般认为，实体公正是指司法人员在执法的过程中严格按照实体法的规定处理各种行政、民事或行政案件，即司法的实体处理结果公正。实体公正强调个案结果处理的公正。司法的结果应当以法律事实为基础，正确适用法律的原则和规范，以实现司法公平解决纠纷，处分当事人之间的实体权利和义务。由于我国传统上不是法治国家，因此，对于法律的认识停留在比较粗浅的表层。法即刑，法的工具性价值被放大。传统的重实体轻程序的观念依然存在。由于实体公正的实现具有相对性和不确定性，体现个别正义，因此，程序正义越来越受到重视。第二，程序公正理念。一般认为，程序公正是指在整个司法过程中公正地对待作为当事人的冲突主体，保证冲突主体能充分地表述自己的愿望、主张和请求的手段及其行为的空间。② 从创设程序的目的看，程序是手段而实体是目的，设定公正的程序是为了实现公正的结果。在诉讼过程中追求公正司法即程序公

---

① 徐显明:《何谓司法公正》,《文史哲》1999 年第 6 期。

② 谢佑平、万毅:《论司法改革与司法公正》,《中国法学》2002 年第 5 期。

正本身也是司法的任务和目的。“实体公正是程序公正的结果，而缺乏程序公正就不可能有实体公正。然而，程序公正也具有其自身的独特价值。这就是说，它不仅是实现实体正义的手段，而且是正义本身。”① 程序公正有两方面的含义。一是程序的设计要公正，其实是指程序规则本身的科学性与合理性，即“法律为了保持日常司法工作的纯洁性而认可的各种方法：促使审判和调查公正地进行，逮捕和搜查适当地采用，法律援助顺利地取得，以及消除不必要的延误，等等”。② 二是程序的运用要公正，主要是指在诉讼中要充分肯定程序的内在价值。程序对于公正司法的重要意义在于它科学合理的内容所显现出来的程序特质以及由此而导致的价值功能。程序公正的内容包括：程序的独立性、程序的民主性、程序的控权性、程序的平等性、程序的公开性、程序的科学性等。③ “公正必须首先是看得见的公正”，而“看得见的公正”就是程序的公正。司法要有权威性的前提是司法活动必须严格依循公正的程序进行，依据程序进行的诉讼才是法律意义上的诉讼。

（三）入选评价指标的理由

从传统上看，中国历来是一个重权力、轻权利的国家。对于人们权利的保护，大多不是通过司法程序进行的。在国家权力本位观念的影响下，新中国成立后的司法制度在制度设计和权力配置上的显现出强国家主义色彩。长期以来，我国司法体制对程序的权力制约功能重视不够，程序的公正性受到轻视或忽视。改革开放后，特别在我国已经提出建设社会主义法治国家的目标下，大力推进法治建设，全力维护社会公平和正义，势必更加重视司法公正问题。而以前对司法程序的价值忽视，必然滞碍司法公正的实现。当前，人们对于司法不公所产生的腐败现象深恶痛绝，这已经极大地破坏了司法权

① 王利明：《司法改革研究》，法律出版社，2001，第 61 页。

② 〔英〕丹宁：《法律的正当程序》，刘庸安等译，法律出版社，1999，第 1—2 页。

③ 参见谢佑平、万毅《论司法改革与司法公正》，《中国法学》2002 年第 5 期。

威、损害了社会公众的法律信仰，并可能引发严重的社会问题。因此，我国司法改革的目标应当定位为公正的重塑，牢固树立司法公正理念，努力实现社会公平正义，是司法体制改革的核心所在。

三 司法文明理念

（一）司法文明理念的含义

按现代汉语的理解，“文明”一方面是指人类所创造的文化及其各种表现形式；另一方面是指与野蛮社会相对应的人类的开化状态。现代文明意指社会发展到较高阶段的文明，是与市场经济、理性文化、民主政治等相适应的文明。现代文明包括物质文明、精神文明、政治文明、生态文明等多种形式，法治文明是政治文明的基本标志，司法文明又是法治文明的基本标志。司法文明集中体现为司法作为维护社会正义的最后一道防线的公正性，保障全社会实现公平和正义。因此，司法文明对于政治文明建设，特别是法治文明建设意义重大。弘扬司法文明，提高司法权行使的文明程度，是社会主义政治文明的重要推动力量，也是司法改革的根本目标。目前，对于司法文明的内涵没有统一的理解，一般认为，司法文明就是指由人类建立的特定国家机关在长期处理各类案件的过程中所创造的法律文化及其各种表现形式的总和。[①] 司法文明程度的高低反映了特定社会法律文化和法律运行的制度化、规范化和程序化的水平。

（二）司法文明理念的表现

司法文明就其内容来看，主要包括如下几个方面。第一，司法制度文明。司法制度文明是司法文明的核心和关键。建设司法文明关键在于制度建设，司法制度的文明需要围绕司法权的配置建构一套科学合理的司法体制，

① 陈建军:《论司法文明》,《云梦学刊》2004 年第 4 期。

同时要根据社会形势对司法权的要求，完善司法权的运行结构，实现司法权结构的合理化。第二，司法环境文明。所谓司法环境文明是指司法环境特别是人们的价值取向以及司法设施和手段为司法活动的开展及司法公正价值的实现提供了可靠的保障。各级司法部门的硬件建设，也关系到司法文明的提高程度。比如配备先进的司法设施，改善司法办公环境，这都会有利于提高司法文明的水平。第三，司法行为文明。所谓司法行为的文明是指司法人员的司法行为及其语言、态度、服装形象和思维方式等都符合先进的司法理念，都有助于实现司法制度、体现司法公正。① 司法行为文明，意即司法行为的理性化，指行使司法职权的主体行使司法权的行为符合司法规律及其原则，达到符合司法目的的效果。如司法语言的文明，它要求作为司法裁判主体的法官，在司法活动中要时刻保持着语言和表达方式的文明，通俗地说，就是要讲“法言法语”，避免粗俗和随意。无论司法人员还是其他法律工作者，都应该礼貌待人，尊重对方的人格。另如仪表文明，法官应讲究司法礼仪，着装得体，外表大方。从某种意义上讲，司法具有一定的剧场化色彩，着法袍、敲法槌，这其实是通过外在的道具服饰传递司法居中公正的信息，这比着军警服饰体现出的“压服”效果要好得多。

（三）入选评价指标的理由

司法文明是法治文明、政治文明的重要组成部分，它既是人类法治文明乃至政治文明建设的重要目标，也是全部人类文明发展的必要条件。司法文明的本质是民主和公正。在司法活动中，每一个人都应该受到尊重和关怀，倡导司法文明是依法治国的基本要求。弘扬司法文明，提高司法权行使的文明程度，是社会主义政治文明的重要推动力量，也是司法改革的根本目标。因此，司法文明理念的指标对于司法体制改革来说，具有非常重要的意义，

① 陈建军:《论司法文明》,《云梦学刊》2004 年第 4 期。

必须将此纳入到司法体制评价体系当中。

四 司法独立理念

（一）司法独立理念的含义

司法独立作为现代法治的基本原则，其理论基础是孟德斯鸠提出的立法、行政、司法三权分立的国家学说。司法之所以独立是为了防止权力滥用从而保障公民自由。“一切有权力的人都容易滥用权力，这是万古不变的一条经验。有权力的人们一直到遇到界限的地方才休止。……从事物的性质而言，要防止权力滥用，就必须以权力制约权力。”① 而司法的独立对保障公民的自由尤其重要，因为“如果司法权不同立法权和行政权分立，自由就不存在了。如果司法权同立法权合而为一，则将对公民的生命和自由施行专断的权力，因为法官就是立法者，如果司法权同行政权合而为一，法官便握有压迫者的力量”。② 孟德斯鸠对司法独立的相关论述是司法保障人权的最重要的理论基础。

司法独立理念不应为西方国家所独有，也不只与特定的经济和社会制度联系在一起，它是由司法权的本质属性所决定的。司法权的本质是一种裁判权，正如马克思所说：“法律是普遍的。应当根据法律来确定的案件是单一的。要把单一的现象归结为普遍的现象就需要判断。判断还不是最后的肯定。要运用法律就需要法官。如果法律可以自动运用，那么法官也就是多余的了。”③ 因此，在社会主义国家，存在司法独立也是必要和可能的。因为司法独立是实现司法公正乃至法治的最重要的手段。自 1997 年秋中共十五大首次在党的最高纲领性文件中提出“推进司法改革，从制度上保证司法机关

① 〔法〕孟德斯鸠：《论法的精神》，张雁深译，商务印书馆，1961，第 154 页。

② 〔法〕孟德斯鸠：《论法的精神》，张雁深译，商务印书馆，1961，第 156 页。

③ 《马克思恩格斯全集》第 1 卷，人民出版社，1995，第 76 页。

依法独立公正地行使审判权和检察权”以来，我国学者从不同角度、不同层面对司法独立问题进行过诸多论述。一般认为，司法独立的含义可以从两个方面理解，其一是指司法机关依照既定的司法程序独立行使司法权，只服从法律，而不受任何单位、团体与个人干涉。其二是指人人有权由一个独立而无偏倚的合格法庭进行公正的和公开的审讯。[①] 这也是国际公认的一项基本人权原则。

（二）司法独立理念的表现

司法独立理念的基本表现在学界有不同的说法，比如有观点认为司法独立仅指法院独立；还有观点认为司法独立指法院独立与法官独立；另有人认为司法独立应包括法院对外的独立、法院内部审判组织的相对独立，以及审判人员在审判活动中对自我的独立等。[②] 从不同角度出发，按不同划分标准可以将司法独立的结构分为不同的类型。笔者认同这种观点，司法独立理念表现为三个方面：法院独立、法官独立和审级独立。[③] 第一，法院独立。我国《宪法》第 126 条规定：“人民法院依照法律规定独立行使审判权，不受行政机关、社会团体和个人的干涉。”这应该说是我国法院独立的宪法依据。当然，我国规定的法院独立还不是完全意义上的独立，因为我国司法机关必须在党领导下开展工作，如何正确处理司法机关与党之间的关系问题，这在我国相关规范性文件中都有规定，比如党中央早在 1979 年颁布的《关于坚决保证刑法、刑事诉讼法切实实施的指示》中就明确指出：“加强党对司法工作的领导，最重要的一条，就是切实保证法律的实施，充分发挥

① 参见《世界人权宣言》第 8 条与第 10 条，《公民权利和政治权利国际公约》第 14 条第 1 款以及联合国《关于司法机关独立的基本原则》。Singhvi 先生就此强调指出：“法院的独立和中立与其说是法院出于它本身的考虑所享有的特权，不如说是法律消费者的一项人权。”北京大学法学院人权研究中心编《司法公正与权利保障》，中国法制出版社，2001，第 145 页。

② 这些观点可参见孙宁华《审判独立的三重性》，《现代法学》1994 年第 3 期。

③ 参见俞静尧《司法独立结构分析与司法改革》，《法学研究》2004 年第 3 期。

司法机关的作用，切实保证人民检察院独立行使检察权，人民法院独立行使审判权，……为此，中央决定取消各级党委审批案件的制度。”这说明党的领导主要应当是政治上和组织上的领导以及方针、路线的领导，而不是通过干预办案的方式来体现领导。第二，法官独立。法官独立是司法独立的核心内容。法官独立是指法官作为审判的主体按照法律独立行使审判权。无法官独立，即不存在司法独立，因为法院的职权是通过法官的行为来体现的。如果只有法院独立而没有法官独立，则法官所作出的裁判行为还是受到法院系统内部其他领导成员的诸多干扰，结果会出现“审而不裁”和“裁而不审”的局面。法官独立的重要性早已被论述，“法官是法律由精神王国进入现实王国控制社会生活关系的大门。法律借助于法官而降临尘世。……为使法官绝对服从法律，法律将法官从所有国家权力影响中解脱出来。只在仅仅服从法律的法院中，才能实现司法权的独立”。[①] 第三，审级独立。审级独立是指作为独立机关法人的各级、各地人民法院的地位是独立的。严格来说，法院与法院之间不应该分出具有依附关系的上级和下级，法院与法院之间，即使是最高法院与基层法院之间，也只有审级而产生的位阶不同，最高法院也不能干涉基层法院的一审程序的审判，基层法院作出的生效判决与最高法院作出的生效判决效力相同。[②] 而目前我国还大量存在的案件请示制度恰恰说明我国法院的审级不独立，下级服从上级的观念普遍存在，二审终审在很多情况下变成了事实上的一审终审。因此，如何淡化上下级法院之间的关系，如何强化各级法院的独立地位，是目前司法体制改革需要关注的重点。

（三）入选评价指标的理由

“司法独立”在我国是一个长期不受欢迎的概念。在新中国成立初期，

---

① 〔法〕孟德斯鸠:《论法的精神》，张雁深译，商务印书馆，1961，第 100 页。

② 参见俞静尧《司法独立结构分析与司法改革》，《法学研究》2004 年第 3 期。

司法独立原则就受到“彻底批判”。[①] 不过1954年宪法还是将司法独立的原则予以载入，尽管后来的宪法对司法独立原则进行了变通规定，但宪法遵循的司法独立精神还是保留下来。事实证明，司法不独立是有违现代法治精神的。司法廉洁是实现司法公正，树立司法权威的前提，而司法廉洁的前提又必须实现司法独立。我国目前出现的大量司法腐败现象，在很大程度上是因为司法不独立，司法受到外来因素的干扰太多，权钱交易、司法腐败等已经引起了极大的民愤。这种司法不公又加剧了人们对法律的不信任。因此，当前进行的司法体制改革，如何在更大程度上将司法审判权独立出来，是改革者必须引起高度重视的议题。

五　司法人权理念

（一）司法人权理念的含义

党的十八届四中全会通过的《中共中央关于全面推进依法治国若干重大问题的决定》(以下简称《决定》)，明确提出了“加强人权司法保障”的要求。这是继党的十八大将“人权得到切实尊重和保障”作为全面建成小康社会的重要目标、党的十八届三中全会提出“完善人权司法保障制度”以后，在人权保障上的又一重要部署，体现了我们党高度重视人权保障，高度重视司法在保障人权中的突出作用，高度重视落实国家尊重和保障人权的宪法原则。这也说明国家将保障人权问题提高到一个前所未有的高度。何为人权？一般认为，人权是人依其自然属性和社会本质所享有和应当享有的权利。[②] 国家是人权保障的义务主体，而司法是人权保障的最后一道屏障。因此，树立司法人权理念，是一个国家的根本义务，也是司法改革的重要内容，更是

---

① 蔡定剑:《历史与变革——新中国法制建设的历程》，中国政法大学出版社，1999，第33页。

② 李步云:《论人权》，社会科学文献出版社，2010，第3页。

法治中国建设的核心议题。概括来说，司法人权理念应该是指司法的终极价值与现实追求在于保障人权。司法人权这一理念涵括了人权保障的最终手段，一切人权的维护和实现都取决于公正的司法措施，司法的宗旨就在于保障人权。司法人权大体包括两层含义，即实体权利获得平等保护权、诉讼程序上的平等参与权。在这两层含义中，前者强调的是对实体权利的保护，而后者强调的是对程序权利的保护。我国政府分别于 1997 年和 1998 年签署了《经济、社会、文化权利国际公约》与《公民权利和政治权利国际公约》，因此，不管是从国际环境还是国内高层的认识来看，人权理念应成为现代司法理念的首要内容。

（二）司法人权理念的表现

司法是保障人权的最后一道防线，司法人权理念的主要表现为以下两点。第一，人人都应该有免受司法迫害的权利。从司法是人权保障的最后一道防线来看，司法的终极目的就是保障人权的实现，可是，由于现代社会权力结构往往处于失衡状态，因此，出现了因司法权的专横和滥用而产生的冤假错案。“宁可错判，不可放纵”和“有罪推定”的制度设置及其诉讼精神，是导致刑讯逼供，制造冤假错案的根本原因。① 由于指导思想的错误和制度设置的安排不当，有可能造成人人都受到这种司法权滥用的侵害。所以，必须从制度理念上对整个司法体制进行科学合理设置，才能避免司法权滥用侵害人权。第二，正当程序观念的养成。正当程序（或程序正义）其意义不仅仅在于保证实体处理的正确性，而且具有独立的内在价值。由于司法权可能出现滥用，因此要求司法机关必须遵循正当程序观念，培养人权观念其实就是培养正当程序观念，二者本质上是一致的。程序正义的标准应该是很客观的，比较确定的，具有可操作性。特别是在刑事诉讼中，保障人权与打击犯

① 北京大学法学院人权研究中心编《司法公正与权利保障》，中国法制出版社，2001，第 254 页。

罪应该是有机统一。具体制度包括不受任意逮捕和羁押、公开独立审判、无罪推定、不被强迫自证其罪、辩护权的保障以及申请再审权利等等。鉴于我国已于 1998 年签署了《公民权利和政治权利国际公约》，我们的相关司法制度都应该满足保障《公民和政治权利国际公约》中有关被告人及其他权利主体最基本权利的最低标准，这样才能逐步形成和建立起我国的现代司法人权理念，才可能建立真正的法治国家。

（三）入选评价指标的理由

著名法学家李步云先生将人权分为三种形态，即应有权利、法定权利和实有权利。① 从实现形态上而言，人权应是一种法定权利，只有经过法律确认后它才有实现的可能。英国有一句非常古老的法律谚语，即“没有救济，就没有权利”。在现代法治社会，权利救济就是通过司法途径进行的，司法是为权利而存在的，司法是通过法定程序来实现实体权利的平等保护。司法是正义的最后一道防线，是人权的守护神。因此，尊重和保障人权，是法治的最终目的，司法人权理念也是司法体制改革的最终的价值目标或者终极理念。这就是必须将司法人权理念纳入司法体制改革评价指标体系的理由。

第四节　司法职业规范指标

一　司法职业技能

（一）司法职业技能的含义

现代意义上的“职业”，不仅是指作为社会存在的个体为自我的生存和发展而从事的一种工作（或工作岗位），其还表示着一种特定的职业信仰和职业责任。当然，职业化就意味着应有专门的技能训练、工作经验的积累。

① 参见李步云《论人权》，社会科学文献出版社，2010，第 54 页。

法律职业的从业者从专业化的角度看，必须是经过特殊训练，掌握法律职业所需的特定知识技能和执业经验的人群。因此，法律职业技能的含义，就是指从事法律职业的人所应具备的与法律职业密切相关的能力、技术和方法的总称，包括问题解决的技能、事实调查的技能、交流与咨询的技能、诉讼技巧、法律文书写作的技术等。[①] 法律职业技能具有很强的实践性特征，法律职业技能是人们从事法律职业活动的前提。法律职业者只有具备了一种专门的技能才能胜任这一职业。同时，法律职业技能又直接来源于法律实践，它是一种直接经验，是人们在法律实践中逐渐领会，慢慢磨练而成的。因此，法律职业技能必须经过专门的系统训练，加以大量的社会实践才得以形成。

（二）司法职业技能的表现

娴熟的法律职业技能是在分析、判断等内在法律思维能力基础上，将法律知识和经验综合运用于实际工作的能力。法律职业人的技能表现在多方面，主要包括以下三点。第一，法律推理技能。所谓法律推理是关于法律依据选择与适用的一种基本方法和技术，法律推论的实质意义不仅仅是一种通往正义的方法和“道路”，而且是为了论证法律裁决的理由。[②] 法律职业人必须具备基本的推论能力，针对具体案件对法律判断作合理性论证，以说服及影响他人。法律推理是法律职业技能中的核心。第二，运用法律程序技能。一般认为，现代的法律程序由对立面、决定者、信息和证据、对话、结果等要素构成，是一种限制恣意，通过角色分派与交涉而进行的，具有高度职业自治的理性选择的活动过程。[③] 对于法律职业人来说，充分理解程序对决定者恣意限制的意义，并善于运用程序的各种要素和机能来处理法律事

① 房文翠:《法律职业技能及培养途径》,《现代法学》2003 年第 1 期。

② 孙笑侠:《法律人之治——法律职业的中国思考》，中国政法大学出版社，2005，第 100 页。

③ 孙笑侠:《程序的法理》，博士学位论文，中国社会科学院，2000，第 16 页。

务，是十分必要的。比如，律师代理人有时需要在当事人的立场为其选择一种最有利的程序——如仲裁、听证、复议或诉讼程序的挑选问题，有两个以上法院具有管辖权时对法院的选择问题等，选择不同的程序，往往会影响结果。第三，法律表达技能。法律表达技能是指法律职业者以口头的或书面的形式与他人进行交流、表达自己对特定事实或问题的认识和看法的能力。所以的法律纠纷其实都是通过表达来解决问题的，不管是检察官还是律师，口头或书面的表达形式是其职业活动的重要形式，法官在查明事实真相时，也必须通过书面或口头形式进行交流，并最终以书面形式表达最终的法律意见。因此，“要想在与法律有关的职业中取得成功，你必须尽力培养自己掌握语言的能力。语言是律师的职业工具。当人家求你给法官写信时，最要紧的就是你的语言。你希望使法官相信你的理由正确，所依靠的也是你的语言。当你必须解释制定法的某一款或规章的某一节时，你必须研究的还是语言”。[①] 当然，法律职业技能除了上述外，还可能包括证据运用技能、法律文书制作技能等。作为法律职业人，所具备和要求的综合素质是很高的，因此，他们所要掌握的技能也是多方面的，这也是该职业区别于其他职业的最大不同。

（三）入选评价指标的理由

法律职业肩负的特殊使命要求其从业者必须具备广泛而专精的职业技能。在我国，法律职业人的能力比较低下是不争的事实。这与当初选拔人才的体制机制有密切关系，大量的非专业人员进入司法部门，由于没有进行正规培训，因此很多职业人的基本技能比较欠缺，于是出现“律师找错被告，法院错案错判”的荒唐事。[②] 基本技能的缺乏，加上伦理道德方面的原因，更可能出现腐败现象，这些方面已极大降低了公众对法律的信任，极大降

① 〔英〕丹宁勋爵：《法律的训诫》，刘庸安、丁健译，群众出版社，1985，第2页。

② 《低级错误全国罕见：律师找错被告法院错案错判》，《中国新闻网》2001年7月15日。

低司法的效力与权威，因此，职业技能规范在我国亟需加强，这是司法体制改革应大力关注的问题，也是实现建设社会主义法治国家目标的基本途径。

二 司法职业精神

（一）司法职业精神的含义

职业精神，指从业者对其所从事的工作和服务的对象承担的责任，它维系着一个部门、一个行业道德尊严。法律职业的诞生是随着古罗马法律科学的产生而出现的，很早就有罗马法学家杰尔苏（Celsus）说过，法是“善良与公正的艺术”。[①] 作为职业法律人，必须具备“正义”与“善”，应该是将职业伦理与做人准则完美结合起来。美国法官罗伯特・N. 威尔金于 1938 年出版的《法律职业的精神》，他很好地概括了法律职业精神的内涵：以专业奉献和牺牲精神追求公平正义，通过维护和保障法律来促进社会平衡有序。法律职业一方面与国家制度紧密相连，另一方面与老百姓的生活戚戚相关，因此，法律职业精神与其他职业精神相比，应具有别样“高超”的精神内涵。大力培育法律职业人的职业精神，增强法律职业荣誉感和归属感，对提高司法机关的公信力，进而全面构建法治社会意义重大。

（二）司法职业精神的表现

第一，法律职业人应具有良好的职业操守。职业操守是指人们在从事职业活动中必须遵从的最低道德底线和行业规范。一个人不管从事何种职业，都必须具备良好的职业操守。法律职业是一个关乎社会公平、正义的职业，在这个行业中，集体职业操守如何，涉及整个社会文明发展的方向，因

① 〔意〕桑德罗・斯奇巴尼选编《民法大全选译・正义与法》，黄风译，中国政法大学出版社，1992，第 34 页。

为文明社会一定是一个讲究法治的社会，一定是一个法律大于权力的社会，也是一个以追求社会公平正义的社会。因此，法律职业人在日常的职业活动中，必须时刻保持清醒的头脑，要树立正确的道德价值观。不管是律师还是司法官，都必须处理好“利”与“义”的关系。必须恪守诚信，弘扬正气，追求社会公平与正义。第二，具有强烈的社会责任感。具有职业精神的法律职业人应当勇于承担社会责任，为促进国家法治进程做出贡献。以天下为己任，关注国计民生，是中国知识分子的优良传统。作为法律职业人，应当利用自己的专业知识，积极参与国家法治建设，努力传播法治精神，促进国家政治文明、精神文明建设和社会的协调发展。特别是我国当前处于社会转型时期，各种社会矛盾诸多，利益冲突频发，法律职业人应更加积极承担社会责任，应主持社会正义，对于破坏社会法制建设的行为，对于违法乱纪的社会现象，应敢于直面挑战。第三，对宪法法律矢志不渝的忠诚。法律职业人尽管是以法律作为谋生的一种职业，但是与其他职业相比，法律职业具有特殊性，这特殊性源于法律是“正义与善的艺术”。法即正义，因此，实现正义是法律职业者必须始终坚守和遵从的义务。而法律职业人的职业荣誉也是来自对宪法和法律的维护和实现，来自于“法律至上，宪法为尊”这一精神的贯彻和实现。坚持法律至上，以宪法为尊，必须排除司法过程中的政治干预、行政不当干预，司法者必须唯法律是从。这是法律职业者的职业精神的核心内容。

（三）入选评价指标的理由

法律职业精神的培育，是推进依法治国，建设社会主义法治文化所必不可少的一项内容。法律职业精神的建设是法律职业共同体形成的必要条件，它对阻隔人治有着非常重要的作用。同时，法律职业精神建设关涉到司法权威的建立。因此，法律职业人在职业活动中所表现出的对宪法和法律矢志不渝的忠诚、对职业行为尽职尽责的态度、对公平正义坚持不懈的追求、对职业道德坚定不移的恪守等，都构成职业精神的重要内容，也是关乎整个我国法治社会目标的实现问题。所以，将法律职业精神作为司法体制改革评价指标中的一项内容，具有重要的现实意义。

三 司法职业声望

（一）司法职业声望的含义

声望，是指公众对个体或组织的认可程度，代表着权威性的名声，其近义词为名声、名望 、声誉 、威望。职业声望最早是由社会学家马克斯·韦伯提出，职业声望是人们对客观职业地位的主观评价，没有职业地位，职业声望就无从谈起；而如果没有职业声望，职业地位高低也无法确定和显现，人们正是通过职业声望来确定职业地位的。任何职业其实都涉及职业声望问题。影响职业声望的因素很多，其中包括职业环境、工作条件、任职者的综合素质、该职业在国家中的地位等等。司法职业声望就是指人们对司法职业地位的主观评价。这种评价同样涉及多方面的因素，比如整体司法环境、司法职业者的工作条件、司法职业在整个社会中所处的地位，司法职业对政治、经济、文化发展等方面的意义，司法职业者自身的综合素质等，所有这些都会对司法职业群体的声望造成影响。

（二）司法职业声望的表现

由于声望的基本含义是指为众人所仰慕的名声，而获得这种名声后又被他人所尊重。因此，司法职业声望也就是司法职业者有良好的名声，这种职业获得社会大众的尊重。具体表现为以下两点。第一，司法职业者必须正直。正直在道德领域指公正刚直的品德，它既是一般性的道德要求，同时也是法律职业的道德要求。作为法律职业道德要求，正直指法律职业者执行职务时要秉公执法、不畏权贵、办事公平公正。只有具备正直的职业品质，司法职业群体才会获得社会的尊重，才会获得社会成员的认可和信任。第二，司法职业声望表现为法律职业人应当是清正廉洁的。清廉指清白廉洁，不贪污、不受贿。清廉自古以来即是受人敬重的优秀品质。对于法律职业者来说，清廉是基本职业道德要求，它要求法律职业者不贪图私利、洁身自好、公正严明执法。法律职业者只有做到清正廉洁，才能在工作中无所畏惧，才能坚守法律底线。在目前市场经济条件下，法律职业者面临的诱惑很多，如果做不到清正廉洁，会使公众丧失对司法的信任，同时对整个法律职业群体也会产生极大的负面影响，损害法律的权威。所以，司法职业者要取得良好的职业声望，必须清正廉洁、公私分明，这是法律职业群体被社会认可和赞誉的必备品德要件。

（三）入选评价指标的理由

职业声望在一定时期具有相对稳定性，但在不同社会经济发展阶段、不同经济文化背景的群体和不同年龄性别的群体对同一职业的评价也会存在明显差别。因此，对司法职业声望的评价在我国历史上也是经历过一个从负面到正面评价的过程。中国律师的历史仅有百余年，在此之前中国古代社会存在一种以代他人处理诉讼为业的人，这种人被称为“讼师”，亦被称为“刀笔吏”“状师”“歇家”等，其社会地位不高，也没有形成一个法律职业群体。自新中国成立后，特别是改革开放以来，由于市场经济体制的确立，社会主义法律体系基本建立，法律职业共同体逐渐形成，法律职业者在社会中所发挥的作用越来越大，社会对法律职业的认可度也越来越高。因此，法律职业声望慢慢提升。法律职业声望对构建法治社会目标的实现有极大影响，因为法律职业声望越好，就说明社会大众对司法制度越信赖，这对树立法律权威就越有利。同时，法律职业者具有良好的声誉，也会进一步促使人们更加信仰法律。同时，提高法律职业声望也是目前司法体制改革所重点关注的问题。

四 司法职业传统

（一）司法职业传统的含义

从专业化的角度看，司法职业的从业者必须是经过特殊训练，掌握法律职业所需的特定知识技能和执业经验的人群。专业化是社会分工的结果，司法作为一种职业，其最初是西方民主法治国家社会分工专业化的产物。“传统”的中文意思则是世代相传，具有鲜明特点的风俗道德、思想作风等。因此，司法职业传统的含义则可以理解为司法作为一种职业，其在长期发展过程中所形成并流传下来的职业道德和职业操守，以及维持其行业生存和发展的一些特殊手段。

（二）司法职业传统的表现

司法职业共同体的形成受社会政治基础、经济基础和社会文化基础等影响。商品经济的形成和发展催生了法律的产生和法治的形成，而民主政治的建设必须以法治为保障，国家权力的分立与制衡要求作为裁判者的司法权相对独立。司法的从业者只有在司法权相对中立的国家才逐步形成稳定的职业团体。中国漫长的古典社会没有孕育出一种具有正当性和专业化的法律职业阶层。中国传统社会的科举考试作为选官制度对法律职业阶层产生直接影响。科举考试没有对社会更细化的知识分工有所推动，裁判者所依据的不仅仅是法律条文，还包括大量的儒家伦理规则以及所在社区习俗等。司法职业传统的主要表现如下。其一，我国没有形成专业的司法裁判员。传统上司法裁判者既是法官，又是行政长官。不存在专门的法院，司法审判不独立，司法附属于行政机关。其二，裁判者所依据的除了成文法条，还涉及很多伦理规则、乡规民约以及学术著作观点等组成的混合体规则，这种混合体内不同来源的规则之间并不存在明确的界限。其三，传统上没有形成职业代理人角色，只有旧时被称为“讼师”的人，讼师与现代的律师完全不同，至多只能说讼师在古代社会中扮演着准律师的职能。讼师的职业身份从未得到官方承认，讼师的活动也多是非公开的。其四，司法中重视实体正义。古代中国的实体法较为发达，而程序法的发展相对滞后。司法实践中法官重实体、轻程序非常普遍。另兼顾情、礼、法的高度统一。

（三）入选评价指标的理由

尽管我国历史上没有专门的司法职业阶层，也没有形成相对独立的司法裁判制度，但是，新中国成立后，特别是改革开放四十年来，我国在法律体系建设和司法制度改革方面卓有成效，大批司法职业者和法律工作者在国家和社会生活中发挥了举足轻重的作用。在依法治国和建设社会主义法治国家的总目标下，如何正确对待和吸收西方司法职业传统中优秀的成果，进而组建社会主义司法职业共同体就成了目前司法体制改革的重要课题了。

第五节　法治知识的传播指标

党的十八大报告高度重视法治对于发展社会主义政治文明的重要价值。法治集中反映着一个国家或地区的政治生活状况、权力与权利关系的合理化程度和社会公平正义的保障水平。十八大报告从“加快推进社会主义民主制度化、规范化、程序化，从各层次各领域扩大公民有序政治参与”的高度出发，要求“实现国家各项工作法治化”。法治已经成为国家政治生活中最重要的部分。法治的概念非常广泛，涉及治国的思想、原则和体制。同时，法治也是个不断发展的概念，其经历了古代的法治思想、近代的法治主义和现代的法治国的长期历史演进。一般认为，法治的含义包括以下三点。第一，法治是一种治国的思想体系。治国的思想实质只有两种：法治与人治。第二，法治是一种治国的原则体系。法治不仅是一种思想，更是建立在一系列治国原则之上的结构体系。包括法律至上原则、法律面前人人平等原则、分权制衡原则以及司法独立原则等。第三，法治也应是一种治国的制度体系。包括权力制约制度、人权保障制度、代议制度、政党制度、司法审查制度等等。[①]

一　崇尚法治的知识培训

（一）崇尚法治知识培训的含义

一个成熟的法治社会，一定同时具备崇尚法治的精神、反映体现法治精神的制度和生气蓬勃的法治实践等诸多方面。崇尚法治的基本含义是指整个社会对法律至上地位的普遍认同和坚决支持。由于法治的本质是民主，目的是维护社会公平正义，因此，法治成为推进民主政治和管理社会的制度首选。按照党的十八大报告描绘的政治蓝图、法治蓝图，全面建成小康社会必须坚持党的领导、依法治国和人民当家作主的有机统一，必须实现国家各项工作法治化。党的十九大报告重申推进全面依法治国总目标是建设中国特色社会主义法治体系、建设社会主义法治国家。其中具体包含六个方面的内容。①强调推进全面依法治国，必须坚定不移走中国特色社会主义法治道路。②重申全面依法治国是国家治理的一场深刻革命和中国特色社会主义的本质要求和重要保障，必须坚持厉行法治，推进科学立法、严格执法、公正司法、全民守法。③明确和重申推进全面依法治国的总抓手就是建设中国特色社会主义法治体系，包括形成完备的法律规范体系、高效的法治实施体系、严密的法治监督体系、有力的法治保障体系，形成完善的党内法规体系。④明确了全面依法治国的工作布局和加强党的领导，完善立法、执法、司法制度和推进全民守法的重点任务。要求坚持依法治国、依法执政、依法行政共同推进，坚持法治国家、法治政府、法治社会一体建设，坚持依法治国和

---

① 参见李龙《宪法基础理论》，武汉大学出版社，1999，第82—90页。

以德治国相结合，依法治国和依规治党有机统一。⑤要求加强宪法实施和监督、推进合宪性审查工作。一切组织和个人要以宪法为根本活动准则，并负有维护宪法尊严、保障宪法实施的职责；完善全国人大及其常委会宪法监督制度，加强备案审查制度和能力建设，把所有规范性文件纳入备案审查范围，依法撤销和纠正违宪违法的规范性文件。⑥依法推进国家监察体制改革。建立集中统一、权威高效的国家监察组织，将行政监察，腐败预防，查处贪污贿赂、失职渎职以及预防职务犯罪等相关职能进行整合，建立党统一领导下的国家反腐败工作机构。中国特色社会主义法律体系形成之后，我国已确立了“科学立法、严格执法、公正司法、全民守法”的新十六字方针，充分彰显了法治作为治国理政基本方式的政治价值、历史必然性。崇尚法治，意味着法律享有至高无上的权威，全社会学法、尊法、守法、用法成为一种自觉，形成一种文化，法治真正融入公民的血脉，成为公民思维方式与行为方式叠加而成的生活方式。[①] 崇尚法治的知识培训，就是意味着全社会应该通过各种途径、各种形式，加强对国家工作人员特别是各级领导干部的法治知识培训，深化群众法制宣传教育，弘扬法治精神，塑造法治文化，进而形成全社会尊重法律、崇尚法治的良好氛围。

（二）崇尚法治的知识培训表现

有关法治、司法知识培训的机构建设，在司法文化培育中占住非常重要的地位。司法文化的培育，则主要表现在健全相关的培育机构，针对不同的群体设置不同的培育路径。第一，全日制教育。通过在各级全日制学校开设有关法律方面的课程，逐渐培养各级各类学生的法治观念，树立权利意识、公民意识。第二，职业继续教育。在全社会各相关行业成立职业培训机

---

① 王松苗：《崇尚法治是现代政治文明的理论品格》，《检察日报》2013 年 1 月 4 日。

构，开设职业继续教育课程，这大致包括以下几类：各级法院培训机构；各级检察院培训机构；各侦查机关人员的培训组织；各相关行业协会的培训组织（法官、检察官、律师、公证员、仲裁员等 ）。第三，社会普法教育。社会各界开展各种形式的法制宣传、法制教育等，具体包括各种媒体对司法知识、司法制度介绍，个案评判，日常法律知识讲座等。通过强化普法宣传教育，着力培养公民对法律的崇尚和信仰。

（三）入选评价指标的理由

崇尚法治是建设社会主义民主（法治）国家的精神基础。我国历史上没有法治建设的传统，历代统治者都用“法”作为维护统治阶级利益的重要工具，这种法工具思维在新中国成立后很长一段时间带来极大的消极影响，我国也为之付出的沉重代价。改革开放后，由于及时调整治国方略，时至今日，才逐步建立了法治化社会的初步框架，法治的地位和作用已经得到了长足的加强。随着社会主义法律体系初步形成，依法治国的目标的正式确立，法治正成为我国社会治理方式中的不二选择。正是在这种大背景下，崇尚法治的知识培训就显得尤为必要。司法体制改革的重要内容之一，就是需要将崇尚法治的知识培训作出整体规划和部署，特别是针对国家工作人员，尤其是领导干部，进行充分的、持久的法治知识系统培训，增强他们的法治意识，树立人权保障的先进理念，这样才能积极、有效推进社会主义法治国家的进程。

二　法律解释的专业性

（一）法律解释的专业性含义

所谓法律解释，一般是指有法律解释权的主体根据法定的解释权限和程序对国家制定和认可的法律（包括议会的法典式制定法和出自法官的判例法以及国家认可的宗教法、民间习惯法等）以及有法律意义的事实（对判例法而言）按照一定的逻辑规则所做的通俗化、延伸化或限缩化的说明活动。[①] 法律解释是一个法学性的命题，在法治社会里，法律解释会越来越受到重视。有学者认为，只有在法治社会中的法律解释，才不会出现所谓的任意解释。“法治不仅仅是明确规则的统治，法治需要人的因素，但这里的人不是任意的人，而是一批掌握法律知识，深谙法律原理，能对法律作出正确理解的人，即职业法律群体。”[②] 当然，法律职业群体对法律解释也可能由于职业要求不同，作出的解释也会不太一样，此处的法律解释主体应该限定为法官。将法律解释权交给法官，也是法治的一种要求。因为以法官为主导所进行的司法活动是政治权力与一般公众矛盾的缓冲地带，法官是公正的化身，它是在具体问题上的法律和社会公理的宣告者，拥有权威意义上的理解和解释法律的权力。[③] 所以，法律解释是司法过程中非常重要的法律方法。法律解释的专业性，则是指有法律解释权的主体（主要指法官）按相关权限与程序对法律作出的说明具有专业的性质，这与其他主体对法律作出的解释具有本质的区别。

（二）法律解释的专业性表现

本书所谓的法律解释即是指法官等有权解释法律的主体作出的说明活动，那么，法律解释是具有其专业性的，这种专业性主要表现在：第一，法律解释的主体具有专门性，即法律解释的主体应该是法官，法官站在客观中立并且独立行使判断权的角度，最终对法律作出合乎法律价值、规范和技术要求的说明；第二，法律解释思维方式的专业性，即法官用法律专业思维从权利、义务、责任等角度对法律作出相关说明，这是非法律职业人士一般不具备的基本素质；第三，法律解释的权威性，因为法律解释必须经过授权以

---

① 参见谢晖《解释法律与法律解释》，《法学研究》2000 年第 5 期。

② 陈金钊：《法律解释以及基本特征》，《法律科学》2000 年第 6 期。

③ 陈金钊：《法律解释以及基本特征》，《法律科学》2000 年第 6 期。

后才能进行，它一种国家化的行为，一经作出就具有权威性，并能发生正式的法律效力。

（三）入选评价指标的理由

由于法律解释的专业性是特指法官的职权行为进行的活动，而法官在解释法律时一定得将法律和事实两个方面结合起来理解，而这种理解本身就是一种创造性的解释过程。这种创造性也是司法文化发展的一个重要方面，将法律解释纳入司法体制改革的内容当中，可能更有助于法治的发展，这就是入选评价指标的理由。

三　司法理论研究和司法文艺创作

（一）司法理论研究和司法文艺创作的含义

近年来，我国非常重视社会主义文化建设，从党的十七大提出推动“文化大发展大繁荣”到十八大明确“建设文化强国”，再到十九大强调要“坚定文化自信”，文化在国民经济与社会发展中的重要性日益提升。各种文化建设掀起新高潮，有力激发全民族文化创造活力，提高了国家文化软实力。但是，专门提出建设司法文化的文件不多，而这却关系到社会主义法治国家整体建设的大问题。因此，有必要呼吁人们关注司法文化建设，特别是提高人们对于司法文化功能的认识，有必要加强司法理论研究和司法文艺创作，通过不同方式和形式，让人们更多地了解司法的功能、司法的本质等内容。司法理论研究是从理论角度对司法制度、司法经典著作等进行研究，司法文艺创作则通过创作有关以司法为主题影视作品，宣传社会主义司法制度，传播社会主义司法理念，达到构建公平、公正的社会主义司法环境的目的。

（二）司法理论研究和司法文艺创作的表现

开展司法理论研究包括多个方面，比如成立专门的司法文化研究机构，组织、承担有关重大司法课题研讨；组织编写司法文化学的教材、翻译国外司法、司法文化经典著作；等等。司法文艺创作则表现为通过文艺、影视等作品宣传社会主义司法制度，弘扬社会公平正义，增进人们对法律的信仰。最高人民法院曾于2010年7月专门发文《关于进一步加强人民法院文化建设的意见》（法发〔2010〕31号），其中提出“大力弘扬公正、廉洁、为民的司法核心价值观”，采取“加强理论研究、开展教育培训、开展特色实践活动、确立法院精神、开展法官宣誓活动”等措施，这些都是促进司法文化建设的有效途径。

（三）入选评价指标的理由

司法文化建设离不开司法理论研究的支撑，司法文化建设也需要借助多种形式的传播方式融入公民日常生活。司法是否公平正义、司法是否有切实执行力、司法是否能树立起应有的权威，这都需要一个良好的司法环境，这就是司法文化研究、宣传的问题。因此，在司法体制改革评价指标中，司法理论研究及司法文艺创作作为司法文化中的一个小指标，具有很重要的意义。

四　司法礼仪

（一）司法礼仪的含义

司法文化是人类司法文明发展历史的重要积淀，它从根本上塑造着司法体制和司法制度，甚至影响着一个民族的精神气质和文明程度。作为一种行为形态的司法文化，司法礼仪不仅可以展现法官的风度和魅力，还能体现法官的职业水准、法律学识和法律修养，而且遵循司法礼仪有利于司法活动的顺利进行和矛盾纠纷的有效化解。① 当然，司法礼仪有其自己的特征，并且司法活动在礼仪方面的要求比一般的职业高得多。比如法官的席位要比其

① 参见谭世贵、李建波《我国司法文化建设的若干构想》，《中国司法》第10期，第23页。

他人的席位或座位要高一些，法官步入法庭时所有人都应起立致敬以及法官有法袍、法槌等。那么究竟何为司法礼仪，一般认为，司法礼仪是指司法活动的主体(包括法官、检察官、律师、当事人、其他诉讼参与人等)在司法活动中所应当遵守的礼节、仪式和其他交流与行为态度和方式。[①] 司法礼仪作为一种司法程式性要求，独立于实体法或程序法，通过裁判思维、行为、活动以及仪式表现出来，旨在强化法律的神圣性和公众的虔诚情感，提高司法公信力，树立司法权威。在我国，司法礼仪已经成为司法程序公正的很重要的一部分。

（二）司法礼仪的表现

司法礼仪作为职业礼仪、社会礼仪、公众礼仪的一个重要的分支内容，是司法活动不可缺少的重要组成部分。最高人民法院于 2001 年出台的《中华人民共和国法官职业道德基本准则》，专门将遵守司法礼仪列为其中的一项重要内容。各个地方也陆续出台了有关法官礼仪的规定，如 2007 年北京市高级人民法院制定《法院司法礼仪规范》、河南省高级人民法院制定《司法礼仪规范(试行)》等。根据目前相关文件规定，司法礼仪主要表现为以下三点。第一，外在仪表适当。法官无论在法庭上，还是在工作期间，都应当保持自身仪表的适当与得体。按照有关规定法官在开庭时必须穿着法官袍或者法官制服、佩戴徽章，并保持整洁。此举主要是保持司法活动的庄重、严肃，以体现法律的权威。第二，法庭内行为之礼仪。法庭是法官职务活动的主要场所，也是司法礼仪表现最充分的地方。在法庭里，与其他诉讼参与人一样，法官必须模范地遵守相关司法礼仪。包括准时出庭，不缺席、迟到、早退，不随意出进；集中精力、专注庭审，不做与审判活动无关的事。认真、耐心地听取当事人和其他诉讼参与人发表意见；除非因维护法庭秩序和庭审

---

① 参见蒋慧岭《遵守司法礼仪的义务——司法职业道德基本准则之六》，《法律适用》2001 年第 7 期，第 4 页。

的需要，开庭时不得随意打断或者制止当事人和其他诉讼参与人的发言；使用规范、准确、文明的语言，不得对当事人或者其他诉讼参与人有任何不公的训诫和不恰当的言辞。《法官行为规范（试行）》对法官“庭审中的言行”规定得更为具体，包括坐姿端正，杜绝各种不雅动作；不得使用通信工具、在审判席上吸烟、随意离开审判席等。第三，对其他有关人员应礼貌对待。以文明、礼貌、善意的态度对待当事人、律师、证人和其他诉讼参与人以及旁听人员是一个法官勤勉敬业的标志，也是遵守司法礼仪的表现。在任何场合法官都不能轻易表现出以权压人、以势压人的态度与言谈。目前我国出台了相关文件，将司法礼仪提升到职业道德的高度，此举有利于法官提高履行审判职责的责任感和荣誉感，也有利于增强公众对司法的信任感，维护司法的严肃与权威。

（三）入选评价指标的理由

规范司法礼仪对于树立司法权威、维护司法尊严、促进司法和谐具有重要作用和特殊意义。法官的行为与态度直接影响着司法机关的形象和法官职业形象。因此，规范法官的司法礼仪，对于树立和提高法官职业形象，展示法官个人素质，赢得公众尊敬是很有意义的，尤其是司法礼仪作为司法文化的一部分，它体现着某种司法精神，这种司法精神又能促进法治文明的进程。因此，将司法礼仪纳入司法文化的评价指标体系是非常有必要的。

第六节　司法文化评价指数测度

一　问卷调查

问卷调查为了体现针对性，根据问卷调查对象，问卷分为三类，调查对象为法学专业专家的A卷，调查对象为法律从业者（包括法官、检察官、律师以及司法行政人员）的B卷以及面对社会大众的C卷。受限于问卷调查的实际情况，不能有太多的问题设计，会导致受调查人精神上疲倦，而不能认真对待问卷问题，使得回答的问卷不是其内心真实的想法，因此包括18个三级司法文化评价指标在内的所有98个三级指标，不可能一一设置问卷问题。而是通过一些问题的设计使得某些具有共性的指标通过一个或若干个问卷问题获得数据。例如，“当前法院的公信力如何”既是用来反映法院审判工作公正性如何，也可用以说明司法文化指标中的“法律职业威望”。除了在数据采集和访谈中获得司法文化评价指标数据外，我们还通过问卷调查直接或间接获得数据。分别介绍如下。

（一）针对高校法学院系的专业教师群体所做的相关调查（A卷）

1. 您认为针对律师管理制度的改革效果如何？

A. 效果显著　　B. 比较有效　　C. 效果不大

D. 完全无效　　E. 负效果　　F. 说不清楚

表3-1　律师管理制度的改革效果

地区 * T9 律师管理制度的改革效果										
			T9 律师管理制度的改革效果						合计
			效果显著	比较有效	效果不大	完全无效	负效果	说不清楚	
地区	东部经济区	计数	16	157	318	34	24	111	660
		经济区划分内的比重（%）	2.4	23.8	48.2	5.2	3.6	16.8	100.0
	中部经济区	计数	24	167	322	38	25	69	645
		经济区划分内的比重（%）	3.7	25.9	49.9	5.9	3.9	10.7	100.0

续表

地区 * T9 律师管理制度的改革效果										
			T9 律师管理制度的改革效果						合计
			效果显著	比较有效	效果不大	完全无效	负效果	说不清楚	
地区	西部经济区	计数	11	45	123	25	7	14	225
		经济区划分内的比重（%）	4.9	20.0	54.7	11.1	3.1	6.2	100.0
合计		计数	51	369	763	97	56	194	1530
		总数的比重（%）	3.3	24.1	49.9	6.3	3.7	12.7	100.0

表 3-1 显示，在律师管理制度的改革效果问题上，认为的改革有效（包括“效果显著”和“比较有效”）的中部经济区比例较高，达到 29.6%，而东部和西部经济区分别是 26.2% 和 24.9%；西部经济区有 54.7% 的受调查者认为“效果不大”，而东部和中部经济区持此论者比例稍低，分别是 48.2% 和 49.9%；另外，西部经济区有 11.1% 的受调查者认为律师管理制度改革“完全无效”，而东部经济区为 5.2%，西部为 5.9%；在“负效果”的选项上，各经济区相对持平。超过半数受调查者认为对律师进行管理的制度改革效果并不能令人满意。

2. 您认为对法官“高薪养廉”政策在实现司法公正方面的效果如何？

A. 效果显著　　B. 比较有效

C. 效果不大　　D. 完全无效

E. 负效果　　F. 说不清楚

表 3-2 法官“高薪养廉”政策在实现司法公正方面的效果

地区 * T20 法官“高薪养廉”政策									
			T20 法官“高薪养廉”政策						合计
			效果显著	比较有效	效果不大	完全无效	负效果	说不清楚	
地区	东部经济区	计数	27	183	275	85	53	37	660
		经济区划分内的比重（%）	4.1	27.7	41.7	12.9	8.0	5.6	100.0
	中部经济区	计数	26	205	280	54	34	46	645
		经济区划分内的比重（%）	4.0	31.8	43.4	8.4	5.3	7.1	100.0
	西部经济区	计数	33	92	73	15	2	11	226
		经济区划分内的比重（%）	14.6	40.7	32.3	6.6	0.9	4.9	100.0
合计		计数	86	480	628	154	89	94	1531
		总数的比重（%）	5.6	31.4	41.0	10.1	5.8	6.1	100.0

表 3-2 显示，针对法官“高薪养廉”政策，三个不同经济区平均有 37.0% 的受调查者认为有效，其中西部最高，高达 55.3%，而东部和中部分别是 31.8% 和 35.8%。此外，西部经济区有 14.6% 的受调查者认为“效果显著”，40.7% 的人认为“比较有效”，均比东部和中部高出约 10%。认为“完全无效”和“负效果”的东部经济区的受调查者有更高的比例，分别是 12.9% 和 8.0%，而中部只有 8.4% 和 5.3%，西部只有 6.6% 和 0.9%。近一半人认为高薪未必对司法公正起到正面推动作用，现今中国影响司法公正的主要因素是腐败问题，对于社会大众来说，高薪未必养廉，可能更多的是涉及体制改革问题。

3. 您认为法官“终身任职”制度对于强化法官独立地位的效果如何？

A. 效果显著　B. 比较有效　C. 效果不大

D. 完全无效　E. 负效果　F. 说不清楚

表 3-3　法官“终身任职”制度对于强化法官独立地位的效果

地区 * T21 法官“终身任职”制度									
			T21 法官“终身任职”制度						合计
			效果显著	比较有效	效果不大	完全无效	负效果	说不清楚	
地区	东部经济区	计数	30	206	262	51	75	36	660
		经济区划分内的比重（%）	4.5	31.2	39.7	7.7	11.4	5.5	100.0
	中部经济区	计数	48	237	229	37	44	50	645
		经济区划分内的比重（%）	7.4	36.7	35.5	5.7	6.8	7.8	100.0
	西部经济区	计数	33	105	56	17	5	10	226
		经济区划分内的比重（%）	14.6	46.5	24.8	7.5	2.2	4.4	100.0
合计		计数	111	548	547	105	124	96	1531
		总数的比重（%）	7.3	35.8	35.7	6.9	8.1	6.3	100.0

表 3-3 显示，对法官“终身任职”制度于强化法官独立地位的效果，三个不同的经济区平均有 43.1% 受访者认为有效（包括“效果显著”和“比较有效”），其中西部经济区的比例最高，有 61.1%，而东部和中部分别只有 35.7% 和 44.1%。在“效果不大”选项中东部经济区有 39.7% 的比例，中部有 35.5%，西部有 24.8%。另外认为法官终身制度有负效果的，东部有较高的比例，达到 11.4%，中部有 6.8%，西部有 2.2%。

4. 您认为目前在我国司法领域法治工具主义价值观是否普遍存在？

A. 非常普遍　　B. 比较普遍　　C. 只在很小范围内存在

D. 不存在　　E. 说不清楚

表 3-4　我国司法领域法治工具主义价值观是否普遍存在

地区 * T29 法治工具主义价值观								
			T29 法治工具主义价值观					合计
			非常普遍	比较普遍	只在很小范围内存在	不存在	说不清楚	
地区	东部经济区	计数	55	274	238	31	61	659
		经济区划分内的比重（%）	8.3	41.6	36.1	4.7	9.3	100.0
	中部经济区	计数	66	283	215	29	52	645
		经济区划分内的比重（%）	10.2	43.9	33.3	4.5	8.1	100.0
	西部经济区	计数	12	145	59	3	7	226
		经济区划分内的比重（%）	5.3	64.2	26.1	1.3	3.1	100.0
合计		计数	133	702	512	63	120	1530
		总数的比重（%）	8.7	45.9	33.5	4.1	7.8	100.0

表 3-4 显示，对于法治主义价值观的看法，三个不同经济区的受调查者均仅有少量的人认为“不存在”，有相当一部分人认为“只在很小的范围内存在”，东部有 36.1%，中部有 33.3%，西部有 26.1%；均有超过 40% 的人认为“比较普遍”，其中东部经济区有 41.6%，中部经济区有 43.9%，西部经济区有 64.2%；也有一部分人认为“非常普遍”，其中东部有 8.3%，中部有 10.2%，西部有 5.3%。这意味着在法律学者眼中，司法领域还没有建立起普

遍的真正的法治思想，视法治为手段与工具还是普遍现象。

5. 与您心目中的期待相比，当前我国的司法文化状况如何？

A. 很好　　　　B. 较好　　　　C. 一般

D. 较差　　　　E. 很差　　　　F. 说不清楚

表 3-5　当前我国的司法文化状况如何

地区 * T32 我国的司法文化状况如何

			T32 我国的司法文化状况如何						合计
			很好	较好	一般	较差	很差	说不清楚	
地区	东部经济区	计数	9	67	326	190	53	13	658
		经济区划分内的比重（%）	1.4	10.2	49.5	28.9	8.1	2.0	100.0
	中部经济区	计数	10	74	316	187	49	9	645
		经济区划分内的比重（%）	1.6	11.5	49.0	29.0	7.6	1.4	100.0
	西部经济区	计数	4	51	110	44	17	0	226
		经济区划分内的比重（%）	1.8	22.6	48.7	19.5	7.5	0.0	100.0
合计		计数	23	192	752	421	119	22	1529
		总数的比重（%）	1.5	12.6	49.2	27.5	7.8	1.4	100.0

表 3-5 显示，在我国的司法文化的状况如何这个问题上，各经济区均仅有不到 2% 的受访者认为“很好”，西部经济区有 22.6% 的受访者认为“较好”，东部和中部分别只有 10.2% 和 11.5%；均有一半左右的受访者认为“一般”；东部和中部均有 30% 左右受访者认为“较差”，西部约 20%；均有 8% 左右的人认为“很差”。

6. 与您心目中的期待相比，当前我国的司法人员的综合素质如何？

A. 很好　B. 较好　C. 一般

D. 较差　E. 很差　F. 说不清楚

表 3-6　当前我国的司法人员的综合素质

案例处理摘要						
	案例					
	有效的		缺失		合计	
地区 * T33 司法人员的综合素质	N	占比（%）	N	占比（%）	N	占比（%）
	1529	99.9	2	0.1	1531	100.0

地区 * T33 司法人员的综合素质										
			T33 司法人员的综合素质						合计
			很好	较好	一般	较差	很差	说不清楚	
地区	东部经济区	计数	7	84	386	123	46	12	658
		经济区划分内的比重（%）	1.1	12.8	58.7	18.7	7.0	1.8	100.0
	中部经济区	计数	12	97	352	142	31	11	645
		经济区划分内的比重（%）	1.9	15.0	54.6	22.0	4.8	1.7	100.0
	西部经济区	计数	12	52	108	52	2	0	226
		经济区划分内的比重（%）	5.3	23.0	47.8	23.0	0.9	0.0	100.0
合计		计数	31	233	846	317	79	23	1529
		总数的比重（%）	2.0	15.2	55.3	20.7	5.2	1.5	100.0

表 3-6 显示，在对司法人员的综合素质的看法上，西部经济区有 5.3%

的受访者认为“很好”，有23.0%认为“较好”，均高于东部的1.1%和12.8%，以及中部的1.9%和15.0%。而东部有58.7%的受访者认为“一般”，中部有54.6%，西部有47.8%；三个经济区均有20%左右的受访者认为“较差”；东部经济区有7.0%左右的受访者认为“很差”，中部有4.8%，西部不到1%。

7. 与您心目中的期待相比，当前我国的司法人员的法律专业水平如何？

A. 很好　　B. 较好　　C. 一般

D. 较差　　E. 很差　　F. 说不清楚

表3-7　当前我国的司法人员的法律专业水平

案例处理摘要						
	案例					
	有效的		缺失		合计	
地区 * T34 司法人员的法律专业水平	N	占比（%）	N	占比（%）	N	占比（%）
	1530	99.9	1	0.1	1531	100.0

地区 * T34 司法人员的法律专业水平										
			T34 司法人员的法律专业水平						合计
			很好	较好	一般	较差	很差	说不清楚	
地区	东部经济区	计数	8	114	405	96	21	15	659
		经济区划分内的比重（%）	1.2	17.3	61.5	14.6	3.2	2.3	100.0
	中部经济区	计数	18	113	373	104	26	11	645
		经济区划分内的比重（%）	2.8	17.5	57.8	16.1	4.0	1.7	100.0
	西部经济区	计数	6	64	120	34	1	1	226
		经济区划分内的比重（%）	2.7	28.3	53.1	15.0	0.4	0.4	100.0

续表

地区 * T34 司法人员的法律专业水平								
		T34 司法人员的法律专业水平						合计
		很好	较好	一般	较差	很差	说不清楚	
合计	计数	32	291	898	234	48	27	1530
	总数的比重（%）	2.1	19.0	58.7	15.3	3.1	1.8	100.0

表 3–7 显示，在司法人员的法律专业水平如何这个问题上，各经济区平均有 2.1% 左右的受访者认为“很好”；西部经济区受访者认为“较好”的占 28.3%，东部 17.3%，中部有 17.5%；各经济区主要受访者均倾向于认为“一般”，三个区平均 58.7%，其中东部经济区最多，有 61.5%，中部 57.8%，西部 53.1%；三个不同经济区均有 15% 左右的受访者认为“较差”；而认为“很差”的选项中，东部有 3.2%，中部有 4.0%，西部只有 0.4%。

8. 您认为当前我国的司法改革所处的法律文化环境如何？

A. 很好　　B. 较好　　C. 一般
D. 较差　　E. 很差　　F. 说不清楚

表 3–8　当前我国的司法改革所处的法律文化环境

案例处理摘要						
	案例					
	有效的		缺失		合计	
	N	占比（%）	N	占比（%）	N	占比（%）
地区 * T35 法律文化环境	1530	99.9	1	0.1	1531	100.0

<table>
<tr><th colspan="11">地区 * T35 法律文化环境</th></tr>
<tr><th colspan="3" rowspan="2"></th><th colspan="6">T35 法律文化环境</th><th rowspan="2">合计</th></tr>
<tr><th>很好</th><th>较好</th><th>一般</th><th>较差</th><th>很差</th><th>说不清楚</th></tr>
<tr><td rowspan="6">地区</td><td rowspan="2">东部经济区</td><td>计数</td><td>8</td><td>64</td><td>352</td><td>178</td><td>42</td><td>15</td><td>659</td></tr>
<tr><td>经济区划分内的比重（%）</td><td>1.2</td><td>9.7</td><td>53.4</td><td>27.0</td><td>6.4</td><td>2.3</td><td>100.0</td></tr>
<tr><td rowspan="2">中部经济区</td><td>计数</td><td>19</td><td>77</td><td>294</td><td>193</td><td>52</td><td>10</td><td>645</td></tr>
<tr><td>经济区划分内的比重（%）</td><td>2.9</td><td>11.9</td><td>45.6</td><td>29.9</td><td>8.1</td><td>1.6</td><td>100.0</td></tr>
<tr><td rowspan="2">西部经济区</td><td>计数</td><td>4</td><td>36</td><td>133</td><td>41</td><td>11</td><td>1</td><td>226</td></tr>
<tr><td>经济区划分内的比重（%）</td><td>1.8</td><td>15.9</td><td>58.8</td><td>18.1</td><td>4.9</td><td>0.4</td><td>100.0</td></tr>
<tr><td colspan="2" rowspan="2">合计</td><td>计数</td><td>31</td><td>177</td><td>779</td><td>412</td><td>105</td><td>26</td><td>1530</td></tr>
<tr><td>总数的比重（%）</td><td>2.0</td><td>11.6</td><td>50.9</td><td>26.9</td><td>6.9</td><td>1.7</td><td>100.0</td></tr>
</table>

从表 3-8 可以看出，在法律文化环境的问题上，三个不同经济区的受访者均主要倾向于认为“一般”，三区平均占 50.9%；其次有较多的受访者认为“较差”，东部有 27.0%，中部 29.9%，西部亦有 18.1%，三区平均占 26.9%。此外，也有一定比例的受访者认为“较好”，东部有 9.7%，中部有 11.9%，西部有 15.9%，三区平均占 11.6%。

9. 您认为司法理论研究对我国的司法体制改革的影响有多大？

A. 影响很大　　B. 较有影响　　C. 一般

D. 影响很小　　E. 毫无影响　　F. 说不清楚

表 3-9 司法理论研究对我国的司法体制改革的影响有多大

案例处理摘要						
	案例					
	有效的		缺失		合计	
地区 * T40 司法理论研究对我国的司法体制改革的影响有多大	N	占比（%）	N	占比（%）	N	占比（%）
	1531	100.0	0	0.0	1531	100.0

地区 * T40 司法理论研究对我国的司法体制改革的影响有多大									
			T40 司法理论研究对我国的司法体制改革的影响有多大						合计
			影响很大	较有影响	一般	影响很小	毫无影响	说不清楚	
地区	东部经济区	计数	35	220	232	115	27	31	660
		经济区划分内的比重（%）	5.3	33.3	35.2	17.4	4.1	4.7	100.0
	中部经济区	计数	42	251	185	112	25	30	645
		经济区划分内的比重（%）	6.5	38.9	28.7	17.4	3.9	4.7	100.0
	西部经济区	计数	26	103	73	18	4	2	226
		经济区划分内的比重（%）	11.5	45.6	32.3	8.0	1.8	0.9	100.0
合计		计数	103	574	490	245	56	63	1531
		总数的比重（%）	6.7	37.5	32.0	16.0	3.7	4.1	100.0

表 3-9 显示，针对“司法理论研究对我国的司法体制改革的影响”这一问题，不同经济区的受访者皆最多受访者认为是“较有影响”和“一般”，分别平均占 37.5% 和 32.0%。其中，西部地区认为“影响很大”和“较有影

响”的比列总和为57.1%，比东部中部高出10%—15%。

10.通过您的观察，大学生或社会上的年轻人会主动关注司法体制改革措施及其效果吗?

A.非常主动　　B.较为主动

C.一般　　D.比较被动

E.非常被动　　F.说不清楚

表3-10　大学生或社会上的年轻人会主动关注司法体制改革措施及其效果吗

案例处理摘要						
	案例					
	有效的		缺失		合计	
	N	占比（%）	N	占比（%）	N	占比（%）
地区 * T41大学生或社会上的年轻人会主动关注司法体制改革措施及其效果吗	1529	99.9	2	0.1	1531	100.0

地区 * T41大学生或社会上的年轻人会主动关注司法体制改革措施及其效果吗									
			T41大学生或社会上的年轻人会主动关注司法体制改革措施及其效果吗						合计
			非常主动	较为主动	一般	比较被动	非常被动	说不清楚	
地区	东部经济区	计数	8	111	227	197	92	25	660
		经济区划分内的比重（%）	1.2	16.8	34.4	29.8	13.9	3.8	100.0
	中部经济区	计数	11	148	201	164	89	30	643
		经济区划分内的比重（%）	1.7	23.0	31.3	25.5	13.8	4.7	100.0

续表

地区 * T41 大学生或社会上的年轻人会主动关注司法体制改革措施及其效果吗									
			T41 大学生或社会上的年轻人会主动关注司法体制改革措施及其效果吗						合计
			非常主动	较为主动	一般	比较被动	非常被动	说不清楚	
地区	西部经济区	计数	8	73	75	57	10	3	226
		经济区划分内的比重（%）	3.5	32.3	33.2	25.2	4.4	1.3	100.0
合计		计数	27	332	503	418	191	58	1529
		总数的比重（%）	1.8	21.7	32.9	27.3	12.5	3.8	100.0

表3-10显示，针对“大学生或社会上的年轻人会主动关注司法体制改革措施及其效果吗”这一问题，不同经济区的受访者皆最多人认为是“一般”、“比较被动”和“较为主动”，分别平均占32.9%、27.3%和21.7%。其中，西部认为“非常主动”和“较为主动”的比列为35.8%，比东部和中部多出10%—15%；而东部地区认为“比较被动”的比例是三个经济区中最高的，“较为主动”也是三个经济区中最低的。在这项调查中，大学生和社会青年被认为更多的是主动关注司法改革及其效果。

（二）本部分是针对法官、检察官与律师群体所做的有关司法文化方面问题的调查（B卷）

1. 您认为针对律师管理制度的改革效果如何？

A. 效果显著　　B. 比较有效

C. 效果不大　　D. 完全无效

E. 负效果　　F. 说不清楚

表 3-11　律师管理制度的改革效果

地区 * T12 律师管理制度的改革效果										
			T12 律师管理制度的改革效果						合计
			效果显著	比较有效	效果不大	完全无效	负效果	说不清楚	
地区	东部经济区	计数	288	1473	2080	204	135	485	4665
		经济区划分内的比重（%）	6.2	31.6	44.6	4.4	2.9	10.4	100.0
		总数的比重（%）	2.8	14.2	20.1	2.0	1.3	4.7	45.1
	中部经济区	计数	219	1162	1629	203	53	284	3550
		经济区划分内的比重（%）	6.2	32.7	45.9	5.7	1.5	8.0	100.0
		总数的比重（%）	2.1	11.2	15.8	2.0	0.5	2.7	34.3
	西部经济区	计数	168	645	984	80	44	205	2126
		经济区划分内的比重（%）	7.9	30.3	46.3	3.8	2.1	9.6	100.0
		总数的比重（%）	1.6	6.2	9.5	0.8	0.4	2.0	20.6
合计		计数	675	3280	4693	487	232	974	10341
		总数的比重（%）	6.5	31.7	45.4	4.7	2.2	9.4	100.0

表 3-11 显示，在该问卷调查中，认可律师管理制度的改革取得效果的不到 40%，认为效果不明显或没什么效果的超过了 50% 以上，这说明我国律师管理制度方面还存在很多亟待解决的问题。

2. 您认为影响法官形象的因素是什么？

A. 部分法官违法违纪

B. 法律职业共同体成员对法官的诋毁、中伤

C. 新闻媒体的夸大其词

D. 当事人不满的情绪散布

E. 其他（请填写）________________

表 3-12　影响法官形象的因素

<table>
<tr><th colspan="10">地区 * T18 您认为影响法官形象的因素是什么</th></tr>
<tr><th colspan="3" rowspan="2"></th><th colspan="5">T18 您认为影响法官形象的因素是什么</th><th rowspan="2">合计</th></tr>
<tr><th>部分法官违法违纪</th><th>法律职业共同体成员对法官的诋毁、中伤</th><th>新闻媒体的夸大其词</th><th>当事人不满的情绪散布</th><th>其他</th></tr>
<tr><td rowspan="9">地区</td><td rowspan="3">东部经济区</td><td>计数</td><td>2590</td><td>758</td><td>584</td><td>620</td><td>108</td><td>4660</td></tr>
<tr><td>经济区划分内的比重（%）</td><td>55.6</td><td>16.3</td><td>12.5</td><td>13.3</td><td>2.3</td><td>100.0</td></tr>
<tr><td>总数的的比重（%）</td><td>25.1</td><td>7.3</td><td>5.7</td><td>6.0</td><td>1.0</td><td>45.1</td></tr>
<tr><td rowspan="3">中部经济区</td><td>计数</td><td>1956</td><td>658</td><td>467</td><td>436</td><td>30</td><td>3547</td></tr>
<tr><td>经济区划分内的比重（%）</td><td>55.1</td><td>18.6</td><td>13.2</td><td>12.3</td><td>0.8</td><td>100.0</td></tr>
<tr><td>总数的的比重（%）</td><td>18.9</td><td>6.4</td><td>4.5</td><td>4.2</td><td>0.3</td><td>34.3</td></tr>
<tr><td rowspan="3">西部经济区</td><td>计数</td><td>1239</td><td>351</td><td>274</td><td>227</td><td>31</td><td>2122</td></tr>
<tr><td>经济区划分内的比重（%）</td><td>58.4</td><td>16.5</td><td>12.9</td><td>10.7</td><td>1.5</td><td>100.0</td></tr>
<tr><td>总数的的比重（%）</td><td>12.0</td><td>3.4</td><td>2.7</td><td>2.2</td><td>0.3</td><td>20.5</td></tr>
<tr><td colspan="2" rowspan="2">合计</td><td>计数</td><td>5785</td><td>1767</td><td>1325</td><td>1283</td><td>169</td><td>10329</td></tr>
<tr><td>总数的的比重（%）</td><td>56.0</td><td>17.1</td><td>12.8</td><td>12.4</td><td>1.6</td><td>100.0</td></tr>
</table>

表 3-12 显示，受调查的三个地区认为“影响法官形象的因素”主要是“部分法官违法违纪”，所占总比例达到 56.0%，其中西部地区的比例是 58.4%，东部为 55.6%，中部为 55.1%；其他因素所占的比例较小并且地区之间没有较大

的可比性。所以，为了提高法官形象，要从法官违法违纪这一方面抓起。

3. 您认为影响法官独立审判的主要因素是什么？（可多选）

A. 法院系统以外权力的影响　　B. 新闻与社会舆论的影响

C. 法官自身素质的影响　　D. 法院系统内部上级领导的影响

E. 法院内同事的说情影响　　F. 来自亲朋好友的影响

G. 利害关系人给予的利益诱惑

H. 其他（请填写）________________

表 3-13　影响法官独立审判的主要因素

案例处理摘要						
	个案					
	有效的		缺失		总计	
经济区划分 * 影响法官独立审判的主要因素	N	占比（%）	N	占比（%）	N	占比（%）
	10260	99.1	94	0.9	10354	100.0

经济区划分 * 影响法官独立审判的主要因素											
			因素								总计
			T20 法院系统以外权力的影响	T20 新闻与社会舆论的影响	T20 法官自身素质的影响	T20 法院系统内部上级领导的影响	T20 法院内同事的说情影响	T20 来自亲朋好友的影响	T20 利害关系人给予的利益诱惑	T20 其他	
地区	东部经济区	计数	3420	2653	1895	2889	1132	873	1548	89	4621
		经济区划分内的比重（%）	74.0	57.4	41.0	62.5	24.5	18.9	33.5	1.9	
		总计的比重（%）	33.3	25.9	18.5	28.2	11.0	8.5	15.1	0.9	45.0

续表

经济区划分 * 影响法官独立审判的主要因素											
			因素								总计
			T20 法院系统以外权力的影响	T20 新闻与社会舆论的影响	T20 法官自身素质的影响	T20 法院系统内部上级领导的影响	T20 法院内同事的说情影响	T20 来自亲朋好友的影响	T20 利害关系人给予的利益诱惑	T20 其他	
地区	中部经济区	计数	2394	1903	1590	1934	848	714	1029	31	3527
		经济区划分内的比重（%）	67.9	54.0	45.1	54.8	24.0	20.2	29.2	0.9	
		总计的比重（%）	23.3	18.5	15.5	18.8	8.3	7.0	10.0	0.3	34.4
	西部经济区	计数	1544	1166	901	1215	525	446	599	31	2112
		经济区划分内的比重（%）	73.1	55.2	42.7	57.5	24.9	21.1	28.4	1.5	
		总计的比重（%）	15.0	11.4	8.8	11.8	5.1	4.3	5.8	0.3	20.6
总计		计数	7358	5722	4386	6038	2505	2033	3176	151	10260
		总计的比重（%）	71.7	55.8	42.7	58.8	24.4	19.8	31.0	1.5	100.0

表 3-13 调查表明，来自“法院系统以外权力的影响”占了 71.7%，“法院系统内部上级领导的影响”也占了 58.8%，“来自亲朋好友的影响”只占了 19.8%，这说明主要是体制内的因素影响了法官的独立审判。因此，司法体制必须改革，以确保司法审判独立，树立司法权威。

4. 您认为当前导致司法不公的主要原因是：（可多选）

A. 违法办理“人情案、关系案、金钱案”

B. 司法机关领导干部干预过问案件

C. 地方党政人大等领导干预过问案件

D. 案件当事人威胁恐吓缠闹干扰案件审理

E. 媒体公众等舆论对案件热炒的压力

F. 部分办案人员业务水平低

G. 其他（请填写）________________

表 3-14　当前导致司法不公的主要原因

个案摘要						
	个案					
	有效的		缺失		总计	
	N	占比（%）	N	占比（%）	N	占比（%）
经济区划分 * 当前导致司法不公的主要原因	10315	99.6	39	0.4	10354	100.0

经济区划分 * 当前导致司法不公的主要原因 交叉制表										
			原因							总计
			T25 违法办理“人情案、关系案、金钱案”	T25 司法机关领导干部干预过问案件	T25 地方党政人大等领导干预过问案件	T25 案件当事人威胁恐吓缠闹干扰案件审理	T25 媒体公众等舆论对案件热炒的压力	T25 部分办案人员业务水平低	T25 其他	
地区	东部经济区	计数	3074	2979	3021	1652	2247	1627	53	4654
		经济区划分内的比重（%）	66.1	64.0	64.9	35.5	48.3	35.0	1.1	
		总计的比重（%）	29.8	28.9	29.3	16.0	21.8	15.8	0.5	45.1

续表

经济区划分 * 当前导致司法不公的主要原因 交叉制表										
			原因							总计
			T25 违法办理“人情案、关系案、金钱案”	T25 司法机关领导干部干预过问案件	T25 地方党政人大等领导干预过问案件	T25 案件当事人威胁恐吓缠闹干扰案件审理	T25 媒体公众等舆论对案件热炒的压力	T25 部分办案人员业务水平低	T25 其他	
地区	中部经济区	计数	2204	1966	2114	1324	1491	1083	33	3543
		经济区划分内的比重（%）	62.2	55.5	59.7	37.4	42.1	30.6	0.9	
		总计的比重（%）	21.4	19.1	20.5	12.8	14.5	10.5	0.3	34.3
	西部经济区	计数	1325	1211	1319	765	1046	840	25	2118
		经济区划分内的比重（%）	62.6	57.2	62.3	36.1	49.4	39.7	1.2	
		总计的比重（%）	12.8	11.7	12.8	7.4	10.1	8.1	0.2	20.5
总计		计数	6603	6156	6454	3741	4784	3550	111	10315
		总计的比重（%）	64.0	59.7	62.6	36.3	46.4	34.4	1.1	100.0

从表 3-14 来看，对于“导致司法不公的原因”这一问题，三个地区在七个原因中选择最多的是“违法办理‘人情案、关系案、金钱案”，其所占比例最高为 64.0%；其次是“地方党政人大等领导干预过问案件”，所占比例为 59.7%，并且三个地区之间的比例相差较小。反映了现实生活中违法办理“人情案、关系案、金钱案”的现象比较严重。

在东部经济区中，66.1% 的被调查者选择了“违法办理‘人情案、关系案、金钱案’”；64.0% 的被调查者选择了“司法机关领导干部干预过问案件”；64.9%的被调查者选择了“地方党政人大等领导干预过问案件”；48.3%的被调查者选择了“媒体公众等舆论对案件热炒的压力”。在中部经济区中，62.2%的被调查者选择了“违法办理‘人情案、关系案、金钱案’”；59.7%的被调查者选择了“地方党政人大等领导干预过问案件”；55.5%的被调查者选择了“司法机关领导干部干预过问案件”；42.1%的被调查者选择了“媒体公众等舆论对案件热炒的压力”。在西部经济区中，62.6%的被调查者选择了“违法办理‘人情案、关系案、金钱案’”；62.3%的被调查者选择了“地方党政人大等领导干预过问案件”；57.2%的被调查者选择了“司法机关领导干部干预过问案件”；49.4%的被调查者选择了“媒体公众等舆论对案件热炒的压力”。

5. 您认为我国当前存在司法权威实现的人为障碍吗？

A. 非常大　　B. 较大　　C. 一般

D. 很小　　E. 没有　　F. 说不清楚

表 3-15　我国当前是否存在司法权威实现的人为障碍吗

<table>
<tr><th colspan="10">地区 * T28 我国当前存在司法权威实现的人为障碍吗</th></tr>
<tr><th colspan="3" rowspan="2"></th><th colspan="6">T28 我国当前存在司法权威实现的人为障碍吗</th><th rowspan="2">合计</th></tr>
<tr><th>非常大</th><th>较大</th><th>一般</th><th>很小</th><th>没有</th><th>说不清楚</th></tr>
<tr><td rowspan="6">地区</td><td rowspan="3">东部经济区</td><td>计数</td><td>811</td><td>1885</td><td>1356</td><td>281</td><td>72</td><td>258</td><td>4663</td></tr>
<tr><td>经济区划分内的比重（%）</td><td>17.4</td><td>40.4</td><td>29.1</td><td>6.0</td><td>1.5</td><td>5.5</td><td>100.0</td></tr>
<tr><td>总数的比重（%）</td><td>7.8</td><td>18.2</td><td>13.1</td><td>2.7</td><td>0.7</td><td>2.5</td><td>45.1</td></tr>
<tr><td rowspan="3">中部经济区</td><td>计数</td><td>519</td><td>1202</td><td>1333</td><td>251</td><td>75</td><td>167</td><td>3547</td></tr>
<tr><td>经济区划分内的比重（%）</td><td>14.6</td><td>33.9</td><td>37.6</td><td>7.1</td><td>2.1</td><td>4.7</td><td>100.0</td></tr>
<tr><td>总数的比重（%）</td><td>5.0</td><td>11.6</td><td>12.9</td><td>2.4</td><td>0.7</td><td>1.6</td><td>34.3</td></tr>
</table>

续表

地区 * T28 我国当前存在司法权威实现的人为障碍吗										
			T28 我国当前存在司法权威实现的人为障碍吗						合计
			非常大	较大	一般	很小	没有	说不清楚	
地区	西部经济区	计数	320	796	697	118	61	133	2125
		经济区划分内的比重（%）	15.1	37.5	32.8	5.6	2.9	6.3	100.0
		总数的比重（%）	3.1	7.7	6.7	1.1	0.6	1.3	20.6
合计		计数	1650	3883	3386	650	208	558	10335
		总数的比重（%）	16.0	37.6	32.8	6.3	2.0	5.4	100.0

从表 3-15 看出，认为当前存在司法权威实现的人为障碍“非常大”和“比较大”合计占比为 53.6%，也即意味着超过半数被调查者认为影响司法权威建立的是认为因素造成的。如何破除人为障碍，改革司法体制，树立司法权威，是今后必须重点考虑的问题。

6. 您认为支撑法官依法公正办案的主要因素是：

A. 党的领导　　B. 人大监督

C. 检察院的监督　　D. 纪检部门的监督

E. 法院领导的监督　　F. 社会舆论的监督

G. 法官的良知　　H. 法官的学识

I. 其他（请填写）________________

表 3-16　支撑法官依法公正办案的主要因素

地区 * T34 认为支撑法官依法公正办案的主要因素												
			T34 认为支撑法官依法公正办案的主要因素									合计
			党的领导	人大监督	检察院的监督	纪检部门的监督	法院领导的监督	社会舆论的监督	法官的良知	法官的学识	其他	
地区	东部经济区	计数	788	813	671	337	140	477	1232	170	31	4659
		经济区划分内的比重（%）	16.9	17.5	14.4	7.2	3.0	10.2	26.4	3.6	0.7	100.0
		总数的比重（%）	7.6	7.9	6.5	3.3	1.4	4.6	11.9	1.6	0.3	45.1
	中部经济区	计数	760	714	552	285	129	316	681	86	20	3543
		经济区划分内的比重（%）	21.5	20.2	15.6	8.0	3.6	8.9	19.2	2.4	0.6	100.0
		总数的比重（%）	7.4	6.9	5.3	2.8	1.2	3.1	6.6	0.8	0.2	34.3
	西部经济区	计数	498	272	308	131	91	139	606	68	9	2122
		经济区划分内的比重（%）	23.5	12.8	14.5	6.2	4.3	6.6	28.6	3.2	0.4	100.0
		总数的比重（%）	4.8	2.6	3.0	1.3	0.9	1.3	5.9	0.7	0.1	20.6
合计		计数	2046	1799	1531	753	360	932	2519	324	60	10324
		总数的比重（%）	19.8	17.4	14.8	7.3	3.5	9.0	24.4	3.1	0.6	100.0

表 3-16 显示，在支撑法官依法公正办案因素选项中，认为“党的领导”

的占 19.8%；“人大监督”的 17.4%；“检察院的监督”的 14.8%；“纪检部门的监督”的占 7.3%；“法院领导的监督”的占 3.5%；“社会舆论的监督”的占 9.0%；“法官的良知”的占 24.4%；“法官的学识”的占 3.1%。凭法官良知与学识而进行公正审判，虽然是大多数职业共同体选择的，但占比仅为 27.5%。这说明法官从事公正的司法审判主要还不是基于自己的职业习惯，更谈不上是基于自己的职业理想了，而更多的是因为被动的原因才“被迫”公正审判。这就意味着，在职业共同体内部，并不看重法官具有良好的职业理想与精神。

7. 您认为我国司法行政化的状况：

A. 非常严重　　B. 比较严重

C. 一般　　D. 不严重

E. 没有　　F. 说不清楚

表 3-17　我国司法行政化的状况

地区 * T41 我国司法行政化的状况 交叉制表									
			T41 我国司法行政化的状况						合计
			非常严重	比较严重	一般	不严重	没有	说不清楚	
地区	东部经济区	计数	880	2079	1359	111	13	222	4664
		经济区划分内的比重（%）	18.9	44.6	29.1	2.4	0.3	4.8	100.0
		总数的比重（%）	8.5	20.1	13.1	1.1	0.1	2.1	45.1
	中部经济区	计数	556	1435	1214	153	33	157	3548
		经济区划分内的比重（%）	15.7	40.4	34.2	4.3	0.9	4.4	100.0
		总数的比重（%）	5.4	13.9	11.7	1.5	0.3	1.5	34.3

续表

地区 * T41 我国司法行政化的状况 交叉制表									
			T41 我国司法行政化的状况						合计
			非常严重	比较严重	一般	不严重	没有	说不清楚	
地区	西部经济区	计数	429	865	653	72	11	95	2125
		经济区划分内的比重（%）	20.2	40.7	30.7	3.4	0.5	4.5	100.0'
		总数的	4.2	8.4	6.3	0.7	0.1	0.9	20.6
合计		计数	1865	4379	3226	336	57	474	10337
		总数的比重（%）	18.0	42.4	31.2	3.3	0.6	4.6	100.0

表 3–17 调研数据说明，我国司法行政化状况“非常严重”和“比较严重”，这个问题在东、中、西部经济区的调查结论并没多大差距。说明司法行政化在全国来普遍存在，因此，我国司法改革的方向之一是司法去行政化。

8. 您对我国的司法考试制度满意吗？

A. 非常满意　　B. 比较满意　　C. 一般

D. 不太满意　　E. 很不满意　　F. 说不清楚

表 3–18　对我国的司法考试制度是否满意

地区 * T42 对我国的司法考试制度满意吗									
			T42 对我国的司法考试制度满意吗						合计
			非常满意	比较满意	一般	不太满意	很不满意	说不清楚	
地区	东部经济区	计数	288	1518	1772	686	181	220	4665
		经济区划分内的比重（%）	6.2	32.5	38.0	14.7	3.9	4.7	100.0
		总数的比重（%）	2.8	14.7	17.1	6.6	1.8	2.1	45.1

续表

地区 * T42 对我国的司法考试制度满意吗										
			T42 对我国的司法考试制度满意吗						合计
			非常满意	比较满意	一般	不太满意	很不满意	说不清楚	
地区	中部经济区	计数	331	1226	1361	381	136	111	3546
		经济区划分内的比重（%）	9.3	34.6	38.4	10.7	3.8	3.1	100.0
		总数的比重（%）	3.2	11.9	13.2	3.7	1.3	1.1	34.3
	西部经济区	计数	232	760	749	234	71	81	2127
		经济区划分内的比重（%）	10.9	35.7	35.2	11.0	3.3	3.8	100.0
		总数的比重（%）	2.2	7.4	7.2	2.3	0.7	0.8	20.6
合计		计数	851	3504	3882	1301	388	412	10338
		总数的比重（%）	8.2	33.9	37.6	12.6	3.8	4.0	100.0

表 3-18 数据说明，对当前司法考试制度“非常满意”及“比较满意”的不到 50%，多数受访者认为现在的司法考试制度对于选拔司法职业方面的人才还存在不少缺陷。因此，我国司法行政部门已经作出改革，对现行的司法考试制度进行了调整。

（三）针对普通群众对司法文化方面的问题所做的调查（C 卷）

1. 您认为影响法官整体形象的主要因素是什么？

A. 部分法官违法违纪

B. 法律职业共同体成员对法官的诋毁、中伤

C. 新闻媒体的夸大其词

D. 当事人不满的情绪散布

E. 其他（请填写）________________

表 3-19　影响法官整体形象的主要因素

案例处理摘要						
	案例					
	有效的		缺失		合计	
地区 * T9 您认为影响法官整体形象的主要因素是什么	N	占比（%）	N	占比（%）	N	占比（%）
	8073	98.3	136	1.7	8209	100.0

地区 * T9 您认为影响法官整体形象的主要因素是什么								
			T9 您认为影响法官整体形象的主要因素是什么					合计
			部分法官违法违纪	法律职业共同体成员对法官的诋毁、中伤	新闻媒体的夸大其词	当事人不满的情绪散布	其他	
地区	东部经济区	计数	2617	625	447	362	27	4078
		经济区划分内的比重（%）	64.2	15.3	11.0	8.9	0.7	100.0
		总数的比重（%）	32.4	7.7	5.5	4.5	0.3	50.5
	中部经济区	计数	1900	581	371	379	36	3267
		经济区划分内的比重（%）	58.2	17.8	11.4	11.6	1.1	100.0
		总数的比重（%）	23.5	7.2	4.6	4.7	0.4	40.5
	西部经济区	计数	452	109	69	96	2	728
		经济区划分内的比重（%）	62.1	15.0	9.5	13.2	0.3	100.0
		总数的比重（%）	5.6	1.4	0.9	1.2	0.0	9.0
合计		计数	4969	1315	887	837	65	8073
		总数的比重（%）	61.6	16.3	11.0	10.4	0.8	100.0

从表 3-19 我们可以看出，大部分被调查者都认为影响现在中国法官形象的主要原因是“部分法官违法违纪”。但在“新闻媒体的夸大其词”选项上，中部经济区是最少选择这个选项的，只有 11.4%。而东部经济区，最少选择的却是“当事人不满的情绪散布”，占 8.9%。但西部经济区和中部经济区保持一致，最少选择的也是“新闻媒体的夸大其词”，占 9.5%。

2. 在您内心最信仰：

A. 法律　　B. 神灵　　C. 宗教

D. 权力　　E. 说不清楚

F. 其他（请填写）________________

表 3-20　您内心最信仰什么

案例处理摘要						
	案例					
	有效的		缺失		合计	
	N	占比（%）	N	占比（%）	N	占比（%）
地区 * T11 您内心最信仰	8006	97.5	203	2.5	8209	100.0

地区 * T11 您内心最信仰 交叉制表									
			T11 您内心最信仰						合计
			法律	神灵	宗教	权力	说不清楚	其他	
地区	东部经济区	计数	1999	109	194	628	972	135	4037
		经济区划分内的比重（%）	49.5	2.7	4.8	15.6	24.1	3.3	100.0
		总数的比重（%）	25.0	1.4	2.4	7.8	12.1	1.7	50.4

续表

地区 * T11 您内心最信仰 交叉制表									
			T11 您内心最信仰						合计
			法律	神灵	宗教	权力	说不清楚	其他	
地区	中部经济区	计数	1575	138	202	595	597	137	3244
		经济区划分内的比重（%）	48.6	4.3	6.2	18.3	18.4	4.2	100.0
		总数的比重（%）	19.7	1.7	2.5	7.4	7.5	1.7	40.5
	西部经济区	计数	421	25	23	98	124	34	725
		经济区划分内的比重（%）	58.1	3.4	3.2	13.5	17.1	4.7	100.0
		总数的比重（%）	5.3	0.3	0.3	1.2	1.5	0.4	9.1
合计		计数	3995	272	419	1321	1693	306	8006
		总数的比重（%）	49.9	3.4	5.2	16.5	21.1	3.8	100.0

从表 3–20 可以看出，大部分被调查者都是信仰法律的。但在非“法律”选项中各经济区比例又有所不同，中部有 18.3% 的被调查者选择相信“权力”，而东部和西部只有 15.6% 和 13.5% 的被调查者相信“权力”。当然，信仰法律的比例不高，这与当前很多因素有关，也说明整个国家的法律环境与文化建设还存在不少问题。

3. 当您认为法院裁判不公时，最有效方法是什么？（不定项选择）

A. 反复上访　　B. 申诉或抗诉

C. 牺牲名誉甚至生命等极端方式　　D. 找领导

E. 找有关部门　　F. 找律师

G. 其他（请填写）________________

表 3-21 认为法院裁判不公时，最有效方法是什么

个案摘要						
	个案					
	有效的		缺失		总计	
	N	占比（%）	N	占比（%）	N	占比（%）
经济地区划分 * 认为法院裁判不公时，最有效方法是什么	7978	97.2	231	2.8	8209	100.0

经济地区划分 * 认为法院裁判不公时，最有效方法是什么										
			方法							总计
			T12 反复上访	T12 申诉或抗议	T12 牺牲名誉甚至生命等极端方式	T12 找领导	T12 找有关部门	T12 找律师	T12 其他	
地区	东部经济区	计数	1114	1906	457	518	814	955	131	4034
		经济地区划分内的比重（%）	27.6	47.2	11.3	12.8	20.2	23.7	3.2	
		总计的比重（%）	14.0	23.9	5.7	6.5	10.2	12.0	1.6	50.6
	中部经济区	计数	766	1521	443	494	724	639	114	3231
		经济地区划分内的比重（%）	23.7	47.1	13.7	15.3	22.4	19.8	3.5	
		总计的比重（%）	9.6	19.1	5.6	6.2	9.1	8.0	1.4	40.5
	西部经济区	计数	146	378	51	138	177	165	33	713
		经济地区划分内的比重（%）	20.5	53.0	7.2	19.4	24.8	23.1	4.6	
		总计的比重（%）	1.8	4.7	0.6	1.7	2.2	2.1	0.4	8.9

续表

经济地区划分 * 认为法院裁判不公时，最有效方法是什么									
		方法							总计
		T12 反复上访	T12 申诉或抗议	T12 牺牲名誉甚至生命等极端方式	T12 找领导	T12 找有关部门	T12 找律师	T12 其他	
总计	计数	2026	3805	951	1150	1715	1759	278	7978
	总计的比重（%）	25.4	47.7	11.9	14.4	21.5	22.0	3.5	100.0

表 3-21 显示，大部分受访者都认为在为法院裁判不公时，最有效方法是“申诉或抗议”、“反复上访”和“找律师”。在这道题的选择上，东中西部经济区没有出现明显差异。但是，选择寻求律师提供法律帮助的只占 22.0%，比例很低，说明大部分受访者在遇到麻烦时通过法律途径解决不是首选方式。

4. 遇到纠纷，您的首选解决途径是什么？

A. 与对方协商　　　　B. 找中间人调解

C. 委托民间机构解决　　　　D. 仲裁解决

E. 诉讼解决　　　　F. 找行政机关解决

G. 其他（请填写）________________

表 3-22　遇到纠纷，首选解决途径是什么

案例处理摘要						
	案例					
	有效的		缺失		合计	
	N	占比（%）	N	占比（%）	N	占比（%）
地区 * T13 遇到纠纷您的首选解决途径是	8066	98.3	143	1.7	8209	100.0

地区 * T13 遇到纠纷您的首选解决途径是										
			T13 遇到纠纷您的首选解决途径是							合计
			与对方协商	找中间人调解	委托民间机构解决	仲裁解决	诉讼解决	找行政机关解决	其他	
地区	东部经济区	计数	2412	644	110	178	435	269	27	4075
		经济区划分内的比重（%）	59.2	15.8	2.7	4.4	10.7	6.6	0.7	100.0
		总数的比重（%）	29.9	8.0	1.4	2.2	5.4	3.3	0.3	50.5
	中部经济区	计数	1916	597	78	208	258	188	20	3265
		经济区划分内的比重（%）	58.7	18.3	2.4	6.4	7.9	5.8	0.6	100.0
		总数的比重（%）	23.8	7.4	1.0	2.6	3.2	2.3	0.2	40.5
	西部经济区	计数	492	83	26	23	63	36	3	726
		经济区划分内的比重（%）	67.8	11.4	3.6	3.2	8.7	5.0	0.4	100.0
		总数的比重（%）	6.1	1.0	0.3	0.3	0.8	0.4	0.0	9.0
合计		计数	4820	1324	214	409	756	493	50	8066
		总数的比重（%）	59.8	16.4	2.7	5.1	9.4	6.1	0.6	100.0

表 3-22 显示，受访者遇到纠纷时主要是双方协商解决，所占比例为59.8%，而寻求法律途径包括仲裁解决的合计只占了 14.5%，这比例非常低，

说明人们对通过法律途径解决矛盾信心不足，对法律的作用不太认同。这在东中西三个经济区的表现差距不大。

5. 当您与政府或者其他机关事业单位发生争议时，您会选择向人民法院提起诉讼吗？

A. 会起诉　　B. 多数情况会起诉

C. 基本不会起诉　　D. 绝对不会起诉

E. 说不清楚

表 3-23　当您与政府或者其他机关事业单位发生争议时，是否会选择向人民法院提起诉讼

案例处理摘要						
	案例					
	有效的		缺失		合计	
	N	占比（%）	N	占比（%）	N	占比（%）
地区 * T14 会选择向人民法院提起诉讼	7998	97.4	211	2.6	8209	100.0

地区 * T14 会选择向人民法院提起诉讼								
			T14 会选择向人民法院提起诉讼					合计
			会起诉	多数情况会起诉	基本不会起诉	绝对不会起诉	说不清楚	
地区	东部经济区	计数	905	1147	1367	150	486	4055
		经济区划分内的比重（%）	22.3	28.3	33.7	3.7	12.0	100.0
		总数的比重（%）	11.3	14.3	17.1	1.9	6.1	50.7
	中部经济区	计数	693	733	1363	140	292	3221
		经济区划分内的比重（%）	21.5	22.8	42.3	4.3	9.1	100.0
		总数的比重（%）	8.7	9.2	17.0	1.8	3.7	40.3

续表

地区 * T14 会选择向人民法院提起诉讼								
			T14 会选择向人民法院提起诉讼					合计
			会起诉	多数情况会起诉	基本不会起诉	绝对不会起诉	说不清楚	
地区	西部经济区	计数	157	185	306	24	50	722
		经济区划分内的比重（%）	21.7	25.6	42.4	3.3	6.9	100.0
		总数的比重（%）	2.0	2.3	3.8	0.3	0.6	9.0
合计		计数	1755	2065	3036	314	828	7998
		总数的比重（%）	21.9	25.8	38.0	3.9	10.4	100.0

从表 3-23 可以看出大部分受访者在与政府或者其他机关事业单位发生争议时，基本不会会选择向人民法院提起诉讼。东中西经济区在这个问题的选择上并没有明显的差异。其中主要原因可能是胜诉率不高，执行起来也不容易。

6. 打官司时您首先想到的是：

A. 找律师　　B. 找在法院的熟人

C. 向法官送礼　　D. 做好证据收集等准备工作

E. 找领导　　F. 其他（请填写）________

表 3-24　打官司时您首先想到的是

案例处理摘要						
	案例					
	有效的		缺失		合计	
地区 * T15 打官司时您首先想到的是	N	占比（%）	N	占比（%）	N	占比（%）
	8061	98.2	148	1.8	8209	100.0

地区 * T15 打官司时您首先想到的是										
			T15 打官司时您首先想到的是						合计
			找律师	找在法院的熟人	向法官送礼	做好证据收集等准备工作	找领导	其他	
地区	东部经济区	计数	2078	763	170	903	134	23	4071
		经济区划分内的比重（%）	51.0	18.7	4.2	22.2	3.3	0.6	100.0
		总数的比重（%）	25.8	9.5	2.1	11.2	1.7	0.3	50.5
	中部经济区	计数	1392	859	152	691	138	30	3262
		经济区划分内的比重（%）	42.7	26.3	4.7	21.2	4.2	0.9	100.0
		总数的比重（%）	17.3	10.7	1.9	8.6	1.7	0.4	40.5
	西部经济区	计数	321	169	28	181	23	6	728
		经济区划分内的比重（%）	44.1	23.2	3.8	24.9	3.2	0.8	100.0
		总数的比重（%）	4.0	2.1	0.3	2.2	0.3	0.1	9.0
合计		计数	3791	1791	350	1775	295	59	8061
		总数的比重（%）	47.0	22.2	4.3	22.0	3.7	0.7	100.0

从表 3–24 中我们可以看出，东中西部地区的调查者在打官司时首先想到的并没有很大的区别。但是，还有 22.2% 的比例选择找法院的熟人，这是“打官司就是打关系”在人们心目中的反映和体现。也说明司法不独立、司法权威还受到很多因素干扰。

7. 您认为我国法官、检察官廉洁情况如何？

A. 很廉洁　　B. 廉洁

C. 一般　　D. 很不廉洁

E. 不廉洁　　F. 说不清楚

表 3-25 我国法官、检察官廉洁情况如何

案例处理摘要						
	案例					
	有效的		缺失		合计	
地区 * T17 我国法官、检察官廉洁情况如何	N	占比（%）	N	占比（%）	N	占比（%）
	8068	98.3	141	1.7	8209	100.0

地区 * T17 我国法官、检察官廉洁情况如何									
			T17 我国法官、检察官廉洁情况如何						合计
			很廉洁	廉洁	一般	很不廉洁	不廉洁	说不清楚	
地区	东部经济区	计数	116	649	2279	345	498	190	4078
		经济区划分内的比重（%）	2.8	15.9	55.9	8.5	12.2	4.7	100.0
		总数的比重（%）	1.4	8.0	28.2	4.3	6.2	2.4	50.5
	中部经济区	计数	114	450	1810	374	396	118	3262
		经济区划分内的比重（%）	3.5	13.8	55.5	11.5	12.1	3.6	100.0
		总数的比重（%）	1.4	5.6	22.4	4.6	4.9	1.5	40.4
	西部经济区	计数	27	112	418	55	98	18	728
		经济区划分内的比重（%）	3.7	15.4	57.4	7.6	13.5	2.5	100.0
		总数的比重（%）	0.3	1.4	5.2	0.7	1.2	0.2	9.0

续表

地区 * T17 我国法官、检察官廉洁情况如何								
		T17 我国法官、检察官廉洁情况如何						合计
		很廉洁	廉洁	一般	很不廉洁	不廉洁	说不清楚	
合计	计数	257	1211	4507	774	992	326	8068
	总数的比重（%）	3.2	15.0	55.9	9.6	12.3	4.0	100.0

表 3–25 显示，大部分受访者都认为我国法官、检察官廉洁情况一般，所占比例达到 55.9%，东中西部经济区在对这个问题的选择上并没有存在明显的差异。司法腐败依然是影响司法权威树立的最大因素。

8. 您认为我国法院的判决公正情况如何？

A. 好　　B. 比较好

C. 一般　　D. 比较差

E. 很差　　F. 说不清楚

表 3–26　我国法院的判决公正情况如何

案例处理摘要						
	案例					
	有效的		缺失		合计	
	N	占比（%）	N	占比（%）	N	占比（%）
地区 * T18 我国法院的判决公正情况如何	8064	98.2	145	1.8	8209	100.0

地区 * T18 我国法院的判决公正情况如何

			T18 我国法院的判决公正情况如何						合计
			好	比较好	一般	比较差	很差	说不清楚	
地区	东部经济区	计数	167	1005	2131	374	118	286	4081
		经济区划分内的比重（%）	4.1	24.6	52.2	9.2	2.9	7.0	100.0
		总数的比重（%）	2.1	12.5	26.4	4.6	1.5	3.5	50.6
	中部经济区	计数	160	702	1709	366	128	190	3255
		经济区划分内的比重（%）	4.9	21.6	52.5	11.2	3.9	5.8	100.0
		总数的比重（%）	2.0	8.7	21.2	4.5	1.6	2.4	40.4
	西部经济区	计数	48	186	371	51	27	45	728
		经济区划分内的比重（%）	6.6	25.5	51.0	7.0	3.7	6.2	100.0
		总数的比重（%）	0.6	2.3	4.6	0.6	0.3	0.6	9.0
合计		计数	375	1893	4211	791	273	521	8064
		总数的比重（%）	4.7	23.5	52.2	9.8	3.4	6.5	100.0

表 3–26 显示，大部分被调查者都认为我国法院的判决公正情况“一般”。在这个问题上，东中西部经济区的选择并没有很大的区别。而“比较好”与“好”的评价只占了 28.2%，说明大部分被调查者对司法判决公正的情况不认可。

9. 您对法官的职业道德满意吗？

A. 非常满意　　B. 比较满意

C. 一般　　D. 不太满意

E. 很不满意　　F. 说不清楚

表 3-27　对法官的职业道德是否满意

案例处理摘要						
	案例					
	有效的		缺失		合计	
	N	占比（%）	N	占比（%）	N	占比（%）
地区 * T20 您对法官的职业道德满意吗	8080	98.4	129	1.6	8209	100.0

地区 * T20 您对法官的职业道德满意吗									
			T20 您对法官的职业道德满意吗						合计
			非常满意	比较满意	一般	不太满意	很不满意	说不清楚	
地区	东部经济区	计数	150	971	2131	439	91	302	4084
		经济区划分内的比重（%）	3.7	23.8	52.2	10.7	2.2	7.4	100.0
		总数的比重（%）	1.9	12.0	26.4	5.4	1.1	3.7	50.5
	中部经济区	计数	125	790	1636	393	144	179	3267
		经济区划分内的比重（%）	3.8	24.2	50.1	12.0	4.4	5.5	100.0
		总数的比重（%）	1.5	9.8	20.2	4.9	1.8	2.2	40.4
	西部经济区	计数	43	173	361	86	19	47	729
		经济区划分内的比重（%）	5.9	23.7	49.5	11.8	2.6	6.4	100.0
		总数的比重（%）	0.5	2.1	4.5	1.1	0.2	0.6	9.0
合计		计数	318	1934	4128	918	254	528	8080
		总数的比重（%）	3.9	23.9	51.1	11.4	3.1	6.5	100.0

表 3-27 显示，在对法官的职业道德的满意度方面，超过 51.1% 的被调查者认为“一般”;“比较满意”的23.9%；只有3.9%的认为“非常满意”;“不太满意”以及“很不满意”的总比例为 14.5%。

这一数据说明，法官的职业道德并不被大多数被调查者看好，比较满意和非常满意的仅仅为 27.8%。这种影响法官形象的原因是多方面的。在对普通群众的调查中，61.5% 的被调查者认为影响法官整体形象的主要因素是“部分法官违法违纪”，16.1% 的被调查者认为影响法官整体形象的主要因素是“法律职业共同体成员对法官的诋毁、中伤”，11% 的被调查者认为影响法官整体形象的主要因素是“新闻媒体的夸大其词”，10.3% 的被调查者认为影响法官整体形象的主要因素是“当事人不满的情绪散布”，0.8% 的被调查者认为影响法官整体形象的主要因素还有其他。认为是因为法官及其群体自身原因，占比达到 77.6%。

10. 您认为目前的司法人员的专业水平符合司法专业要求吗?

A. 非常符合　　B. 比较符合

C. 一般　　D. 不太符合

E. 很不符合　　F. 说不清楚

表 3-28　目前的司法人员的专业水平是否符合司法专业要求

案例处理摘要						
	案例					
	有效的		缺失		合计	
地区 * T21 您认为目前的司法人员的专业水平符合司法专业要求吗	N	占比（%）	N	占比（%）	N	占比（%）
	8057	98.1	152	1.9	8209	100.0

地区 * T21 您认为目前的司法人员的专业水平符合司法专业要求吗										
			T21 您认为目前的司法人员的专业水平符合司法专业要求吗						合计
			非常符合	比较符合	一般	不太符合	很不符合	说不清楚	
地区	东部经济区	计数	145	1145	1888	441	76	375	4070
		经济区划分内的比重（%）	3.6	28.1	46.4	10.8	1.9	9.2	100.0
		总数的比重（%）	1.8	14.2	23.4	5.5	0.9	4.7	50.5
地区	中部经济区	计数	124	868	1486	409	100	272	3259
		经济区划分内的比重（%）	3.8	26.6	45.6	12.5	3.1	8.3	100.0
		总数的比重（%）	1.5	10.8	18.4	5.1	1.2	3.4	40.4
	西部经济区	计数	23	198	351	91	19	46	728
		经济区划分内的比重（%）	3.2	27.2	48.2	12.5	2.6	6.3	100.0
		总数的比重（%）	0.3	2.5	4.4	1.1	0.2	0.6	9.0
合计		计数	292	2211	3725	941	195	693	8057
		总数的比重（%）	3.6	27.4	46.2	11.7	2.4	8.6	100.0

如表 3-28 图表所示，对于“您认为目前的司法人员的专业水平符合司法专业要求吗?”46.2% 的被调查者认为“一般”；27.4% 的认为“比较符合”；只有 3.6% 的认为“非常符合”；认为“不太符合”和“很不符合”的总比例为 14.1%；8.6% 的选择了“说不清楚”。可见，司法人员的职业水平还是获得社会一致认可的。

11. 您认为当前司法对人权的保护效果好吗?

A. 好　B. 比较好

C. 一般　D. 比较差

E. 很差　F. 说不清楚

表 3-29　当前司法对人权的保护效果如何

案例处理摘要						
	案例					
	有效的		缺失		合计	
地区 * T22 您认为当前司法对人权的保护效果好吗	N	占比（%）	N	占比（%）	N	占比（%）
	8079	98.4	130	1.6	8209	100.0

地区 * T22 您认为当前司法对人权的保护效果好吗									
			T22 您认为当前司法对人权的保护效果好吗						合计
			好	比较好	一般	比较差	很差	说不清楚	
地区	东部经济区	计数	204	956	2054	464	118	285	4081
		经济区划分内的比重（%）	5.0	23.4	50.3	11.4	2.9	7.0	100.0
		总数的比重（%）	2.5	11.8	25.4	5.7	1.5	3.5	50.5
	中部经济区	计数	158	727	1592	428	176	188	3269
		经济区划分内的比重（%）	4.8	22.2	48.7	13.1	5.4	5.8	100.0
		总数的比重（%）	2.0	9.0	19.7	5.3	2.2	2.3	40.5

续表

地区 * T22 您认为当前司法对人权的保护效果好吗										
			T22 您认为当前司法对人权的保护效果好吗						合计
			好	比较好	一般	比较差	很差	说不清楚	
	西部经济区	计数	34	194	353	95	21	32	729
		经济区划分内的比重（%）	4.7	26.6	48.4	13.0	2.9	4.4	100.0
		总数的比重（%）	0.4	2.4	4.4	1.2	0.3	0.4	9.0
合计		计数	396	1877	3999	987	315	505	8079
		总数的比重（%）	4.9	23.2	49.5	12.2	3.9	6.3	100.0

表 3-29 显示，49.5% 的被调查者认为“一般”；认为“比较好”和“好”的总比例为 28.1%；认为“比较差”和“很差”的则各占 12.2% 和 3.9%。应该说，至少在人权保护方面，司法界做得不能令人满意。

12. 目前我国已开展了五次大规模的普法教育，您认为普法教育的效果是：

A. 好　　　　B. 比较好

C. 一般　　　D. 比较差

E. 很差　　　F. 说不清楚

表 3-30　我国已开展了五次普法教育，您认为普法教育的效果如何

案例处理摘要						
	案例					
	有效的		缺失		合计	
地区 * T23 您认为普法教育的效果是	N	占比（%）	N	占比（%）	N	占比（%）
	8079	98.4	130	1.6	8209	100.0

地区 * T23 您认为普法教育的效果是

			T23 您认为普法教育的效果是						合计
			好	比较好	一般	比较差	很差	说不清楚	
地区	东部经济区	计数	244	1017	1868	480	196	279	4084
		经济区划分内的比重（%）	6.0	24.9	45.7	11.8	4.8	6.8	100.0
		总数的比重（%）	3.0	12.6	23.1	5.9	2.4	3.5	50.6
	中部经济区	计数	181	745	1506	419	239	176	3266
		经济区划分内的比重（%）	5.5	22.8	46.1	12.8	7.3	5.4	100.0
		总数的比重（%）	2.2	9.2	18.6	5.2	3.0	2.2	40.4
	西部经济区	计数	43	175	345	91	52	23	729
		经济区划分内的比重（%）	5.9	24.0	47.3	12.5	7.1	3.2	100.0
		总数的比重（%）	0.5	2.2	4.3	1.1	0.6	0.3	9.0
合计		计数	468	1937	3719	990	487	478	8079
		总数的比重（%）	5.8	24.0	46.0	12.3	6.0	5.9	100.0

表 3-30 显示，三个经济区大部分被调查者认为现行的司法普法效果一般。东部经济区有 4.8% 的人认为很差，中部经济区和西部经济区同样有 7.3% 和 7.1% 的人认为普法效果很差。但中西部经济区最少人选的是“说不清楚”，而东部地区最少人选的是“很差”。

13. 在当前司法活动过程中地方保护主义是否普遍存在?

A. 非常普遍　　　　B. 比较普遍

C. 只在很小的范围内存在　　　　D. 不存在

E. 说不清楚

表 3-31 当前司法活动过程中地方保护主义是否普遍存在

案例处理摘要						
	案例					
	有效的		缺失		合计	
地区 * T24 在当前司法活动过程中地方保护主义是否普遍存在	N	占比（%）	N	占比（%）	N	占比（%）
	8010	97.6	199	2.4	8209	100.0

地区 * T24 在当前司法活动过程中地方保护主义是否普遍存在								
			T24 在当前司法活动过程中地方保护主义是否普遍存在					合计
			非常普遍	比较普遍	只在很小范围内存在	不存在	说不清楚	
地区	东部经济区	计数	457	1723	1250	143	450	4023
		经济区划分内的比重（%）	11.4	42.8	31.1	3.6	11.2	100.0
		总数的比重（%）	5.7	21.5	15.6	1.8	5.6	50.2
	中部经济区	计数	393	1465	939	135	329	3261
		经济区划分内的比重（%）	12.1	44.9	28.8	4.1	10.1	100.0
		总数的比重（%）	4.9	18.3	11.7	1.7	4.1	40.7
地区	西部经济区	计数	93	344	203	22	64	726
		经济区划分内的比重（%）	12.8	47.4	28.0	3.0	8.8	100.0
		总数的比重（%）	1.2	4.3	2.5	0.3	0.8	9.1
合计		计数	943	3532	2392	300	843	8010
		总数的比重（%）	11.8	44.1	29.9	3.7	10.5	100.0

表 3-31 显示，当前司法活动过程中地方保护主义普遍存在比例很大，

有 55.9% 的被调查者认为当前司法活动过程中地方保护主义“非常普遍”“比较普遍”。说明司法机关的管理体制还存在比较大的问题，司法去地方化、行政化是司法体制改革的大方向。

14. 您认为当前基层法官的生活待遇：

A. 非常好　　B. 比较好

C. 一般　　D. 不好

E. 很不好　　F. 说不清楚

表 3-32　当前基层法官的生活待遇如何

案例处理摘要

	案例					
	有效的		缺失		合计	
	N	占比（%）	N	占比（%）	N	占比（%）
地区 * T33 认为当前基层法官的生活待遇	8058	98.2	151	1.8	8209	100.0

地区 * T33 认为当前基层法官的生活待遇如何

			T33 认为当前基层法官的生活待遇如何						合计
			非常好	比较好	一般	不好	很不好	说不清楚	
地区	东部经济区	计数	546	1309	1498	169	61	484	4067
		经济区划分内的比重（%）	13.4	32.2	36.8	4.2	1.5	11.9	100.0
		总数的比重（%）	6.8	16.2	18.6	2.1	0.8	6.0	50.5
	中部经济区	计数	420	999	1225	202	77	340	3263
		经济区划分内的比重（%）	12.9	30.6	37.5	6.2	2.4	10.4	100.0
		总数的比重（%）	5.2	12.4	15.2	2.5	1.0	4.2	40.5

续表

地区 * T33 认为当前基层法官的生活待遇如何										
			T33 认为当前基层法官的生活待遇如何						合计
			非常好	比较好	一般	不好	很不好	说不清楚	
地区	西部经济区	计数	60	206	294	68	28	72	728
		经济区划分内的比重（%）	8.2	28.3	40.4	9.3	3.8	9.9	100.0
		总数的比重（%）	0.7	2.6	3.6	0.8	0.3	0.9	9.0
合计		计数	1026	2514	3017	439	166	896	8058
		总数的比重（%）	12.7	31.2	37.4	5.4	2.1	11.1	100.0

从表 3-32 看出，基层法官的生活待遇一般，占 42% 左右。同时也有超过 40% 认为基层法官待遇“非常好”或“比较好”。这说明现在社会对法官待遇的认识还不太一样，特别是基层法官，业务量大，但是相应待遇没有提高，这也是实行员额制改革后要重点关注的问题。

15. 您认为确保司法公正最有效的途径是：

A. 惩治司法腐败　　B. 提高法官素质

C. 提高法官待遇　　D. 树立司法权威

E. 防止案外干扰　　F. 说不清楚

表 3-33　确保司法公正最有效的途径

案例处理摘要						
	案例					
	有效的		缺失		合计	
地区 * T35 确保司法公正最有效的是	N	占比（%）	N	占比（%）	N	占比（%）
	8066	98.3	143	1.7	8209	100.0

地区 * T35 确保司法公正最有效的途径是										
			T35 确保司法公正最有效的途径是						合计
			惩治司法腐败	提高法官素质	提高法官待遇	树立司法权威	防止案外干扰	说不清楚	
地区	东部经济区	计数	1871	890	224	391	331	367	4074
		经济区划分内的比重（%）	45.9	21.8	5.5	9.6	8.1	9.0	100.0
		总数的比重（%）	23.2	11.0	2.8	4.8	4.1	4.5	50.5
	中部经济区	计数	1365	753	192	343	371	242	3266
		经济区划分内的比重（%）	41.8	23.1	5.9	10.5	11.4	7.4	100.0
		总数的比重（%）	16.9	9.3	2.4	4.3	4.6	3.0	40.5
	西部经济区	计数	368	134	43	92	56	33	726
		经济区划分内的比重（%）	50.7	18.5	5.9	12.7	7.7	4.5	100.0
合计		计数	3604	1777	459	826	758	642	8066
		总数的比重（%）	44.7	22.0	5.7	10.2	9.4	8.0	100.0

表 3-33 显示，50.7% 的受访者认为，确保司法公正最有效的手段还是惩治司法腐败，这还是涉及司法体制机制的设计问题，这也是当前司法体制改革最难、问题最多方面。

二　访谈调查

访谈问题一：如何理解我国的司法职业传统？该传统对我国现代司法有何影响？

（一）法官职业群体的一些代表性观点（五位法官的个人观点）

1. 在传统中国，没有角色中立意义上的司法，只有相对专业或专司意义上的司法；没有国家议事、执行、审判三种职权分立意义上的司法，只有作为整体国政的一部分的司法；没有与王权、皇权相对抗衡意义上的司法，只有作为王权鹰犬爪牙意义上的司法。我国的司法职业传统还有一个显著特点，即讼师社会地位低下，得不到法律的认可和官方的确认，其资格和收入也无法通过正当途径获得批准，他们在诉讼活动中始终处于一个较为尴尬的地位。由于司法职业在古代一直没有独立性，使得一直以来司法都被认为是行政的附属，司法独立的观念在中国缺乏传统的支持。时至今日，很多人依然把法院看成是政府的一个职能部门，把法官当成行政官员。律师的形象虽然较之古代已有很大改善，但还是有不少人视其唯利是图，而忽视了律师在现代司法制度中的作用。

2. 在传统中国，没有将法律作为一个专门的学科，也没有法律职业的分类。也就是说，司法职业不具有专业性和独立性，在漫长的中国历史上，行政官员和司法官员基本是不作区分的，行政官员在审理案件的时候变成了法官，退出公堂之后，又变成了行政官员。在法治发达国家，法律职业者由于相似的教育背景，相似的专业语言，形成了相近的思维方式。在中国，读法律的人在进入法律职业之后，却不用法律的思维来考虑问题，而是更多地讲政治、讲经济。在人们眼里，法官和其他的政府官员没有什么两样。不仅人们没有把法律职业者（法官、检察官、律师）当作一个独立的群体，就连我们自己也没有把自己也当作一个独立的、有别于其他的群体，这样一种认识对我国司法现代化造成了重大影响。另外，我国长期以来的司法传统是强调和解，以和为贵。目前，司法实践中为了贯彻调解的原则，各级法院还制定了调解指标，导致司法实践中出现的“以劝压调”“以拖压调”“以判压调”“以诱压调”“强制调解”等现象。调解减损了法官的权威，贬损了法官的尊严，不利于现代法治建设。

3. 提到良好传统，似乎就得提及陕甘宁边区的“马锡五审判方式”，因为这是人民司法优良传统的标志，连最高院的领导都讲人民司法的终极目标就是要不折不扣地合乎民心、顺应民意，关注民生、维护民权。这个传统应该说在得民心，维稳定上有积极意义，为了让法律效果和社会效果相统一，提升调解率，营造出一派和谐，法官对一些法律关系清晰的案件也往往采取和稀泥、游说权利人让步的方式来结案。似乎居中裁判明断是非不是法官的最高追求，而搞定案件当事人解决纠纷才是最高本领。现代司法的追求应该是有序的正义。传统司法思维极易导致法官的非理性，促使法官在“考虑裁判所可能造成的政治、经济后果和社会影响”时，去迎合特定形势、原有社会秩序、传统文化的需要而对法律进行变通的适用甚至偶尔的违法司法。纯粹以纠纷解决为目标的司法观念具有较强的功利色彩，它使得法官在处理案件时考虑的实在法之外和“案件外”的因素较多，虽然在一些时候使个案获得“圆满解决”，实现了司法所追求的效率、秩序价值，但往往是以牺牲公正、平等等法律价值为代价的。而规则之治的司法虽然在某些案件的处理效果上不如非规则之治来得“立竿见影”，但从长远和全局来看，却是在潜移默化中使社会成员建立法律的信仰，使法律的各项价值获得尽可能衡平的实现。

4. 我国司法职业传统追求的价值目标是“必使无讼乎”，不是在诉讼过程之中通过明确双方对错作出判决来结案，而是通过教育的方式使双方放弃诉讼。纠纷产生后不主张诉诸法律来解决问题，而是推崇利用伦理道德观念来协调双方达成和解，化解纠纷。这就决定了我国现代司法的终极目标是“定纷止争”，于是，调解的重要性尤为突出，案件调撤率也就成为各级法院考核指标的重要内容。我国的传统文化自孔孟时代开始就讲究“会意”，道理往往不明说，让民众自己去领悟，虽然造就了优良的传统文化，但对于现代司法的推理、论证过程是不利的。我国有着“人治”的传统，这直接决定了人们追求的是客观上的公平正义，对于程序规则方面的要求相对不高。现代司法体系的建立借鉴了西方的司法体制，在注重程序规则的同时，更加注重实体正义。比如说，新修改的民诉法对于举证期限以及证据失权的规定较之前的证据规则要宽泛得多，这就体现了追求实质公平正义的价值取向，在司法实践中，法官也不仅仅限于坐堂问案，而是主动进行实地调查以确保案件实体公正。

5. 本人认为我国的司法职业传统就是政法合一，即法院不仅仅仅是从事专门法律裁判工作的司法机关，更是和政府其他部门一样承担维持社会稳定、参与社会综合治理的社会与政治功能，其中尤其重要的是为市场经济保驾护航的功能。也即我们经常所说的“政法”机关，或可称为政法功能、政法传统。正因如此，法官具体裁判过程中不仅需要考虑法律效果，更要考虑社会效果与政治效果。对于现代司法而言，主要强调的是专业化，即司法之所以为司法的基本特点是强调司法裁判的专业技能、专业思维和模式，或可称为“法律人的思维模式”。因此，政法传统的职业思维应是不合时宜的。尤其是在社会已经极其复杂，司法活动已高度专业化的今天，这种政法传统无疑已成了阻碍我国法治发展的重大因素。法官也在这几种效果追求中疲于奔命。

（二）检察官职业群体的一些代表性观点（四位检察官的个人观点）

1. 中国的整个社会从 1949 年开始发生翻天覆地的剧烈变化。我们在价值观上可能还剩余一些传统，司法职业方面则断代非常彻底。民国以前的漫长时期，司法官和行政官一体，没有什么区分，司法只是行政的一个部分；从民国开始，真正意义上的司法职业才逐渐形成；1949 年后，我们在司法体制方面照搬苏联模式，和民国时期所作的努力一刀两断。所以，当前的司法职业是否能称得上有传统都是一个疑问。大陆的司法职业传统最早只能从新中国成立后起算，台湾地区的可以从民国甚至更早的时期起算，因为传统文化在台湾还保留得较好，香港、澳门地区司法职业可以从殖民时期开始起算。鉴于上述情况，我认为大陆地区的现代司法受基本不受职业传统的影响，因为这个职业很年轻，没有什么传统。

2. 司法职业传统与司法职业活动具有不可割舍的联系，司法人员在具备法律知识和业务技巧的同时，更需具备高尚的道德情操、优秀的思想品质和持久的敬业精神。司法人员一方面作为职业化的法律人发挥着法律人独有的职业素养，如同独角兽一样铁面无私、刚正不阿；另一方面作为普通化的社会人扮演着社会人常态化的个体角色。通过对司法职业传统进行梳理，研究司法伦理，构建司法伦理规范，建立司法伦理机制，重视司法伦理教育，加强司法人员的伦理自律，这对于提高司法队伍整体水平和培育当代合格的司法人员，增强他们的伦理信念，提高司法实践水平，实现司法公正具有重要意义，并有利于整个社会道德水平的提高和司法人员道德人格的自我完善。

3. 关于司法职业中的检察官职业，在中国古代，从商周奴隶制时代起就有专司监察之职的御史制度。特别是秦代以后，御史制度在监察考核、监督选任和纠举弹劾官吏方面，始终具有重要的作用。但是，现代意义上的检察制度，则是清末从日本引进的。1906 年清政府颁布的《大理院审判编制法》中按照大陆法系的做法首次规定了检察制度。上述检察制度的建设，同时衍生了检察官这个职业的发展。中华法系发展于秦汉，成熟于隋、唐、五代，沿袭于宋元，没落于晚清。中国传统法律制度与当代法律制度也并非格格不入。如传统民事法律制度的内容涵盖了主体资格、权利能力和行为能力、民事权利等方面的内容，如关于佃权、质权、典权、抵押权等物权方面的规定，关于占有权、使用权、收益权、处分权等所有权方面的规定，与现在相关的民事法律制度相去不远。而数罪并罚、犯罪情节、故意和过失、偶犯和惯犯、公罪和私罪、首犯和从犯、刑罚减免等刑事法律制度，对于我国现代刑法制度的发展仍然具有深远影响。我国传统检察制度对现在的检察官制度同样具有影响和传承。①应当具有严明、清廉、公正等职业道德要求。检察官职权的运用是司法权力的运用，不管是古代清官还是现代的检察官，同样要求职业道德，忠诚、公正、清廉、严明是最高人民检察院发布《检察官职业道德规范》的要求。②行政色彩较重，行政化影响严重。传统的司法制度中，执法者就是行政者，现代的司法中行政化也较为严重，需要专业的司法职位设置。

4. 就个人的理解，我国的司法职业传统就是四个字：人民司法。具体来说的话，有两种表现形式，一个是司法的群众路线，也就是我们常说的司法的民主性，或者司法为民；另一个就是运动式司法，讲的是司法的公众参与甚至司法大众化、广场化。这两个方面一个是从司法机关和司法人员的角度来展开，司法要更多考虑群众的切实需求；另一个则是从民众的角度，强调民众对司法的参与。这两种传统至今仍然在我们的司法实践中存在，尤其是群众路线作为我们党的基本方法，在这两年大有不断扩展之势。司法的民众参与则更多是通过人民陪审员制度来体现，司法的大众化与广场化则有所限制，甚至慢慢在取消了。不管是司法的群众路线，还是司法的大众化和广场化，都对现代司法有巨大的冲击的，可能背离司法的中立性。因此应该引起新一轮司法改革者的重视与思考。

（三）律师职业群体的一些代表性观点（四位律师的个人观点）

1. 我国传统上是人治社会，司法依附于权力、依附于政治，导致司法职业的“地位”和社会评价并不如“当官”高。古代有些“律师”被称为“讼棍”，一个“棍”字表明人们都法律职业的鄙夷、不屑和调侃。而负责审判的官员则被寄予“青天大老爷”的厚望，可见人们对于公平正义的希望都是寄托在一个明辨是非、铁面无私的人的身上，而不是寄望于一套良性运作的司法体制。该传统对现代司法的影响主要有：人们希望法官能为他们伸张正义，便忘记了法律是一套规则，必须由当事人对自己主张的事实承担举证责任（除无罪推定原则、行政诉讼中行政机关自证其行为合法性外），于是在案件判决下达前，有的当事人可能对法官百般客气千般讨好，一旦案件败诉，他们就会选择缠闹访，丝毫不尊重生效判决的效力。而律师，除了部分当事人意识到自身对法律服务的需求，也尊重律师劳动以外，有的当事人仍然认为律师就是巧舌如簧、歪曲事实、为了金钱不择手段的“讼棍”。

2. 我们司法职业传统中有反逻辑、非逻辑的色彩。在对中国古典问题研究的过程中，发现官员在作决策的过程中，似乎有一种明显的不太严格地依据法律来判决案件的倾向，最重要的问题是“天理人情国法”这样一个效力等级。当一个官员判决案件的时候无需关注此前的判决，严格地追求一种确定性的要求是不存在的。相反，官员们关注的是个别案件的解决，把这样一个个别案件顺利地解决了，对他来说已经完成了任务，所以每一个案件对他来说必然是一个个别主义的处理模式，而不能是严格按照一套规则来处理。这种非逻辑化的思维方式，在司法领域里就表现为外行知识的统治；外行领导内行也是古已有之。这种非专业知识的统治，还相应地产生了一个后果，就是在具体的案件审理过程中，决定一个案件胜负的，不是理由的充足与否，而往往是力量或势力的强弱。官员在处理案件时不大注重前后左右的统一性，不惜以今日之我非昨日之我，以此地之我非彼地之他，造成同样的案件在不同的时间、不同的地点得不到类似的对待。

3. 1949 年后，我国的司法职业一直以检察与公安为主导，并配以军事化模式管理法院。中国近代是以警察国家为主，对人民是不信任的，属于压制司法，从而使司法边缘化。传统的看法是，公检法都是站在一条战壕下的兄弟，是服务于国家的。而律师在国内首次为公众知晓是为“四人帮”辩护，律师的产生便被扣上了偏见的帽子，作为广大民众代言服务的律师，居然被划到了公检法的对立面，由此很难获得政府的支持。现实中律师从事代理辩护等开庭工作，绝大多数是配合公检法等部门，律师的社会地位和政治地位相对而言是非常低的。古代讼师的负面形象也影响了当代律师的形象。古代司法与行政合二为一的体制也影响着当代法治的进程。律师地位的提高除了必须大力改革目前的司法体制外，律师队伍也得大力完善自身，真正做到为公平和正义代言。

4. 所谓传统，就是影响我们的行为却常常不为我们所意识的那些观念和价值。我们对于司法职业传统的理解，只是从表面的字面上理解，就是从司法职业的形成开始，人们在实践中所形成的一些为普罗大众所接受的，法律是默认的观念。我国的法制文化有两千多年的历史，因此一些传统是从历史所流传下来的。一些司法职业传统在现在看来是不符合现实情况的，不适应社会发展的需要，因此需要进行合理的摒弃、改革。影响：任何事情的存在对社会是有利有害，我们不能视而不见。我们需要看到两面——好的与坏的。而传统的存在，对现代司法的影响也有好有坏。运用司法职业传统来判案，符合了社会上的道德的要求和有利于公序良俗这一原则。司法传统注重维持社会上的道义，这是社会长期发展所形成的，对今天的司法实践具有一定的指导意义。传统意识与现代法治也有冲突。例如，按民间的传统观念，“欠债还钱、杀人偿命”乃天经地义的“铁律”，由此产生“杀人者死”的同态复仇社会心理倾向必然与“慎用死刑”的现代刑罚理念相冲突。

访谈问题二：请谈谈司法理论研究和司法文艺创作在司法文化建设中有何意义和作用。

（一）法官职业群体的代表性观点（八位法官的个人观点）

1. 文化主要是一种养成，是一种长期孕育的结果。在司法文化建设过程中，司法理论研究有助于我们了解司法文化的内涵与发展方向，为司法文化建设提供强大的智力与理论支持。在当代社会，文艺作品呈现越来越强大的文化教育功能，是展示主流司法文化的良好载体。文艺创作则可以将抽象的司法文化形象化，便于不同阶层、不同文化水平的群体更好地理解与接受，有助于扩大司法文化的社会影响力，提高司法文化的社会认同度。尤其是对受教育程度不高的人群来说，将司法文化融入电影、电视等媒介中，无疑可以起到润物细无声的效果。

2. “文艺是民族精神的火炬，是人民奋进的号角。”我认为司法文艺是司法文化建设的重要内容，繁荣司法文艺创作，为法官和大众奉献更多更好的精神食粮，是新时期司法文化建设的重要任务。通过司法文艺创作，奉献反映新时代法官工作生活的优秀作品，既可以鼓舞法官，又可以塑造大众，为推动司法工作和队伍建设作出应有的贡献。特别是在大众普遍对司法权威认同度不高的情况下，法官形象急需通过司法文艺这种有效方式提升。法院文化是指法院在长期审判实践和管理活动中逐步形成的共同的价值观念、行为方式、制度规范以及相关物质表现的总称。法院文化的核心是建设制度文化。法院制度可以分为三种：一是宪法中的司法原则；二是（刑事、民事、行政）三大诉讼法涉及的各种制度；三是法院组织法和法官法。司法理论研究在一定程度上可以推动司法实践的发展，提升司法机关的地位，深化对司法规律的认识。加强司法理论研究是司法文化建设的重要手段。

3. 大力推进社会主义法治文化建设，教育引导公民普遍养成崇尚法治权威、依法办事的习惯，真正使法治成为广大公民的自觉意识和主动追求，有利于为法治建设提供坚强思想保证、强大精神动力、有力舆论支持、良好文化条件，有利于创造具有地方特色、体现当代中国法治建设方向的社会主义文化，为率先基本实现现代化奠定坚实的社会基础和有力的思想保障。细化到法院本身而言，利用办公楼大厅、走廊、接待室等公用区域，精心打造“文化长廊”“文化墙”，悬挂、张贴载有法律名言警句和反映司法行政行业特色文化作品。加强法律援助、人民调解、公证、律师等文明窗口建设，在办公场所、公务用品、交通工具、基础设施等方面，统一设置反映司法行政工作理念的形象标识，可以营造氛围，树立法院的良好形象。

4. 司法文化是整个文化系统中的一种文化现象，它同其他职业文化一样，是构成整个文化大系统的一个文化子系统，它既有文化的共同属性，又有独特的内在品质。司法文化是指司法群体在长期的司法实践和管理活动中所形成的一种司法理念、价值观念和行为准则。司法文化是司法群体的灵魂，是司法精神文明建设的核心，它决定和支配着司法群体的价值取向，指引与制约着司法现代化的制度性和物质性安排。司法文化与其他职业文化的一个显著区别是司法的理论性、专业性强，司法理论研究构成了司法文化建设的核心要素。司法文化建设要上新台阶，司法理论研究必须先行。离开了司法理论研究，司法文化建设就是无本之木、无源之水。司法理论研究直接决定了司法文化建设的方向和价值取向。司法文艺创作是司法文化建设的生命力。没有文艺创作，任何文化建设都是死气沉沉、缺乏生命活力的。因此，在加强司法理论研究的同时，必须注重艺术创新，为司法理论研究注入活的灵魂，共同促进司法文化建设。

5. 先进的理念是行动的先导，因此，在司法文化建设中，应该加强司法理论研究来统领司法文化建设。司法文艺作品的创作可以激发司法工作者对工作的热情，使人民群众更加了解司法工作，支持司法工作。大力弘扬当代司法工作者无私奉献、爱岗敬业的崇高精神，需要以文艺作品作为载体。现实生活中反映司法工作者工作生活的文学作品较匮乏，有些作品也缺乏深度和真实感，不能贴近实际，不能引起共鸣。我们司法工作者中有许许多多可歌可泣的光辉事迹必须通过文艺创作来反映，从而提高司法工作者的职业自豪感和成就感，鼓舞队伍的士气。所以，我们要创作更多更好的、能够客观真实反映司法工作者工作生活文艺作品来宣传自己、鼓励自己，赢得民众的支持，这是进行司法宣传的重要手段。

6. 司法文化建设实践归根到底是要解决司法“应有什么样文化”和“怎样有文化”的问题。文化的发展规律和司法的本质特征为先进的司法文化建设指明了努力的方向。法治文化是国家文化、民族文化的重要内容，是社会公众法治意识和法治精神的体现，是法治中国建设先导性、基础性的工作。可以说，法治文化承载着一个国家、民族复杂的文化心理和厚重的思想意识，是维系社会和谐运行和发展的内在动力。先进的法院文化，是法治文化的重要组成部分，是法治文化的集中体现。法治文明中，司法文化起着核心、关键的作用。司法理论研究和司法文艺创作，对司法文化建设有促进作用。通过先进的司法文化建设，可以引领中国法治建设，甚至促进全社会法律文明的形成。

7. 司法理论研究和司法文艺创作的发展和司法文化建设的实践是互相促进、相辅相成缺一不可的。司法理论研究是司法文化建设的前提。有了正确、充足的司法理论观点，才能在司法文化建设的道路上少走弯路，促进司法文化建设又好又快发展。理论只有落实到实践上，同实践相结合，才有用武之地。摸着石头过河是一种不得已的方法。在理论研究指导实践的同时，实践也会反哺司法理论研究的发展。两者形成了一个良性循环。司法文艺创作，是司法文化建设的一条必由之路。文艺创作始终是一条最贴近百姓民生的路子。通过对法律现象、法律条文等的再加工，利用歌舞、相声、小品等文学等形式，使其形象生动亲切起来，而不再枯燥无味、高高在上让大众敬而远之。这就扩大了法律宣传受众群体，让公民在喜闻乐见的情形下吸收法律知识、接受法律教育，营造良好的社会法治文化氛围，从而达到潜移默化的效果和普法的目的，从而刺激司法文化建设蓬勃发展。在司法文化建设发展的同时，也会更加注重司法文艺的创作，更大幅度地调动群众对法律学习的兴趣和积极性。

8. 如果司法理论研究和司法文艺创作是在客观地前提下进行的话，当然是具有非常重要的意义和作用的。但是就目前的司法实践来看，司法理论研究的功利性还是非常强烈的，尤其是由于考核指标的存在，这些工作总是会导致法官急功近利，造出来一些质量很差的文章，没有任何意义。另外，我国法院系统应该秉承开放、公开的姿态，让相关审判、审务信息及时公开，并提供给学者研究，避免学者闭门造车，写出无益司法进步的文章。当然，我国的学者也要有学者的样子，不做各种盈利性的项目的投机分子，为了利益，扭曲解释司法现状，我现在尤为担心，学者要是没有真正反映司法的现实，反倒凭着自己的理解，对素材进行加工、转换。这对我们法治建设、法治理论都会有跑偏的副作用，伤害尤甚。

（二）检察官职业群体的代表性观点（五位检察官的个人观点）

1. 司法文化建设应当是文化建设、文化体制改革的重要内容之一。按照文化建设的总目标，司法文化建设的目标，往大了讲，应该是在司法工作领域建立社会主义核心价值体系，往小了讲，至少让司法领域保持符合官方要求的价值观形态，形成规章制度等。司法理论研究和司法文艺创作自然是文化建设的重要手段。进行理论研究，能够为价值观要求树碑立传，确立权威；进行司法文艺创作，能够用生动的形式进行宣传、教化，感染人心。这两个手段向来是文宣工作的左膀右臂。个人认为，司法机关开展理论研究具有实际意义，但范围应当仅仅局限于司法理论和实务，不能作为意识形态的工具。至于司法文艺创作，实在是没有存在的必要。如果类似《傲骨贤妻》之类的美剧能算司法文艺创作的话，建议我们也把司法文艺创作完全交给司法系统以外的人去做。

2. 理论是先导，充分、扎实的理论研究和讨论以及对于司法文化建设具有指导作用，有助于司法文化建设明确方向，减少由于盲目建设导致的浪费、重复建设，从而推动司法文化建设取得实效。文艺创作是司法文化建设的重要组成部分，鼓励文艺创作有利于司法文化建设，丰富司法文化的内容，提高司法工作人员的素质，提高民众对司法机关的认同感，从而有利司法权威的建立。但前提是，这种鼓励措施不能设定过多的条条框框，要给予文艺创作者必要的创作自由。

3.（1）司法理论研究是司法文化建设的基石和源泉。司法理论研究专业化方面进行法治文化普及，对司法文化建设提供了物质基础和表现形式。文化建设存在的问题和发展方向、发展形式等均可以通过司法理论研究进行宏观指导，在具体实践中进行运用，对文化进行更好的传承和发展。（2）司法文艺创作是司法文化的一种物化形式。物态文化体现司法行政系统文化表象（标记），是以艺术语言、动作、图像、建筑装饰等手段，形象反映司法行政工作的一切文化现象和文化产品的一种文化。它包括文化活动的方式与方法、载体与场所、组织与实施等等。物态文化对人的教化和影响能够起到潜移默化的功效。文艺创作从日常的表演、影视、书籍等形式进行文化载体，对相关的司法教育宣传进行积极推进。

4. 司法理论研究和司法文艺创作只是司法机关核心工作的辅助部分，但这不是说它不重要，比如说通过对司法理论研究和司法文艺创作的重视，我们的法院工作人员可能会更加注重学习理论专业知识、提供自身文化素养，从而形成积极进取、特色鲜明的文化氛围。而且这种举措的长期坚持，也可以推动司法机关形成并强化共同的价值观念、行为方式、制度规范等，为我国的法治建设提供更好的文化环境。但是，也要注意目前法院所做的这些工作仍处于重写作，轻应用、实用的阶段，也就是说，目前法院所进行的理论研究、文艺创作更多的是为了应付考核，没多少实用或应用价值。

5. 据本人所观察的情况来看，司法理论研究是目前司法机关极其重视的一项工作，尤其是近年来都纳入很多司法机关考核的范畴。司法文艺创作则不是很多，司法机关似乎也不是特别重视文艺创作。这两项内容对于司法文化建设而言，应该都具有重要意义。通过对司法理论研究和司法文艺创作的重视，我们的法院工作人员可能会更加注重学习理论专业知识、提高自身文化素养，从而形成积极进取、特色鲜明的文化氛围。而且这种举措的长期坚持，也可以推动司法机关形成并强化共同的价值观念、行为方式、制度规范等，为我国的法治建设提供更好的文化环境。但同时需要注意的一个问题是，由于我们的司法人员本身就有很大的工作负担，尤其是当前法院、检察院“案多人少”，矛盾突出，司法理论研究和司法文艺创作可能会挤压司法人员的工作时间。而且，我了解到不少司法人员都疲于应付理论研究的考核指标，很多时候甚至找外人代笔、“借”文章等。也就是说，可能会出现形式化的情况，对于司法文化建设而言也就意义有限了。

（三）律师职业群体的代表性观点（四位律师的个人观点）

1. 本人作为一个实用主义者，崇尚胡适先生的观点“多研究些问题，少谈些主义”。我认为司法理论研究和文艺创作对于司法文化的建设只能起到锦上添花的作用而不是雪中送炭的关键、决定性作用。司法公正只有一条路可走：严格按照法律原则和法律规定处理每一个案件，提高司法公信力，提高人民对法院权威的尊重。如此一来，司法文化的建设便是水到渠成的事情。当然，并不是说司法理论研究和文艺创作的重要性可以被完全忽略。理论可以解释一些现象，指导实践。源于实践而又高于实践的文艺创作可以起到良好的普法作用。如英国电视剧《加罗律师》、韩国电影《辩护人》等，都让人们在黑暗中看到法治的曙光。遗憾的是至今充斥荧屏的我国的法律电影电视剧尚没有一部让人产生共鸣，我们需要的是改变国家的电影，而不是被国家改变的电影。

2. 当今时代，文化越来越成为国家、地区、单位、部门综合竞争力的重要因素，发展的“软实力”主要体现在精神动力、智力支持和发展理念的导向上。而司法行政系统在这些方面的体现尤为明显。司法行政机关与公、检、法和国家安全机关共同组成了我国政法机关大系统，其显著特点在于：工作职能具有多样性、工作业务具有特殊性、工作难度具有艰巨性。这些职能及特点是其他行业无可替代的，需要充分发挥系统文化导向、凝聚、融合、约束、规范和激励功效，即通过系统文化影响系统内全体人员的习惯、期望等微妙的心理，把来自不同教育背景，具有不同性格特征和行为习惯的人员凝聚、融合起来，使之产生归属感、认同感，形成群体意识和团队精神，为共同的事业而努力奋斗。充分认识系统文化这一特点，各级党委、决策层、行业领头人，就应以自觉的文化意识思考和研究系统文化建设的作用，继续探索司法行政文化建设的内容、形式、载体和机制，改善机关环境、彰显法治文化特色，形成积极健康的司法行政文化氛围；要充分结合司法行政的各项工作职能，在文化建设过程中融入司法行政的工作，形成自己的特色；要以促进队伍建设为出发点，在文化建设过程中积极改善司法行政队伍的精神面貌，树立良好的司法行政品牌和形象，从而达到促进工作发展的目的。

3. 回答此问题首先需要定义什么是“司法文化”。个人认为，司法文化就是司法工作者在司法工作实践中形成的具有司法职业特色的社会生活方式和精神价值体系。绝大部分领域的理论研究对于该领域的文化建设及长远发展都是有益处的。具体到司法领域的理论研究，自然可以为我们建设司法文化发挥重要的指引、参考作用。好的文化创作能够丰富人民的精神文化生活、增强文化整体实力和竞争力、提高人民道德素质。同样，好的司法文艺创作能够推动司法文化建设，能够增强司法队伍的凝聚力，能够扩大司法队伍的影响力，能够提升司法队伍的创造力。但是，司法理论研究也好，司法文艺创作也罢，都应尽力摆脱行政、政治的束缚，进行纯粹的研究与创作，唯有如此，才能发挥其在司法文化建设中的应有作用。

4. 理论来自于实践又指导实践，这是理论与实践关系的真实反映。司法作为一种积极的法律活动，具有各种社会现象最初所表现出的一种自发性、或然性。就司法与社会其他现象之间的关系而言，则由于社会背景的差异导致了相当大的区别，以至于司法本身作为社会现象的特征就具有了相当独特的个性，这些个性使不同社会的司法活动呈现明显不同甚至完全相反的面貌。因而，总体把握司法个性的前提是对司法在不同社会背景下性状的研究。对我国目前而言，只有在对历史上不同社会模式下的司法实践、理论加以探索以后，才能真正与现代化的司法“接轨”。司法文艺创作将切实的司法工作上升到了精神层面，好的司法理论研究和好的文化创作能够丰富人民的精神文化生活、增强文化整体实力和竞争力、提高人民道德素质。司法文化是司法工作者在司法工作实践中形成的具有司法职业特色的社会生活方式和精神价值体系。好的司法文艺创作能够推动司法文化建设，能够增强司法队伍的凝聚力，能够扩大司法队伍的影响力，能够提升司法队伍的创造力。

三　权重设计

司法文化指标测度（占总权重 5%）

司法文化的评价指标

一级指标	二级指标	三级指标
司法文化（5%）	法律职业伦理道德与规范（40%）	法律职业精神（25%）
		法律职业技能（25%）
		司法礼仪（25%）
		法律职业责任与纪律（25%）
	现代司法理念（30%）	现代司法的基本理念（100%）
	法治知识的传播（30%）	崇尚法治的知识培训（50%）
		司法理论研究和司法文艺创作（50%）

二级指标：法律职业共同体职业伦理道德与规范（权重 40%）

三级指标：法律职业精神

权重：25%

分值：100 分

测量内容：法律职业者是否具有良好的职业精神。

评分标准：针对法官、检察官、律师三个群体分别设计问题，问卷调查的结果可设定为优、良、及格和不及格 4 个等级，赋予分值为别为该问题初始赋值的 100%、80%、60%、0，计算后相加总分即为该群体在此问题的实际得分，取上述群体实际得分的平均值，即为该项指标的实际得分。

测量方法：主观问卷。

问题设计：(1) 您认为在您所在地区法官的职业精神（职业操守、社会责任感）情况如何？

A. 好　　B. 较好

C. 一般　　D. 差　　E. 不清楚

【A 为优、B 为良、C 为及格、D 为不及格，E 则不统计】

(2) 您认为在您所在地区检察官的职业精神（职业操守、社会责任感等）情况如何？

A. 好　　B. 较好

C. 一般　　D. 差　　E. 不清楚

【A 为优、B 为良、C 为及格、D 为不及格，E 则不统计】

(3) 您认为在您所在地区律师的职业精神（职业操守、社会责任感等）情况如何？

A. 好　　B. 较好

C. 一般　　D. 差　　E. 不清楚

【A 为优、B 为良、C 为及格、D 为不及格，E 则不统计】

三级指标：法律职业技能

权重：25%

分值：100 分

测量内容：法律职业者是否具有良好的职业技能。

评分标准：针对法官、检察官、律师三个群体分别设计问题，问卷调查的结果可设定为优、良、及格和不及格 4 个等级，赋予分值为别为该问题初始赋值的 100%、80%、60%、0，计算后相加总分即为该群体在此问题的实际得分，取上述群体实际得分的平均值，即为该项指标的实际得分。

测量方法：主观问卷。

问题设计：(1) 您认为在您所在地区法官的职业技能（运用法律推理、法律表达等）情况如何？

A. 好　　B. 较好

C. 一般　　D. 差　　E. 不清楚

【A 为优、B 为良、C 为及格、D 为不及格，E 则不统计】

(2) 您认为在您所在地区检察官的职业技能（运用法律推理、法律表达等）情况如何？

A. 好　　B. 较好

C. 一般　　D. 差　　E. 不清楚

【A 为优、B 为良、C 为及格、D 为不及格，E 则不统计】

(3) 您认为在您所在地区律师的职业技能（运用法律推理、法律表达等）情况如何？

A. 好　　B. 较好

C. 一般　　D. 差　　E. 不清楚

【A 为优、B 为良、C 为及格、D 为不及格，E 则不统计】

三级指标：司法礼仪

权重：25%

分值：100 **分**

测量内容：法官在法庭内的礼仪状况。

评分标准：(1) 未发现法官有在法庭内失礼仪情况的，得满分；

（2）法官在开庭时未穿着法官袍或者法官制服、佩戴徽章的，发现1例扣5分，扣完为止；

（3）法官缺席、迟到、早退、随意出入、做与审判活动无关的事的，发现1例扣5分，扣完为止；

（4）法官不使用规范、准确、文明的语言，对当事人或者其他诉讼参与人有不公的训诫和不恰当的言辞的，发现1例扣5分，扣完为止；

（5）法官庭审时使用通信工具、在审判席上吸烟的，发现1例扣5分，扣完为止。

测量方法：客观查询、主观访谈。评估团队所依据的材料与数据来源主要通过所评估区域司法机关的门户网站（微博）、纸媒报道、网络搜索引擎关键词查询、实地随机观察和电话核实等方式获得。

三级指标：法律职业责任与纪律

权重：25%

分值：100分

测量内容：法官、检察官及律师三个主要的法律职业共同成员的职业责任状况。

评分标准：针对法官、检察官及律师三个群体分别测量，未发现有因在履行法律职业过程中承担刑事责任、民事责任、行政责任及纪律处分的，得满分；发现1例承担刑事责任的扣10分；承担民事责任、行政责任或纪律处分的扣5分，扣完为止。

测量方法：客观查询。评估团队所依据的材料与数据来源主要通过所评估区域法院、检察院的门户网站、律师事务所、律师协会网站、纸媒报道、网络搜索引擎关键词查询、实地访谈和电话核实等方式获得。

二级指标：现代司法理念（权重30%）

三级指标：现代司法的基本理念

权重：100%

分值：100 分

测量内容：司法法治、公正、文明、独立于人权的现代司法理念的树立情况。

评分标准：针对法官、检察官、律师及社会公众四个群体分别设计问题，问卷调查的结果可设定为优、良、及格和不及格 4 个等级，赋予分值为别为该问题初始赋值的 100%、80%、60%、0，计算后相加总分即为该群体在此问题的实际得分，取上述群体实际得分的平均值，即为该项指标的实际得分。

测量方法：主观问卷。

问题设计：您是否赞同当下中国是否已树立起司法法治、公正、文明、独立与人权的现代司法理念?

A. 非常赞同　　　　B. 比较赞同

C. 一般　　　　D. 不赞同

【A 为优、B 为良、C 为及格、D 为不及格】

二级指标：法治知识的传播（权重 30%）

三级指标：崇尚法治的知识培训

权重：50%

分值：100 分

测量内容：开展职业继续教育培训、向公民开展法治讲堂的情况。

评分标准：(1) 针对所评估地区，司法机关、行业协会建立培训机构进展开职业继续教育的，发现 1 例加 10 分，总分不超过 50 分；

(2) 向公民开展法治讲堂活动的，发现 1 例加 10 分，总分不超过 50 分。

测量方法：客观查询、主观访谈。评估团队所依据的材料与数据来源主要通过所评估区域司法机关、行业协会的门户网站（微博）、纸媒报道、网络搜索引擎关键词查询、实地随机观察和电话核实等方式获得。

三级指标：司法理论研究和司法文艺创作

权重：50%

分值：100 分

测量内容：司法理论研究和司法文艺创作情况。

评分标准：(1) 针对所评估法院，成立专门的司法文化研究机构，组织、承担有关重大司法课题研讨，承担 1 项加 10 分；(2) 组织编写司法文化学的教材、翻译国外司法、司法文化经典著作，1 部加 10 分；(3) 通过创作文艺、影视等作品宣传社会主义司法制度，弘扬社会公平正义的，1 部作品加 10 分。

测量方法：客观查询、主观访谈。评估团队所依据的材料与数据来源主要通过所评估区域司法机关的门户网站（微博）、纸媒报道、网络搜索引擎关键词查询、实地随机观察和电话核实等方式获得。

附件一

我国司法体制改革评价指标体系

前　言

课题组研究的论题是中国语境下的司法体制改革评价指标体系，围绕“中国司法体制”这一核心论域，展开对“评价指标体系”这一问题的研究。司法评价的基本要素包括：司法公正、司法效率、司法权威、司法职权配置、司法资源配置、司法监督机制、司法政策、司法生态、司法文化，这些要素同时也构成了评价司法改革的基础。此外，司法改革本身也是待评价对象，改革目标是否明确、方案是否科学、措施是否合理、进度是否适当、推进策略是否有效等，均应予以评价。因此，司法改革本身也是一个司法评价要素。

本评价指标体系采取客观评价与主观评价相结合的方式，评价指标首先考虑客观评价方式，尤以考察“是否”“有无”“多寡”“频率”等客观事实为主。当然，针对无法获取相应客观数据或难以通过客观事实资料、数据全面反映评估内容的评价指标，则采取主观评价方式，通过问卷调查或访谈获得相应数据。

需要指出，确定各指标权重的方法很多，不同指标重要性的大小既需要考虑该指标在司法评价中实际发挥作用大小的问题，也受指标多寡的影响。指标被划分得越精细，数量越多，则其下观察点权重数越小。相反，指标划分得越少，每个观察点被赋予较大权重的概率越大。本评估指标体系的指标权重和计算方法强调通用性，即以观察点为基础，根据各个一级指标的重要性和不同指标间的均衡度综合确定。就具体评价指标而言，课题组确立了10个一级指标，31个二级指标，73个三级指标。

第一部分 价值层面的指标

公正、效率、权威是司法的价值要素，代表了司法活动应然的价值取向和最终的价值归依。为此，课题组在价值层面主要设置了司法公正、司法效率与司法权威3个一级指标，权重各为10%。

一级指标：一、司法公正（权重10%）[①]

表1 司法公正的评价指标

一级指标	二级指标	三级指标
司法公正（10%）	（一）司法平等（25%）	1. 诉讼权利平等（50%）
		2. 法律适用平等（50%）
	（二）独立行使司法权（30%）	3. 独立行使审判权（60%）
		4. 独立行使检察权（40%）
	（三）司法公开（25%）	5. 审判公开（50%）
		6. 检务公开（50%）
	（四）司法廉洁（20%）	7. 司法人员廉洁（50%）
		8. 司法机关廉洁（50%）

二级指标：（一）司法平等（权重25%）

三级指标：1. 诉讼权利平等

① 本指标体系中所指权重，均系该指标占上一级指标的权重，具体而言，一级指标的权重是指该一级指标占指标体系（指数）的权重，二级指标的权重指该二级指标占所属一级指标的权重，三级指标的权重是指该三级指标占所属二级指标的权重。

权重：50%

分值：100 分

测量内容：民事诉讼中双方当事人是否具有同等的诉讼手段，以保护他们各自的实体权益；法院是否依法为当事人双方提供同等的机会，以保障他们行使自己的诉讼权利。

评分标准：调查对象为法官、律师及社会公众（当事人），针对上述群体分别设计调查问题，问卷调查的结果设定为优、良、及格和不及格 4 个等级，赋予分值分别为该问题初始赋值的 100%、80%、60%、0，计算后相加总分即为该群体此问题的实际得分，取上述群体实际得分的平均值，即为该项指标的实际得分。

测量方法：主观问卷。

问题设计：共设两个问题，每个问题初始赋值为该指标初始赋值的 50%。

1. 在您所在地区（单位），是否存在辩护律师会见难、阅卷难的情况？

A. 较多　　B. 较少

C. 极个别　　D. 没有　　E. 不清楚

【D 为优、C 为良、B 为及格、A 为不及格，E 则不统计】

2. 在您所在地区（单位），是否存在司法人员侵犯当事人诉讼权利的行为（例如侵犯辩护权、强制当事人和解或调解、不予回避等）？

A. 较多　　B. 较少

C. 极个别　　D. 没有　　E. 不清楚

【D 为优、C 为良、B 为及格、A 为不及格，E 则不统计】

三级指标：2. 法律适用平等

权重：50%

分值：100 分

测量内容：司法裁判是否存在“同案不同判”的情况。

评分标准：调查对象为法官、律师及社会公众（当事人），针对三个群体分别设计调查问题，问卷调查的结果设定为优、良、及格和不及格 4 个等级，赋予分值分别为该问题初始赋值的 100%、80%、60%、0，计算后相加总分即为该群体在此问题的实际得分，取上述群体实际得分的平均值，即为该项指标实际得分。

测量方法：主观问卷。

问题设计：在您所在地区（单位），是否存在司法裁判“同案不同判”的情况（所谓“同案不同判”，是指相同或类似案件的裁判结果相差巨大，显然已超出合理范围，并非指二者完全一致）？

A. 较多　　B. 较少

C. 极个别　　D. 没有　　E. 不清楚

【D 为优、C 为良、B 为及格、A 为不及格，E 则不统计】

二级指标：（二）独立行使司法权（权重 30%）

三级指标：3. 独立行使审判权

权重：60%

分值：100 分

测量内容：法官在司法过程中是否受到内、外因素的不当干涉，尤其是有无出现党政领导干部干预司法活动、插手具体案件办理的情况。

评分标准：调查对象为法官，设计调查问题，问卷调查的结果设定为优、良、及格和不及格 4 个等级，赋予分值分别为该问题初始赋值的 100%、80%、60%、0，计算后相加总分即为该群体在此问题的实际得分。如果有出现党政领导干部干预司法活动、插手具体案件办理情况被通报的，直接记为 0 分。

测量方法：主观问卷。

问题设计：您在司法过程中是否有受到来自法院内、外部的不当干涉?

A. 经常　　　　B. 较少

C. 极个别　　　　D. 没有　　　　E 不清楚

【D 为优、C 为良、B 为及格、A 为不及格，E 则不统计】

三级指标：4. 独立行使检察权

权重：40%

分值：100 分

测量内容：检察工作是否受到其他机关不当干扰，尤其是有无出现党政领导干部干预司法活动、插手具体案件办理的情况。

评分标准：调查对象为检察官，设计调查问题，问卷调查的结果设定为优、良、及格和不及格 4 个等级，赋予分值分别为该问题初始赋值的 100%、80%、60%、0，计算后相加总分即为该群体在此问题的实际得分。如果有出现党政领导干部干预司法活动、插手具体案件办理情况被通报的，直接记为 0 分。

测量方法：主观问卷。

问题设计：您在司法过程中是否有受到来自领导或党政机关的不当干涉?

A. 经常　　　　B. 较少

C. 极个别　　　　D. 没有　　　　E. 不清楚

【D 为优、C 为良、B 为及格、A 为不及格，E 则不统计】

二级指标：（三）司法公开（权重 25%）

三级指标：5. 审判公开

权重：50%

分值：100 分

测量内容：审判过程、裁判结果是否按照法律规定公开。

评分标准：针对所评估法院，凡是能够依照法律规定公开审判、公开宣判，得满分；未能按法律规定将开庭公告张榜、电子信息屏幕公布的，发现 1 例扣 10 分，扣完为止；对社会公众故意设置障碍或不准予旁听公开开庭案件的，发现 1 例扣 10 分，扣完为止；故意隐瞒审判资讯，不予以全面公布的，发现 1 例扣 10 分，扣完为止。

测量方法：客观查询。评估团队所依据的材料与数据来源主要通过所评估区域司法机关的门户网站（微博）、网络搜索引擎关键词查询、实地查验法院与访谈等方式获得。

三级指标：6. 检务公开

权重：50%

分值：100 分

测量内容：检察机关办理案件的信息是否严格按照法律规定公开。

评分标准：当事人及其法定代理人、近亲属、辩护人、诉讼代理人申请查询案件程序性信息，人民检察院对查询申请人身份审核认证后，对符合条件的，不提供查询服务，或不提供网上查询账号的，发现 1 例扣 10 分，扣完为止；对于有较大社会影响的职务犯罪案件的立案侦查、决定逮捕、提起公诉等情况，未公布或未能及时公布的，发现 1 例扣 10 分，扣完为止；对于社会广泛关注的刑事案件的批准逮捕、提起公诉等情况，未公布或未能及时公布的，发现 1 例扣 10 分，扣完为止。

测量方法：客观查询。评估团队所依据的材料与数据来源主要通过所评估区域司法机关的门户网站（微博）、网络搜索引擎关键词查询、实地查验法院与访谈等方式获得。

二级指标：（四）司法廉洁（权重 20%）

三级指标：7. 司法人员廉洁

权重：50%

分值：100 分

测量内容：法官、检察官是否存在利用职权谋取不当利益的情况。

评分标准：针对所评估法院，未发现法官利用职权谋取不当利益的，得满分；接受当事人及其代理人、辩护人的款待、财务和其他利益的，发现 1 例扣 10 分，扣完为止；参加营利性社团组织或者可能借法官影响力营利的社团组织，发现 1 例扣 10 分，扣完为止；参与可能影响廉洁形象的活动，发现 1 例扣 10 分；扣完为止。

测量方法：客观查询。评估团队所依据的材料与数据来源主要通过所评估区域司法机关的门户网站（微博）、网络搜索引擎关键词查询、实地查验与访谈等方式获得。

三级指标：8. 司法机关廉洁

权重：50%

分值：100 分

测量内容：法院、检察院是否有违反廉洁制度的集体行为。

评分标准：针对所评估法院、检察院，未发现有违反廉洁制度的集体行为的，得满分，发现有私设小金库，挪用、截留、使用属于当事人的财、物等行为的，得 0 分。

测量方法：客观查询。评估团队所依据的材料与数据来源主要通过所评估区域司法机关的门户网站（微博）、网络搜索引擎关键词查询、实地查验与访谈等方式获得。

一级指标：二、司法效率（权重 10%）

表 2 司法效率的评价指标

一级指标	二级指标	三级指标
司法效率（10%）	（五）立案效率（10%）	9. 法定时间内立案率（100%）
	（六）审判效率（40%）	10. 一审简易程序适用率（40%）
		11. 法定（正常）审限内结案率（60%）
	（七）执行效率（10%）	12. 法定（正常）时间内执行结案率（100%）
	（八）检察效率（20%）	13. 公诉案件审查起诉效率（100%）

二级指标：（五）立案效率（权重 10%）

三级指标：9. 法定时间内立案率

权重：100%

分值：100 分

测量内容：法院在立案时是否严格遵守法定期限规定。

评分标准：参照“人民法院案件质量评估体系”中法定时间内立案率的评分标准，设定优、良、及格与不及格 4 个等级，赋予分值分别为该指标初始赋值的 100%、80%、60%、0，根据实际情况计算所评估法院得分。未能获取相应数据的取平均值。

测量方法：客观查询与主观访谈。评估团队所依据的材料与数据来源主要通过所评估区域人民法院审判管理数据库的信息、向人大所做工作报告、门户网站、纸媒报道、网络搜索引擎关键词查询、实地访谈和电话核实等方式获得。

二级指标：（六）审判效率（权重 40%）

三级指标：10. 一审简易程序适用率

权重：40%

分值：100 分

测量内容：法院一审案件严格按照法律规定适用简易程序的情况，具体包括刑事、民事与行政案件简易程序的适用率。

评分标准：参照“人民法院案件质量评估体系”中一审简易程序适用率的评分标准，设定优、良、及格与不及格 4 个等级，赋予分值分别为该指标初始赋值的 100%、80%、60%、0，根据实际情况计算所评估法院得分。未能获取相应数据的取平均值。

测量方法：客观查询与主观访谈。评估团队所依据的材料与数据来源主要通过所评估区域人民法院审判管理数据库的信息、向人大所做工作报告、门户网站（微博）、纸媒报道、网络搜索引擎关键词查询、实地访谈和电话核实等方式获得。

三级指标：11. 法定（正常）审限内结案率

权重：60%

分值：100 分

测量内容：法院审判案件在法定（正常）审限内结案情况。

评分标准：参照“人民法院案件质量评估体系”中法定（正常）审限内结案率的评分标准，设定优、良、及格与不及格 4 个等级，赋予分值分别为该指标初始赋值的 100%、80%、60%、0，根据实际情况计算所评估法院得分。未能获取相应数据的取平均值。

测量方法：客观查询与主观访谈。评估团队所依据的材料与数据来源主要通过所评估区域人民法院审判管理数据库的信息、向人大所做工作报告、门户网站、纸媒报道、网络搜索引擎关键词查询、实地访谈和电话核实等方式获得。

二级指标：（七）执行效率（权重 10%）

三级指标：12. 法定（正常）时间内执行结案率

权重：100%

分值：100 分

测量内容：法院在法定（正常）时间内执行结案情况。

评分标准：参照“人民法院案件质量评估体系”中法定（正常）时间内执行结案率的评分标准，设定优、良、及格与不及格 4 个等级，赋予分值分别为该指标初始赋值的 100%、80%、60%、0，根据实际情况计算所评估法院得分。未能获取相应数据的取平均值。

测量方法：客观查询与主观访谈。评估团队所依据的材料与数据来源主要通过所评估区域人民法院审判管理数据库的信息、向人大所做工作报告、门户网站（微博）、纸媒报道、网络搜索引擎关键词查询、实地访谈和电话核实等方式获得。

二级指标：（八）检察效率（权重 20%）

三级指标：13. 公诉案件审查起诉效率

权重：100%

分值：100 分

测量内容：检察机关是否快速无拖延地提起公诉。

评分标准：按照审查起诉平均时间的长短（有此项数据的直接获取数据、无直接数据的则抽样获取），设定优、良、及格与不及格 4 个等级（审查起诉平均时间 15—20 天为优，20—25 天为良，25—30 天为及格，有超过法定期限的，发现 1 起扣 10 分，扣完为止），赋予分值分别为该指标初始赋值的 100%、80%、60%、0，根据实际情况计算所评估法院得分。未能获取相应数据的取平均值。

测量方法：客观查询与主观访谈。评估团队所依据的材料与数据来源主要通过所评估区域人民检察院审判管理数据库的信息、向人大所做工作报告、门户网站（微博）、纸媒报道、网络搜索引擎关键词查询、实地访谈和电话核实等方式获得。

一级指标：三、司法权威（权重 10%）

表 3　司法权威的评价指标

一级指标	二级指标	三级指标
司法权威（10%）	（九）公信力（25%）	14. 程序正义（50%）
		15. 实体正义（50%）
	（十）稳定性（25%）	16. 一审案件上诉改判发回重审率（50%）
		17. 再审改判率（50%）
	（十一）终局性（25%）	18. 司法公定力（50%）
		19. 司法确定力（50%）
	（十二）威严性（25%）	20. 藐视法庭应受制裁（50%）
		21. 生效裁判应予执行（50%）

二级指标：（九）公信力（权重 25%）

三级指标：14. 程序正义

权重：50%

分值：100 分

测量内容：司法程序的运作是否严格按照法律规定执行。

评分标准：针对所评估的司法机关（侦查、审查起诉与审判机关），未发现司法程序运作严重违反法律规定的，得满分；有刑讯逼供等非法取证情况的，发现 1 例扣 10 分，扣完为止；有违反司法公开规定，应当公开而不公开，或者不应当公开却公开的，发现 1 例扣 10 分，扣完为止；审判组织不合法的，发现 1 例扣 10 分，扣完为止；违反回避制度的，发现 1 例扣 10 分，扣完为止。各司法机关的取平均值为该指标实际得分。

测量方法：客观查询与主观访谈。评估团队所依据的材料与数据来源主要通过所评估区域司法机关向人大所做工作报告、门户网站（微博）、纸媒报道、网络搜索引擎关键词查询、实地访谈和电话核实等方式获得。

三级指标：15. 实体正义

权重：50%

分值：100 分

测量内容：司法裁判是否合法。

评分标准：参照“人民法院案件质量评估体系”中一审判决案件改判发回重审率（错误）、生效案件改判发回重审率的评分标准（两项内容分值分别为 50 分），设定优、良、及格与不及格 4 个等级，赋予分值分别为该指标初始赋值的 100%、80%、60%、0，根据实际情况计算得分。未能获取相应数据的取平均值。

测量方法：客观查询与主观访谈。评估团队所依据的材料与数据来源主要通过所评估区域人民法院审判管理数据库的信息、向人大所做工作报告、门户网站（微博）、纸媒报道、网络搜索引擎关键词查询、实地访谈和电话核实等方式获得。

二级指标：（十）稳定性（25%）

三级指标：16. 一审案件上诉改判发回重审率

权重：50%

分值：100 分

测量内容：法院案件上诉改判发回重审情况。

评分标准：参照“人民法院案件质量评估体系”中一审案件上诉改判发回重审率的评分标准，设定优、良、及格与不及格 4 个等级，赋予分值分别为该指标初始赋值的 100%、80%、60%、0，根据实际情况计算所评估法院得分。未能获取相应数据的取平均值。

测量方法：客观查询与主观访谈。评估团队所依据的材料与数据来源主要通过所评估区域人民法院审判管理数据库的信息、向人大所做工作报告、门户网站、纸媒报道、网络搜索引擎关键词查询、实地访谈和电话核实等方式获得。

三级指标：17. 再审改判率

权重：50%

分值：100 分

测量内容：法院案件再审改判情况。

评分标准：参照“人民法院案件质量评估体系”中再审改判率的评分标准，设定优、良、及格与不及格 4 个等级，赋予分值分别为该指标初始赋值的 100%、80%、60%、0，根据实际情况计算所评估法院得分。未能获取相应数据的取平均值。

测量方法：客观查询与主观访谈。评估团队所依据的材料与数据来源主要通过所评估区域人民法院审判管理数据库的信息、向人大所做工作报告、门户网站、纸媒报道、网络搜索引擎关键词查询、实地访谈和电话核实等方式获得。

二级指标：（十一）终局性（权重 25%）

三级指标：18. 司法公定力

权重：50%

分值：100 分

测量内容：社会公众是否像信任法律一样信任生效的司法裁判。

评分标准：调查对象为社会公众，设计调查问题，问卷调查的结果设定为优、良、及格和不及格 4 个等级，赋予分值分别为该问题初始赋值的 100%、80%、60%、0，计算后相加总分即为该群体在此问题的实际得分，取上述群体实际得分的平均值，即为该项指标的实际得分。

测量方法：主观问卷。

问题设计：您认为您所在地区法院作出的生效判决有多少值得信任？

A. 100%　　B. 80%

C. 60%　　D. 低于 60%　　E. 不清楚

【A 为优、B 为良、C 为及格、D 为不及格，E 则不统计】

三级指标：19. 司法确定力

权重：50%

分值：100 分

测量内容：当事人是否对已经裁决的案件再提起诉讼。

评分标准：针对所评估法院，未发现有当事人对已经裁决的案件再提起诉讼的，得满分；有再提起诉讼的，发现 1 例扣 10 分，扣完为止。

测量方法：客观查询与主观访谈。评估团队所依据的材料与数据来源主要通过所评估区域人民法院审判管理数据库的信息、向人大所做工作报告、门户网站（微博）、纸媒报道、网络搜索引擎关键词查询、实地访谈和电话核实等方式获得。

二级指标：（十二）威严性（权重 25%）

三级指标：20. 藐视法庭应受制裁

权重：50%

分值：100 分

测量内容：审判过程中是否存在扰乱法庭秩序的情况。

评分标准：针对所评估法院，未发现审判过程中扰乱法庭秩序情况的，得满分；有前述情况的，发现 1 例扣 10 分，扣完为止。

测量方法：客观查询与主观访谈。评估团队所依据的材料与数据来源主要通过所评估区域人民法院审判管理数据库的信息、向人大所做工作报告、门户网站（微博）、纸媒报道、网络搜索引擎关键词查询、实地访谈和电话核实等方式获得。

三级指标：21. 生效裁判应予执行

权重：50%

分值：100 分

测量内容：已生效裁判是否得到严格执行。

评分标准：针对所评估法院，生效裁判均得以严格执行的，得满分；未得以严格执行的（如假释、保外就医违法，行政机关败诉后拒不执行判决裁定等），发现 1 例扣 10 分，扣完为止。

测量方法：客观查询与主观访谈。评估团队所依据的材料与数据来源主要通过所评估区域人民法院审判管理数据库的信息、向人大所做工作报告、门户网站（微博）、纸媒报道、网络搜索引擎关键词查询、实地访谈和电话核实等方式获得。

第二部分　制度层面的指标

司法职权配置、司法资源配置、司法监督机制则是制度要素，代表了司法制度的核心部分。因此，课题组在制度层面主要设置了司法职权配置、司法资源配置与司法监督机制 3 个一级指标。其中，司法职权配置权重为 15%，司法资源配置权重为 15%，司法监督机制权重为 10%。

一级指标：四、司法职权配置（权重 15%）

表 4　司法职权配置的评价指标

一级指标	二级指标	三级指标
司法职权配置（15%）	（十三）司法机关职权配置与职能调适（25%）	22. 侦查机关职权配置与职能调适（20%）
		23. 检察机关职权配置与职能调适（30%）
		24. 人民法院职权配置与职能调适（30%）
		25. 司法行政领域职权配置与调适（20%）

续表

一级指标	二级指标	三级指标
司法职权配置（15%）	（十四）上下级司法机关职权配置与职能调适（25%）	26. 上下级侦查机关的职权配置与调适（30%）
		27. 上下级检察机关的职权配置与调适（35%）
		28. 上下级审判机关的职权配置与调适（35%）
	（十五）司法权力内部制约（25%）	29. 检察机关内部的制约（50%）
		30. 审判权之间的制约（50%）
	（十六）司法权力相互制约（25%）	31. 检察权对侦查权的制约（50%）
		32. 检察权对审判权的制约（50%）

二级指标：（十三）司法机关职权配置与职能调适（权重25%）

三级指标：22. 侦查机关职权配置与职能调适

权重：20%

分值：100分

测量内容：侦查机关职权配置与职能调适情况。

评分标准：(1) 社会司法鉴定权的剥离（赋值：50分）。①明文规定社会司法鉴定权剥离的加20分；②实践中认真执行规定的，加30分，每发现一起接受社会委托从事司法鉴定业务的，扣10分，扣完为止。

(2) 劳动教养的取消（赋值：50分）。①及时取消劳动教养制度的，加20分；②实践中认真执行规定的，加30分，2013年12月28日劳动教养制度废止后，每发现一起劳动教养事例未解除执行的，扣10分，扣完为止。

测量方法：客观查询与主观访谈。

三级指标：23. 检察机关职权配置与职能调适

权重：30%

分值：100分

测量内容：检察机关职权配置与职能调适情况。

评分标准:（1）社会司法鉴定权的剥离情况（赋值：20 分）。①明文规定社会司法鉴定权剥离的加 10 分；②认真执行规定的，加 10 分，每发现一起接受社会委托从事司法鉴定业务的扣 2 分，扣完为止。

（2）专门案件管理机构的设立情况（赋值：20 分）。①明文规定设立专门的案件管理机构的加 10 分；②设立专门的案件管理机构，且按规程正常运转的加 10 分。

（3）检察机关诉讼监督职能的发挥情况（赋值：40 分）。①对刑事立案进行监督的，每 1 例加 2 分，经监督后立案的，加 2 分，最高不超过 10 分；②对违法侦查活动进行监督的，每 1 例加 2 分，经监督后整改的，加 2 分，最高不超过 10 分；③对法院一审进行抗诉的，每 1 例加 2 分，最高不超过 10 分；④对法院二审进行抗诉的，每 1 例加 2 分，最高不超过 10 分。

（4）未成年人检察机构的设立与特别程序（赋值：20 分）。①明文规定设立专门的未成年人检察特别机构或专门办案组的，加 10 分；②设立专门机构或专门办案组，且按规程正常运转的加 10 分。

三级指标：24. 人民法院职权配置与职能调适

权重：30%

分值：100 分

测量内容：人民法院职权配置与职能调适情况。

评分标准:（1）执行权的分立与配置情况（赋值：20 分）。①对于执行案件，明确规定立案、审判和执行分立的，加 10 分；②设立上述专门机构，且按规程将立案、审判和执行正常运转的加 10 分。

（2）在人民法院设立专门的案件管理机构（赋值：20 分）。①明文规定设立专门的案件管理机构的加 10 分；②设立专门的案件管理机构，且按规程正常运转的加 10 分。

（3）量刑改革制度建立与运行（赋值：20 分）。①良好推行量刑改革，运用至审判过程中的，加20分；②因错误运用量刑规范，其量刑又被生效法律文书撤销的，每起案件扣4分（最高扣分不超过20分；如该项没得分，则不扣分）。

（4）少年法庭的设立与运行（赋值：20分）。①设立了少年法庭（未成年人刑事案件法庭）并正常运用的，加20分；②未严格按照刑事诉讼法规定落实未成年人诉讼权利的，每起案件扣4分（最高扣分不超过5分；如该项没得分，则不扣分）。

（5）审判委员会制度改革状况（20分）。①良好地对审判委员会制度按照改革意见进行改革的，加5分；②高级人民法院、中级人民法院在审判委员会中设刑事专业委员会和民事行政专业委员会的，加5分；③建立审判委员会讨论事项先行过滤机制的，规范其讨论案件范围的，加5分；④建立审判委员会决议事项的督办、回复与公示制度等的，加5分。

三级指标：25.司法行政领域职权配置与调适

权重：20%

分值：100分

测量内容：司法行政领域的职权配置与调适情况。

评分标准：（1）社区矫正体制的建立与运行（赋值：50分）。①良好地建立起社区矫正体制并正常运转的，加20分；②将社会团体、民间组织和社会志愿者等民间力量纳入社区矫正体制的，加30分。

（2）监所体制改革的进展情况（赋值：50分）。①定期进行监管执法专项检查的，加20分；②对“牢头狱霸”进行有力打击的，每起加5分；③发现监所严重侵犯人权事件发生的，每起案件扣10分（最高扣分不超过50分，扣分不能超过得分；如该项没得分，则不扣分）。

测量方法：客观查询与主观访谈。

二级指标：（十四）上下级司法机关职权配置与职能调适（权重25%）

三级指标：26. 上下级侦查机关的职权配置与调适

权重：30%

分值：100分

测量内容：上下级侦查机关的职权配置与职能调适情况。

评分标准：（1）上下级侦查机关的机构合并情况（赋值：50分）。①良好地进行了上下级机构合并的，加20分；②合并之后基本能够满足刑事侦查要求的，加30分；③合并之后刑侦警力完全能够满足要求的，加30分（与以上第二项不重复）。

（2）基层警力队伍的充实情况（赋值：50分）。①定期充实基层警力的，加20分；②基层刑侦警力基本能够满足要求的，加30分；③基层刑侦警力完全能够满足要求的，加30分（与以上第二项不重复）。

测量方法：客观查询与主观访谈。

三级指标：27. 上下级检察机关的职权配置与调适

权重：35%

分值：100分

测量内容：上下级检察机关的职权配置与职能调适情况。

评分标准：（1）上级检察机关业务部门对下级检察机关的对口领导情况（赋值：50分）。①上下级检察机关各业务部门具有专门的对口指导规范的，加20分；②各业务部门定期或不定期进行业务培训、个案指导、座谈评比、交流观摩，并取得良好效果的，每一部门加5分，最高不超过30分。

（2）职务犯罪案件逮捕决定权的呈报批准情况（赋值：50分）。①严格执行该制度的，加50分；②省级以下检察院立案侦查的案件，逮捕犯罪嫌疑人未报请上一级检察院审查的，每一起扣10分，扣完为止。

测量方法：客观查询与主观访谈。

三级指标：28. 上下级审判机关的职权配置与调适

权重：35%

分值：100 分

测量内容：上下级审判机关的职权配置与职能调适情况。

评分标准：(1) 当事人对发回重审案件又提出上诉的民事案件的处理情况（赋值：30 分）。①严格执行该制度的，加 30 分；②违反该规定的，每一起扣 5 分，扣完为止。

(2) 指令下级法院再审的刑事案件的管辖（赋值：30 分）。①严格执行该制度的，加 30 分；②违反该规定的，每一起扣 5 分，扣完为止。

(3) 下级人民法院就法律适用疑难问题向上级人民法院请示时，上级法院的做法（赋值：40 分）。①下级人民法院根据当事人的申请或者依职权报请上级人民法院审理的，发现 1 例加 5 分；②上级人民法院认为符合条件的，直接审理的，在第一项基础上再加 5 分（上述两项加分最高不超过 40 分）。

二级指标：（十五）司法权力内部制约（权重 25%）

三级指标：29. 检察机关内部的制约

权重：50%

分值：100 分

测量内容：检察机关内部的制约情况。

评分标准：(1) 对举报线索不立案的审查情况（赋值：50 分）。①设立举报线索不立案审查制度的，加 20 分；②检察机关举报中心对侦查部门初查后决定不立案且当事人未提出复议请求的举报线索，主动开展审查的，每一起加 5 分（不超过 30 分）。

(2) 检察机关内部监督机制的运行情况（赋值：50 分）。①加强对党的路线方针政策和上级检察院重大决策部署、决议决定、规章制度执行情况的监督的，每一次加 2 分（不超过 10 分）；②加强对领导班子和领导干部的监督的，每一次加 2 分（不超过 10 分）；③加强对执法办案活动的监督的，每一次加 2 分（不超过 10 分）；④加强对干部选拔任用工作的监督的，每一次加 2 分（不超过 10 分）；⑤加强对重大经费开支、政府采购、重大工程项目的监督的，每一次加 2 分（不超过 10 分）。

三级指标：30. 审判权之间的制约

权重：50%

分值：100 分

测量内容：审判权之间的制约情况。

评分标准：（1）院长、庭长之间的监督机制（赋值：30 分）。①建立院长、庭长在监督活动中的文书全部入卷制度的，加 15 分；②建立主审法官、合议庭行使审判权与院长、庭长行使监督权的全程留痕监督制约机制的，加 15 分。

（2）执行权之间的分立与制约情况（赋值：30 分）。①分别设立执行裁决权（审查权）与执行实施权机构的，加 15 分；②执行实践中，将实施权由执行员或者行政人员行使，采取审批制或执行审查权由法官行使，采取合议制的，加 15 分。

（3）主审法官、合议庭办案责任制的设立与运行（赋值：40 分）。①完善主审法官、合议庭办案责任制、实现评价机制、问责机制、惩戒机制、退出机制与保障机制有效衔接的，加 20 分；②完善主审法官、合议庭办案责任制，并依此正常运行的，加 20 分。

测量方法：客观查询与主观访谈。

二级指标：（十六）司法权力相互制约（权重 25%）

三级指标：31. 检察权对侦查权的制约

权重：50%

分值：100 分

测量内容：检察机关对侦查机关的制约情况。

评分标准：(1）人民检察院对侦查机关侦查活动的监督情况（赋值：60分）。①纠正公安机关立案的（应立案而不立案、通知公安机关立案；不应当立案而立案侦查、向公安机关提出纠正违法意见的)，每1例加5分（最高不超过30分）；②纠正侦查过程中程序违法（刑讯逼供、违法调查取证、违法扣押物证、非法查询扣押冻结、中违法采用强制措施、违反羁押和办案期限规定及其他违反刑事诉讼法有关规定）行为的，每1例加5分（最高不超过30分）。

（2）人民检察院对公安机关提请逮捕案件的审批情况（赋值：40分）。对公安机关提请逮捕的案件不予批准、最后撤案的，每1例加5分（最高不超过40分）。

三级指标：32.检察权对审判权的制约

权重：50%

分值：100分

测量内容：检察机关对审判机关的制约情况。

评分标准：(1）人民检察院量刑建议制度实施情况（赋值：30分）。实践中能有效实行量刑建议制度，加30分。

（2）人民检察院就人民法院在审判过程中的违法情况的监督（赋值：30分）。①提出意见的，每1例加2分（最高不超过20分）；②人民法院按每一起意见案予以纠正的，每1例再加1分（最高不超过10分）。

（3）人民检察院的抗诉监督情况（赋值：40分）。①对一审未生效判决进行抗诉、二审改判的，每1例加5分（最高不超过20分）；②按审判监督程序对生效判决提出再审、后经改判的，每1例加5分（最高不超过20分）。

测量方法：客观查询与主观访谈。

一级指标：五、司法资源配置（权重 15%）

表 5　司法资源配置的评价指标

一级指标	二级指标	三级指标
司法资源配置（15%）	（十七）司法人力资源配置（40%）	33. 司法人员招录选拔（35%）
		34. 司法人员遴选与任用（35%）
		35. 司法人员教育培训与考核（30%）
	（十八）司法财政资源配置（40%）	36. 司法运行经费保障（50%）
		37. 司法救助援救助经费保障（50%）
	（十九）司法装备资源配置（20%）	38. 基础设施与其他办公配备（50%）
		39. 现代科技成果应用（50%）

二级指标：（十七）司法人力资源配置（权重 40%）

三级指标：33. 司法人员招录选拔

权重；35%

分值：100 分

测量内容：法院、检察院司法人员招录选拔情况。

评分标准：（1）司法人员招录选拔机制与执行情况（赋值：50 分）。①非特殊要求岗位人员 50% 以上从社会招录选拔的，加 5 分；②非特殊要求岗位人员 70% 以上从社会招录选拔的，加 10 分（不重复计算）；③以上招录选拔人员，要求在硕士研究生学历以上的，加 5 分；④以上招录选拔人员，要求在博士研究生学历以上的，加 10 分（不重复计算）。

（2）是否从律师或法律学者中选任司法人员（赋值：50 分）。①具有该条选任司法人员制度的，加 20 分；②非特殊要求岗位人员 30% 以上从律师或法律学者中选拔的，加 10 分；③非特殊要求岗位人员 50% 以上从律师或法律学者中选拔的，加 20 分（不重复计算）；④以上招录选拔人员，要求在硕士研究生学历以上的，加10分。

测量方法：客观查询与主观访谈。

三级指标：34.司法人员遴选与任用

权重：35%

分值：100分

测量内容：法院、检察院司法人员的遴选与任用情况。

评分标准：(1）现任检察官与现任法官在所有司法人员中通过司法考试的比率（赋值：50分）。①现任检察官在所有司法人员中通过司法考试的比率占50%以上的，加10分；②现任检察官在所有司法人员中通过司法考试的比率占70%以上的，加20分;(不重复计算)；③现任检察官在所有司法人员中通过司法考试的比率占90%以上的，加50分;(不重复计算)；④现任法官在所有司法人员中通过司法考试的比率占50%以上的，加10分；⑤现任法官在所有司法人员中通过司法考试的比率占70%以上的，加20分（不重复计算）；⑥现任法官在所有司法人员中通过司法考试的比率占90%以上的，加50分（不重复计算）。法院、检察院实际得分取平均值为该测量内容的实际得分。

（2）从基层法院或其他优秀人才中选任法官的情况（赋值：50分）。①最高人民法院从中级人民法院遴选或招考法官的，加10分；②最高人民法院从高等院校遴选或招考法官的，加10分；③高级人民法院和中级人民法院从基层法院遴选或招考法官的，加10分；④高级人民法院和中级人民法院从基层检察院遴选或招考法官的，加10分；⑤高级人民法院和中级人民法院从高等院校遴选或招考法官的，加10分。

测量方法：客观查询与主观访谈。

三级指标：35.司法人员教育培训与考核

权重：30%

分值：100分

测量内容：司法人员的任职、晋升、晋级培训机制与职业教育培训情况。

评分标准：（1）司法人员的任职、晋升、晋级培训机制（赋值：50分）。①严格遵守任职培训机制的，加50分（发现一例未经培训而上岗任职的，扣10分，扣完为止）；②严格遵守晋升晋级培训机制的，加50分（发现一例晋升晋级但在之后一年内未培训的，扣10分，扣完为止）。两项具体测量内容实际得分取平均值为该项目的实际得分。

（2）司法人员职业教育培训情况（赋值：50分）。①每年专项业务培训在3次以上的，加30分（每少一次扣10分，扣完为止）；②每年岗位技能培训在2次以上的，加20分（每少一次扣10分，扣完为止）。

测量方法：客观查询与主观访谈。

二级指标：（十八）司法财政资源配置（权重40%）

三级指标：36. 司法运行经费保障

权重：50%

分值：100分

测量内容：侦查机关、检察机关及审判机关人员经费、公用经费、业务经费等司法运行经费保障情况。

评分标准：侦查机关、检察机关及审判机关实际得分取平均值为该指标的实际得分。能够保障司法运行公用经费者，加50分；仅能保障日常运行公用经费70%以上者，加20分；能够保障办案（业务）经费者，加50分；仅能保障办案（业务）经费70%以上者，加20分；仅能保障以上两项经费50%以上者，分别加10分；发现直接坐支、挪用行政性收费和罚没款项者，扣10分，扣完为止。

测量方法：客观查询与主观访谈。

三级指标：37. 司法救援救助经费保障

权重：50%

分值：100 分

测量内容：法律援助、刑事被害人救助、社区矫正经费保障情况。

评分标准：能够基本保障者，加100分；仅能保障70%以上者，加80分；仅能保障50%以上者，加40分。

测量方法：客观查询与主观访谈。

二级指标：（十九）司法装备资源配置（权重20%）

三级指标：38. 基础设施与其他办公配备

权重：50%

分值：100 分

测量内容：侦查机关、检察机关与审判机关基础设施与其他办公配备情况。

评分标准：侦查机关、检察机关及审判机关实际得分取平均值为该指标的实际得分。

（1）基础设施配备情况（赋值：50分）。①办案区、审判区、行政管理区、信访接待区、服务台、谈话室、阅卷室、信访接待室、领导接待室等设置齐备且相对独立，加20分；②以上区域能够得到充分使用的，加30分。

（2）其他办公装备配备情况（赋值：50分）①各办公室配备必要的计算机、打印机、传真机等设备的，加10分；②配备数码照相机、数码摄像机、投影仪、案件公告屏、触摸屏、法制宣传栏等现代装备的，加20分；③以上设备能够得到充分使用的，加20分。

三级指标：39. 现代科技成果应用

权重：50%

分值：100 分

测量内容：现代科技成果的应用情况。

评分标准：评估对象仅限于法院。（1）网络信息系统的使用情况（赋值：30分）。①计算机网络畅通的，加20分；②开通远程传讯系统、视频会议系统等现代设备并能有效使用的，加 10 分。

（2）能否实现网上预约立案（赋值：30 分）。开通并实现网上预约立案通道的，加 30 分；未能实现的，得 0 分。

（3）能否实现网络庭审直播（赋值：40 分）。①开通并实现网络庭审文字直播的，加 10 分；②开通并实现网络庭审图像直播的，加 10 分；③通过数字影像存储、刻录系统，对庭审情况进行刻录与存储，并能够运用至日后的庭审实况智能点播的，加 10 分；④实现庭审全程同步录音录像的，加 10 分。

测量方法：客观查询与主观访谈。

一级指标：六、司法监督机制（权重 10%）

表 6　司法监督机制评价指标

一级指标	二级指标	三级指标
司法监督机制（10%）	（二十）司法的内部监督（50%）	40. 上级人民法院对下级人民法院的指导和监督（50%）
		41. 上级人民检察院对下级人民检察院的领导和监督（50%）
	（二十一）司法的外部监督（50%）	42. 党委监督（20%）
		43. 人大监督（20%）
		44. 政协监督（20%）
		45. 社会监督（20%）
		46. 媒体监督（20%）

二级指标：（二十）司法的内部监督（权重 50%）

三级指标：40. 上级人民法院对下级人民法院的指导和监督

权重：50%

分值：100 分

测量内容：上级人民法院对下级人民法院的指导和监督情况。

评分标准：（1）上级人民法院对下级人民法院一审判决改判、发回重审的情况（赋值：30分）。上级人民法院对下级人民法院一审裁判改判、发回重审的，每一案件加5分（总分不超过30分）。

（2）上级人民法院对下级人民法院上报案件的处理情况（赋值：20分）。对于具有普遍法律适用意义的案件，上级人民法院根据当事人的申请或者依下级人民法院报请而直接审理的，每一案件加2分。

（3）上级人民法院对下级人民法院生效判决提起再审的情况（赋值：30分）。上级人民法院对下级人民法院生效裁判提起再审的，每一案件加2分（总分不超过30分）。

（4）上下级人民法院“二级联动”执行情况（赋值：20分）。①通过设立执行指挥中心等方式来建立执行工作的快速反应机制的，加10分；②上下级人民法院通过“二级联动”机制具体执行生效裁判的，每一案件加2分（总分不超过10分）。

测量方法：客观查询与主观访谈。

三级指标：41. 上级人民检察院对下级人民检察院的领导和监督

权重：50%

分值：100分

测量内容：上级人民检察院对下级人民检察院的领导和监督执行情况。

评分标准：对下级人民检察院在党的路线方针政策和上级检察院重大决策部署、决议决定、规章制度执行情况进行监督的，每一次加4分（总分不超过20分）；对下级人民检察院领导班子和领导干部进行监督的，每一次加4分（总分不超过20分）；对下级人民检察院重大经费开支、政府采购、重大工程项目进行监督的，每提出一次建议加4分（总分不超过20分）；对下级人民检察院廉政建设方面进行监督的，每提出一次建议加4分（总分不超过20分）；对下级人民检察院执法办案活动进行监督的，每提出一次建议加4分（总分不超过20分）。

测量方法：客观查询与主观访谈。

二级指标：（二十一）司法的外部监督（权重 50%）

三级指标：42. 党委监督

权重：20%

分值 100 分

测量内容：党委对司法机关的监督情况。

（1）对司法机关行为是否规范、程序是否得当、实体是否公正进行监督（赋值：50 分）。①有明确的监督机制与具体规范的，加 10 分；②依照规范严格对司法机关行为是否规范、程序是否得当、实体是否公正进行监督的，每一例加 4 分（最高不超过 20 分）；③发现司法活动中的违法乱纪行为，提出纠正意见，向有关机关提出查究责任机关与责任人的建议的，在第二项基础上每一例再加 4 分（最高不超过 20 分）。

（3）是否与人大部门、司法部门建立了联系机制（赋值：50 分）。①有明确的联系机制的，加 10 分；②在司法监督中发现法官、检察官的违法违纪行为，如果认为责任人员不再适宜从事审判、检察工作时，提请人大部门启动监督权的，每一例加 4 分（最高不超过 20 分）；③在监督工作中发现司法干警有徇私舞弊、贪污受贿等严重违法行为的，移交司法机关启动司法监督程序的，每一例加 4 分（最高不超过 20 分）。

测量方法：客观查询与主观访谈。

三级指标：43. 人大监督

权重：20%

分值 100 分

测量内容：人大对司法机关的监督情况。

评分标准：（1）定期听取本级人民法院和人民检察院专项工作报告的，加 5 分（最高不超过 30 分）；

（2）对人民法院和人民检察院工作提出具体建议、批评和意见的，每一次加 5 分（最高不超过 30 分）；

（3）对执法检查报告及审议意见，人民法院或者人民检察院对其研究处理情况的报告，向本级人民代表大会代表通报并向社会公布，每一次加 5 分（最高不超过 40 分）。

测量方法：客观查询与主观访谈。

三级指标：44. 政协监督

权重：20%

分值 100 分

测量内容：政协部门对司法机关的监督情况。

评分标准：（1）政协向司法机关提出建议、批评、意见和政协提案的情况（赋值：30 分）。政协部门向司法机关依法提出建议、批评、意见和政协提案的，每一次加 5 分（最高不超过 30 分）。

（2）对政协委员或全社会较为关注的重大案件，司法机关邀请政协委员参加旁听案件庭审或视察案件执行的情况（赋值：30 分）。邀请一次加 5 分（得分不超过 30 分）。

（3）司法机关聘请民主党派人员、无党派人士、政协委员担任特约监督员、特约检察员、特邀咨询员等情况（赋值：40 分）。①聘请民主党派人员、无党派人士、政协委员担任特约监督员、特约检察员、特邀咨询员等的，加 20 分；②聘请其任职且定期或不定期举行活动的，每一次加 2 分（最高不超过 20 分）。

测量方法：客观查询与主观访谈。

三级指标：45. 社会监督

权重：20%

分值 100 分

测量内容：社会对司法机关的监督情况。

评分标准：（1）人民陪审员制度的执行情况（赋值：30分）。①社会影响较大的刑事、民事、行政案件，由人民陪审员参加合议庭审判的，加10分；②对人民陪审员定期或不定期进行培训的，加10分。

（2）人民检察院是否设立并切实履行了人民监督员制度（赋值：30分）。①邀请人民监督员参加人民检察院组织的有关执法检查活动的，加10分；②人民监督员可以对检察工作、检察队伍建设等提出意见和建议的，加5分；③省级以下人民检察院相关部门承办人民监督员启动监督程序，并在法定期限内做好材料上报、接受监督准备的，加10分；④组织案件监督的人民监督员办事机构将检察长或者检察委员会的决定告知参加监督的人民监督员的，加5分。

（3）司法与民意之间的互动情况（赋值：40分）。①通过报刊、网站、新闻发布会以及广播、电视等便于公众知晓的方式公布司法舆情的，加10分；②通过网络、电子信箱及其他各种方式受理群众举报，收集群众的意见、建议的，加10分；③通过媒体发布、信函回复、实地回访、组织座谈等方式向群众反馈具体事项之整改的，加10分；④将“公众开放日”常态化的，加10分。

测量方法：客观查询与主观访谈。

三级指标：46. 媒体监督

权重：20%

分值 100 分

测量内容：媒体对司法机关的监督机制的执行情况。

评分标准：（1）对新闻媒体旁听案件庭审、采访报道是否提供材料及其他方面的便利（赋值：30分）。①依法允许新闻媒体旁听案件庭审的，加10分（发现一例应准许而未准许的，扣1分，扣完为止）；②依法允许新闻媒体采访报道的，加10分（发现一例应准许而未准许的，扣1分，扣完为止）；③依法为新闻媒体旁听庭审、采访报道提供材料及其他方面的便利的，加10

分（发现一例应准许而未准许的，扣1分，扣完为止）。

（2）是否能为新闻媒体提供案件材料（赋值：30分）。新闻媒体因报道案件审理情况或者法院其他工作需要申请人民法院提供相关资料的，人民法院予以提供裁判文书复印件、庭审笔录、庭审录音录像、规范性文件、指导意见的，每一次加3分（最高不超过30分）。

（3）是否与新闻媒体建立意见和建议反馈机制（赋值：40分）。①对于新闻媒体反映人民法院审判工作和其他各项工作中存在问题，以及反映审判人员和其他工作人员违法违纪行为，人民法院予以及时调查、核实的，每一次加2分（最高不超过20分）。②对以上情况查证属实的，应当依法采取有效措施进行处理，并及时反馈处理结果的，每一次加2分（最高不超过20分）。

测量方法：客观查询与主观访谈。

第三部分　文化层面的指标

司法政策、司法生态、司法文化为文化要素，集中反映了司法的实际观念形态和运作模式。课题组在文化层面分别设计了司法政策、司法生态与司法文化3个一级指标，权重分别为5%。

一级指标：七、司法政策（权重5%）

表7　司法政策的评价指标

一级指标	二级指标	三级指标
司法政策（5%）	（二十二）司法政策的制定（50%）	47. 司法政策制定的民主性（25%）
		48. 司法政策制定的科学性（25%）
		49. 司法政策的稳定性（25%）
		50. 司法政策的规范性（25%）

续表

一级指标	二级指标	三级指标
司法政策（5%）	（二十三）司法政策的效果（50%）	51. 司法政策的法律效果（40%）
		52. 司法政策的社会效果（30%）
		53. 司法政策的政治效果（30%）

二级指标：（二十二）司法政策的制定（权重 50%）

三级指标：47. 司法政策制定的民主性

权重：25%

分值 100 分

测量内容：司法政策在制定或修改过程中，社会公众是否有畅通的参与渠道。

评分标准：建立社会公众参与司法政策制定或修改渠道的，视为及格，得分为该项指标初始赋值的 60%，视渠道方便、畅通情况加 10—40 分。未能检测到相关内容的，则视为未落实该项指标内容，得 0 分。

测量方法：客观查询。评估团队所依据的材料与数据来源主要通过所评估地区司法机关的门户网站（微博）、纸媒报道、网络搜索引擎关键词查询、实地访谈和电话核实等方式获得。

三级指标：48. 司法政策制定的科学性

权重：25%

分值 100 分

测量内容：司法政策的制定是否符合社会现实生活，内容是否便于操作、实施。

评分标准：司法政策制定符合社会现实生活，内容便于操作、实施的，得满分；明显与社会现实生活不符合的，得 0 分；符合社会现实生活但内容的可操作性欠佳的，视情况得 50—80 分。

测量方法：客观查询。评估团队所依据的材料与数据来源主要通过所评估地区司法机关的门户网站（微博）、纸媒报道、网络搜索引擎关键词查询、实地访谈和电话核实等方式获得。

三级指标：49. 司法政策的稳定性

权重：25%

分值 100 分

测量内容：司法政策是否稳定持续相对合理的一段时间。

评分标准：司法政策制定后能够稳定持续相对合理一段时间（3—5 年）的，得满分；朝令夕改、经常变动的，得 0 分。

测量方法：客观查询。评估团队所依据的材料与数据来源主要通过所评估地区司法机关的门户网站（微博）、纸媒报道、网络搜索引擎关键词查询、实地访谈和电话核实等方式获得。

三级指标：50. 司法政策的规范性

权重：25%

分值 100 分

测量内容：司法政策是否得以呈现在各种司法文件、司法解释与法律中。

评分标准：司法机关制定的全部司法政策是否均以司法文件、司法解释、法律等较规范方式呈现的，得满分；发现 1 项司法政策未能呈现在司法文件、司法解释与法律中的，扣 10 分，扣完为止。

测量方法：客观查询。评估团队所依据的材料与数据来源主要通过所评估地区司法机关的门户网站（微博）、纸媒报道、网络搜索引擎关键词查询、实地访谈和电话核实等方式获得。

二级指标：（二十三）司法政策的效果（权重 50%）

三级指标：51. 司法政策的法律效果

权重：40%

分值：100 分

测量内容：司法政策的运用是否有助于更好地适用法律、解决纠纷。

评分标准：司法机关运用司法政策产生良好法律效果的，发现 1 例加 10 分，产生不良法律效果的，发现 1 例减 10 分，扣完为止。未能检测到相关内容的，则视为未落实该项指标内容，得 0 分。

测量方法：客观查询。评估团队所依据的材料与数据来源主要通过所评估地区司法机关的门户网站（微博）、纸媒报道、网络搜索引擎关键词查询、实地访谈和电话核实等方式获得。

三级指标：52. 司法政策的社会效果

权重：30%

分值：100 分

测量内容：司法政策的运用是否得到社会公众的广泛认同，倡导了良好的社会价值取向。

评分标准：司法机关运用司法政策产生良好社会效果的，发现 1 例加 10 分，产生不良社会效果的，发现 1 例减 10 分，扣完为止。未能检测到相关内容的，则视为未落实该项指标内容，得 0 分。

测量方法：客观查询。评估团队所依据的材料与数据来源主要通过所评估地区司法机关的门户网站（微博）、纸媒报道、网络搜索引擎关键词查询、实地访谈和电话核实等方式获得。

三级指标：53. 司法政策的政治效果

权重：30%

分值：100 分

测量内容：司法政策的运用是有助于社会和谐稳定。

评分标准：司法机关运用司法政策产生良好政治效果的，发现 1 例加

10分，产生不良政治效果的，比如引发群体性事件的，发现1例减10分，扣完为止。未能检测到相关内容的，则视为未落实该项指标内容，得0分。

测量方法：客观查询。评估团队所依据的材料与数据来源主要通过所评估地区司法机关的门户网站（微博）、纸媒报道、网络搜索引擎关键词查询、实地访谈和电话核实等方式获得。

一级指标：八、司法生态（权重5%）

表8 司法生态的评价指标

一级指标	二级指标	三级指标
司法生态（5%）	（二十四）司法官的专业化（50%）	54. 司法机关领导的专业化（50%）
		55. 业务型司法人员的专业化（50%）
	（二十五）公民的法律信仰（50%）	56. 对法律的敬畏心理（30%）
		57. 认同法律（30%）
		58. 恪守法律（40%）

二级指标：（二十四）司法官的专业化（权重50%）

三级指标：54. 司法机关领导的专业化

权重：50%

分值：100分

测量内容：司法主体是否严格按照宪法、法律的规定产生。

评分标准：针对所调研地区，司法主体严格按照宪法、法律产生的，得满分，凡是出现违法产生的，发现1例，得0分。

测量方法：客观查询。评估团队所依据的材料与数据来源主要通过所评估地区司法机关的门户网站（微博）、纸媒报道、网络搜索引擎关键词查询、实地访谈和电话核实等方式获得。

三级指标：55. 业务型司法人员的专业化

权重：50%

分值：100 分

测量内容：业务部门负责人、普通司法人员的专业化情况。

评分标准：可以根据情况将业务部门负责人、普通司法人员的专业化情况的程度设定为优、良、及格和不及格 4 个等级，相应分值为 10 分、8 分、6 分、0 分。

测量方法：客观查询。评估团队所依据的材料与数据来源主要通过所评估地区司法机关的门户网站（微博）、纸媒报道、网络搜索引擎关键词查询、实地访谈和电话核实等方式获得。

二级指标：（二十五）公民的法律信仰（权重 50%）

三级指标：56. 对法律的敬畏心理

权重：30%

分值：100 分

测量内容：公民是否对法律持有敬畏的心理。

评分标准：调查对象包括公权力机关人员、普通公民，设计调查问题，问卷调查的结果可设定为优、良、及格和不及格 4 个等级，赋予分值为别为该问题初始赋值的 100%、80%、60%、0，计算后相加总分即为该问题的实际得分。取上述群体实际得分的平均值，即为该项指标的实际得分。

测量方法：主观问卷。

问题设计：您是否认为法律是神圣不可侵犯的?

A. 非常赞同　　B. 比较赞同

C. 一般　　D. 不赞同

【A 为优、B 为良、C 为及格、D 为不及格】

三级指标：57. 认同法律

权重：30%

分值：100 分

测量内容：产生纠纷并无法通过协商、调解等方式解决时，是否会选择通过法律途径（仲裁、诉讼）解决。

评分标准：调查对象包括公权力机关人员、普通公民，设计调查问题，问卷调查的结果可设定为优、良、及格和不及格 4 个等级，赋予分值为别为该问题初始赋值的 100%、80%、60%、0，计算后相加总分即为该问题的实际得分。取上述群体实际得分的平均值，即为该项指标的实际得分。

测量方法：主观问卷。

问题设计：当您与他人产生纠纷并无法通过协商、调解等方式解决时，是否会选择通过法律途径（仲裁、诉讼）解决？

A. 肯定会　　B. 很大可能会

C. 有可能会　　D. 几乎不会

【A 为优、B 为良、C 为及格、D 为不及格】

三级指标：58. 恪守法律

权重：40%

分值：100 分

测量内容：公民在日常生活中是否遵守法律。

评分标准：调查对象包括公权力机关人员、普通公民，设计调查问题，问卷调查的结果可设定为优、良、及格和不及格 4 个等级，赋予分值为别为该问题初始赋值的 100%、80%、60%、0，计算后相加总分即为该问题的实际得分。取上述群体实际得分的平均值，即为该项指标的实际得分。

测量方法：主观问卷。

问题设计：据您观察，在您所在地区，违法犯罪的情况如何？（　　）

A. 无　　　　B. 较少

C. 一般　　　D. 严重

【A 为优、B 为良、C 为及格、D 为不及格】

一级指标：九、司法文化（权重 5%）

表 9　司法文化的评价指标

<table>
<tr><th>一级指标</th><th>二级指标</th><th>三级指标</th></tr>
<tr><td rowspan="7">司法文化（5%）</td><td rowspan="4">（二十六）法律职业伦理道德与规范（40%）</td><td>59. 法律职业精神（25%）</td></tr>
<tr><td>60. 法律职业技能（25%）</td></tr>
<tr><td>61. 司法礼仪（25%）</td></tr>
<tr><td>62. 法律职业责任与纪律（25%）</td></tr>
<tr><td>（二十七）现代司法理念（30%）</td><td>63. 现代司法的基本理念（100%）</td></tr>
<tr><td rowspan="2">（二十八）法治知识的传播（30%）</td><td>64. 崇尚法治的知识培训（50%）</td></tr>
<tr><td>65. 司法理论研究和司法文艺创作（50%）</td></tr>
</table>

二级指标：（二十六）法律职业伦理道德与规范（权重 40%）

三级指标：59. 法律职业精神

权重：25%

分值：100 分

测量内容：法律职业者是否具有良好的职业精神。

评分标准：针对法官、检察官、律师三个群体分别设计问题，问卷调查的结果可设定为优、良、及格和不及格 4 个等级，赋予分值为别为该问题初始赋值的 100%、80%、60%、0，计算后相加总分即为该群体在此问题的实际得分，取上述群体实际得分的平均值，即为该项指标的实际得分。

测量方法：主观问卷。

问题设计:（1）您认为在您所在地区法官的职业精神（职业操守、社会责任感等）情况如何?

A. 好　　B. 较好

C. 一般　　D. 差　　E. 不清楚

【A 为优、B 为良、C 为及格、D 为不及格，E 则不统计】

（2）您认为在您所在地区检察官的职业精神（职业操守、社会责任感等）情况如何?

A. 好　　B. 较好

C. 一般　　D. 差　　E. 不清楚

【A 为优、B 为良、C 为及格、D 为不及格，E 则不统计】

（3）您认为在您所在地区律师的职业精神（职业操守、社会责任感等）情况如何?

A. 好　　B. 较好

C. 一般　　D. 差　　E. 不清楚

【A 为优、B 为良、C 为及格、D 为不及格，E 则不统计】

三级指标：60. 法律职业技能

权重：25%

分值：100 分

测量内容：法律职业者是否具有良好的职业技能。

评分标准：针对法官、检察官、律师三个群体分别设计问题，问卷调查的结果可设定为优、良、及格和不及格 4 个等级，赋予分值为别为该问题初始赋值的 100%、80%、60%、0，计算后相加总分即为该群体在此问题的实际得分，取上述群体实际得分的平均值，即为该项指标的实际得分。

测量方法：主观问卷。

问题设计:（1）您认为在您所在地区法官的职业技能（运用法律推理、

法律表达等）情况如何？

A. 好　　B. 较好

C. 一般　　D. 差　　E. 不清楚

【A 为优、B 为良、C 为及格、D 为不及格，E 则不统计】

（2）您认为在您所在地区检察官的职业技能（运用法律推理、法律表达等）情况如何？

A. 好　　B. 较好

C. 一般　　D. 差　　E. 不清楚

【A 为优、B 为良、C 为及格、D 为不及格，E 则不统计】

（3）您认为在您所在地区律师的职业技能（运用法律推理、法律表达等）情况如何？

A. 好　　B. 较好

C. 一般　　D. 差　　E. 不清楚

【A 为优、B 为良、C 为及格、D 为不及格，E 则不统计】

三级指标：61. 司法礼仪

权重：25%

分值：100 分

测量内容：法官在法庭内的礼仪状况。

评分标准：未发现法官有在法庭内失礼仪情况的，得满分；法官在开庭时未穿着法官袍或者法官制服、佩戴徽章的，发现 1 例扣 5 分，扣完为止；法官缺席、迟到、早退、随意出入、做与审判活动无关的事的，发现 1 例扣 5 分，扣完为止；法官不使用规范、准确、文明的语言，对当事人或者其他诉讼参与人有不公的训诫和不恰当的言辞的，发现 1 例扣 5 分，扣完为止；法官庭审时使用通信工具、在审判席上吸烟的，发现 1 例扣 5 分，扣完为止。

测量方法：客观查询、主观访谈。评估团队所依据的材料与数据来源主要通过所评估区域司法机关的门户网站（微博）、纸媒报道、网络搜索引擎关键词查询、实地随机观察和电话核实等方式获得。

三级指标：62. 法律职业责任与纪律

权重：25%

分值：100 分

测量内容：法官、检察官及律师三个主要的法律职业共同成员的职业责任状况。

评分标准：针对法官、检察官及律师三个群体分别测量，未发现有因在履行法律职业过程中承担刑事责任、民事责任、行政责任及纪律处分的，得满分；发现 1 例承担刑事责任的扣 10 分，承担民事责任、行政责任或纪律处分的扣 5 分，扣完为止。

测量方法：客观查询。评估团队所依据的材料与数据来源主要通过所评估区域法院、检察院的门户网站、律师事务所、律师协会网站、纸媒报道、网络搜索引擎关键词查询、实地访谈和电话核实等方式获得。

二级指标：（二十七）现代司法理念（权重 30%）

三级指标：63. 现代司法的基本理念

权重：100%

分值：100 分

测量内容：司法法治、公正、文明、独立于人权的现代司法理念的树立情况。

评分标准：针对法官、检察官、律师及社会公众四个群体分别设计问题，问卷调查的结果可设定为优、良、及格和不及格 4 个等级，赋予分值为别为该问题初始赋值的 100%、80%、60%、0，计算后相加总分即为该群体在此问题的实际得分，取上述群体实际得分的平均值，即为该项指标的实际得分。

测量方法：主观问卷。

问题设计：您是否赞同当下中国已树立起司法法治、公正、文明、独立与人权的现代司法理念？

A. 非常赞同　　　　B. 比较赞同

C. 一般　　　　D. 不赞同

【A 为优、B 为良、C 为及格、D 为不及格】

二级指标：（二十八）法治知识的传播（权重 30%）

三级指标：64. 崇尚法治的知识培训

权重：50%

分值：100 分

测量内容：开展职业继续教育培训、向公民开展法治讲堂的情况。

评分标准：针对所评估地区，司法机关、行业协会建立培训机构展开职业继续教育的，发现 1 例加 10 分，总分不超过 50 分；向公民开展法治讲堂活动的，发现 1 例加 10 分，总分不超过 50 分。

测量方法：客观查询、主观访谈。评估团队所依据的材料与数据来源主要为所评估区域司法机关、行业协会的门户网站（微博）、纸媒报道、网络搜索引擎关键词查询、实地随机观察和电话核实等方式。

三级指标：65. 司法理论研究和司法文艺创作

权重：50%

分值：100 分

测量内容：司法理论研究和司法文艺创作情况。

评分标准：针对所评估法院，成立专门的司法文化研究机构，组织、承担有关重大司法课题研讨，承担 1 项加 10 分；组织编写司法文化学的教材，翻译国外司法、司法文化经典著作，1 部加 10 分；通过文艺、影视等作品宣传社会主义司法制度，弘扬社会公平正义的，1 部作品加 10 分。

测量方法：客观查询、主观访谈。评估团队所依据的材料与数据来源主要通过所评估区域司法机关的门户网站（微博）、纸媒报道、网络搜索引擎关键词查询、实地随机观察和电话核实等方式获得。

第四部分　效果层面的指标

效果指标是对司法改革之实效进行评估的指标，其目的在于衡量改革举措对改革目的的实现程度。效果指标主要包括三项：一是司法体制改革目标的设定情况；二是司法体制改革措施的设计与推进情况；三是司法体制改革的实效。司法体制改革效果指标的权重为15%。

一级指标：十、司法体制改革效果（权重15%）

表10　司法体制改革效果的评价指标

一级指标	二级指标	三级指标
司法体制改革效果（15%）	（二十九）司法体制改革的目标（20%）	66. 总体性目标（50%）
		67. 阶段性目标（50%）
	（三十）司法体制改革的措施（20%）	68. 司法体制改革的方案设计（30%）
		69. 司法体制改革的主体（30%）
		70. 司法体制改革的推进步骤（40%）
	（三十一）司法体制改革的实效（60%）	71. 司法价值的实现程度（30%）
		72. 司法体制的完善程度（50%）
		73. 司法生态环境的改善程度（20%）

二级指标：（二十九）司法体制改革的目标（权重20%）

三级指标：66. 总体性目标

权重：50%

分值：100 分

测量内容：司法体制改革的总体性目标的制定情况。

评分标准：评估对象（部门）总体性目标已制定的，视为及格，得分为该指标初始赋值的 60%；同时，通过专家评估的方式评估总体性目标制定的全面性、科学性、合理性及可行性，视情况分别加 1—40 分。未能检测到相关内容的，则视为未落实该项指标内容，得 0 分。

测量方法：客观查询、主观访谈。评估团队所依据的材料与数据来源主要通过所评估区域司法机关的门户网站（微博）、纸媒报道、网络搜索引擎关键词查询、实地访谈和电话核实等方式获得。

三级指标：67. 阶段性目标

权重：50%

分值：100 分

测量内容：司法体制改革的阶段性目标的制定情况。

评分标准：评估对象（部门）阶段性目标已制定的，视为及格，得分为该指标初始赋值的 60%；同时，通过专家评估的方式评估阶段性目标制定的全面性、科学性、合理性及可行性，视情况分别加 1—40 分。未能检测到相关内容的，则视为未落实该项指标内容，得 0 分。

测量方法：客观查询、主观访谈。

二级指标：（三十）司法体制改革的措施（权重 20%）

三级指标：68. 司法体制改革的方案设计

权重：30%

分值：100 分

测量内容：司法体制改革的方案设计情况。

评分标准：评估对象（部门）的改革方案已制定的，视为及格，得分为该指标初始赋值的 60%；同时，通过专家评估的方式评估改革方案是否遵循顶层设计方案，评估改革方案的全面性、科学性、合理性及可行性，视情况分别加 1—40 分。未能检测到相关内容的，则视为未落实该项指标内容，得 0 分。

测量方法：客观查询、主观访谈。评估团队所依据的材料与数据来源主要通过所评估区域司法机关的门户网站（微博）、纸媒报道、网络搜索引擎关键词查询、实地访谈和电话核实等方式获得。

三级指标：69. 司法体制改革的主体

权重：30%

分值：100 分

测量内容：司法体制改革主体的设置情况。

评分标准：专门设置了司法体制改革的领导机构、组织机构及实施机构的，视为及格，得分为该指标初始赋值的 60%；同时，通过专家评估的方式评估司法体制改革主体设置的公开性、合理性，视情况分别加 1—40 分。未能检测到相关内容的，则视为未落实该项指标内容，得 0 分。

测量方法：客观查询、主观访谈。评估团队所依据的材料与数据来源主要通过所评估地区司法机关的门户网站（微博）、纸媒报道、网络搜索引擎关键词查询、实地访谈和电话核实等方式获得。未能检测到相关内容的，则视为未落实该项指标内容。

三级指标：70. 司法体制改革的推进步骤

权重：40%

分值：100 分

测量内容：司法体制改革是否有序、合理推进。

评分标准：司法体制改革方案的实施基本按照日程表进行的，视为及格，得分为该指标初始赋值的 60%；同时，通过专家评估的方式评估司法体制改革方案推进的科学合理性（防止停滞、避免激进、循序渐进）及可行性

（由上至下、由点到面、梯度推进），视情况分别加 1—40 分。未能检测到相关内容的，则视为未落实该项指标内容，得 0 分。

测量方法：客观查询、主观访谈。评估团队所依据的材料与数据来源主要通过所评估地区司法机关的门户网站（微博）、纸媒报道、网络搜索引擎关键词查询、实地访谈和电话核实等方式获得。未能检测到相关内容的，则视为未落实该项指标内容。

二级指标：（三十一）司法体制改革的效果（权重 60%）

三级指标：71. 司法价值的实现程度

权重：30%

分值：100 分

测量内容：司法改革措施是否提高了司法裁判的法律效果与社会效果。

评分标准：针对法官、检察官、侦查人员、律师及社会公众（当事人）五个群体分别设计调查问题，问卷调查的结果设定为优、良、及格和不及格 4 个等级，赋予分值分别为该问题初始赋值的 100%、80%、60%、0，计算后相加总分即为该群体在此问题的实际得分，取五个群体实际得分的平均值，即为该项指标的实际得分。

测量方法：主观问卷。

问题设计：您认为在您所在的地区（单位），当前司法改革举措（如审委会改革、陪审制改革、合议庭改革等）是否对司法裁判法律效果与社会效果的提升产生影响?

A. 影响显著　　B. 影响一般

C. 影响很小　　D. 没有影响　　E. 不清楚

【A 为优、B 为良、C 为及格、D 为不及格，E 则不统计】

三级指标：72. 司法体制的完善程度

权重：50%

分值：100 分

测量内容：司法改革措施是否提高了司法体制的合理性、科学性。

评分标准：针对法官、检察官、侦查人员及律师四个群体分别设计调查问题，问卷调查的结果设定为优、良、及格和不及格 4 个等级，赋予分值分别为该问题初始赋值的 100%、80%、60%、0，计算后相加总分即为该群体在此问题的实际得分，取上述群体实际得分的平均值，即为该项指标的实际得分。

测量方法：主观问卷。

问题设计：您认为在您所在的地区（单位），当前司法改革举措（如检察监督 / 人民监督员制度改革、审执分离、法院检察院人财物统一管理、审判管理与审判权分离的改革等）是否提升了司法体制的合理性与科学性？

A. 大幅提升　　B. 一般

C. 很小　　D. 没有提升　　E. 不清楚

【A 为优、B 为良、C 为及格、D 为不及格，E 则不统计】

三级指标：73. 司法生态环境的改善程度

权重：20%

分值：100 分

测量内容：司法改革措施是否有效完善了司法生态环境。

评分标准：针对法官、检察官、侦查人员、律师及社会公众五个群体分别设计调查问题，问卷调查的结果设定为优、良、及格和不及格 4 个等级，赋予分值分别为该问题初始赋值的 100%、80%、60%、0，计算后相加总分即为该群体在此问题的实际得分，取上述群体实际得分的平均值，即为该项指标的实际得分。

测量方法：主观问卷。

问题设计：两个问题初始赋值各占该指标初始赋值的 50%。

(1)【针对法官、检察官与侦查人员】您认为在您所在的地区（单位），当前司法改革举措是否改善了司法内部环境（权责更明确，上下级、同事间更为信任，司法氛围更好）?

A. 大幅改善　　B. 一般

C. 很小　　D. 没有改善　　E. 不清楚

【A 为优、B 为良、C 为及格、D 为不及格，E 则不统计】

(2)【针对律师、社会公众】通过当前的司法改革举措，您对您所在地区司法机关的认同度与支持度是否增加?

A. 大幅增加　　B. 一般

C. 稍有增加　　D. 没有增加　　E. 不清楚

【A 为优、B 为良、C 为及格、D 为不及格，E 则不统计】

附件二

我国司法体制改革评价指标体系（司法综合评价指数简洁版）

一级指标	二级指标	三级指标
一、司法公正（10%）	（一）司法平等（25%）	1. 诉讼权利平等（50%）
		2. 法律适用平等（50%）
	（二）独立行使司法权（30%）	3. 独立行使审判权（60%）
		4. 独立行使检察权（40%）
	（三）司法公开（25%）	5. 审判公开（50%）
		6. 检务公开（50%）
	（四）司法廉洁（20%）	7. 司法人员廉洁（50%）
		8. 司法机关廉洁（50%）

一级指标	二级指标	三级指标
二、司法效率（10%）	（五）立案效率（10%）	9. 法定时间内立案率（100%）
	（六）审判效率（40%）	10. 一审简易程序适用率（40%）
		11. 法定（正常）审限内结案率（60%）
	（七）执行效率（10%）	12. 法定（正常）时间内执行结案率（100%）
	（八）检察效率（20%）	13. 公诉案件审查起诉效率（100%）

一级指标	二级指标	三级指标
三、司法权威（10%）	（九）公信力（25%）	14. 程序正义（50%）
		15. 实体正义（50%）
	（十）稳定性（25%）	16. 一审案件上诉改判发回重审率（50%）
		17. 再审改判率（50%）
	（十一）终局性（25%）	18. 司法公定力（50%）
		19. 司法确定力（50%）
	（十二）威严性（25%）	20. 藐视法庭应受制裁（50%）
		21. 生效裁判应予执行（50%）

一级指标	二级指标	三级指标
四、司法职权配置（15%）	（十三）司法机关职权配置与职能调适（25%）	22. 侦查机关职权配置与职能调适（20%）
		23. 检察机关职权配置与职能调适（30%）
		24. 人民法院职权配置与职能调适（30%）
		25. 司法行政领域职权配置与调适（20%）
	（十四）上下级司法机关职权配置与职能调适（25%）	26. 上下级侦查机关的职权配置与调适（30%）
		27. 上下级检察机关的职权配置与调适（35%）
		28. 上下级审判机关的职权配置与调适（35%）
	（十五）司法权力内部制约（25%）	29. 检察机关内部的制约（50%）
		30. 审判权之间的制约（50%）
	（十六）司法权力相互制约（25%）	31. 检察权对侦查权的制约（50%）
		32. 检察权对审判权的制约（50%）

一级指标	二级指标	三级指标
五、司法资源配置（15%）	（十七）司法人力资源配置（40%）	33. 司法人员招录选拔（35%）
		34. 司法人员遴选与任用（35%）
		35. 司法人员教育培训与考核（30%）
	（十八）司法财政资源配置（40%）	36. 司法运行经费保障（50%）
		37. 司法救助援助经费保障（50%）
	（十九）司法装备资源配置（20%）	38. 基础设施与其他办公配备（50%）
		39. 现代科技成果应用（50%）

一级指标	二级指标	三级指标
六、司法监督机制（10%）	（二十）司法的内部监督（50%）	40. 上级人民法院对下级人民法院的指导和监督（50%）
		41. 上级人民检察院对下级人民检察院的领导和监督（50%）
	（二十一）司法的外部监督（50%）	42. 党委监督（20%）
		43. 人大监督（20%）
		44. 政协监督（20%）
		45. 社会监督（20%）
		46. 媒体监督（20%）

一级指标	二级指标	三级指标
七、司法政策（5%）	（二十二）司法政策的制定（50%）	47. 司法政策制定的民主性（25%）
		48. 司法政策制定的科学性（25%）
		49. 司法政策的稳定性（25%）
		50. 司法政策的规范性（25%）
	（二十三）司法政策的效果（50%）	51. 司法政策的法律效果（40%）
		52. 司法政策的社会效果（30%）
		53. 司法政策的政治效果（30%）

一级指标	二级指标	三级指标
八、司法生态（5%）	（二十四）司法官的专业化（50%）	54. 司法机关领导的专业化（50%）
		55. 业务型司法人员的专业化（50%）
	（二十五）公民的法律信仰（50%）	56. 对法律的敬畏心理（30%）
		57. 认同法律（30%）
		58. 恪守法律（40%）

一级指标	二级指标	三级指标
九、司法文化（5%）	（二十六）法律职业伦理道德与规范（40%）	59. 法律职业精神（25%）
		60. 法律职业技能（25%）
		61. 司法礼仪（25%）
		62. 法律职业责任与纪律（25%）
	（二十七）现代司法理念（30%）	63. 现代司法的基本理念（100%）
	（二十八）法治知识的传播（30%）	64. 崇尚法治的知识培训（50%）
		65. 司法理论研究和司法文艺创作（50%）

一级指标	二级指标	三级指标
十、司法体制改革效果（15%）	（二十九）司法体制改革的目标（20%）	66. 总体性目标（50%）
		67. 阶段性目标（50%）

续表

一级指标	二级指标	三级指标
十、司法体制改革效果（15%）	（三十）司法体制改革的措施（20%）	68. 司法体制改革的方案设计（30%）
		69. 司法体制改革的主体（30%）
		70. 司法体制改革的推进步骤（40%）
	（三十一）司法体制改革的实效（60%）	71. 司法价值的实现程度（30%）
		72. 司法体制的完善程度（50%）
		73. 司法生态环境的改善程度（20%）

图书在版编目(CIP)数据

司法环境建设评价指标研究 / 袁兵喜著. -- 北京 : 社会科学文献出版社, 2018.8
ISBN 978-7-5201-2997-8

Ⅰ. ①司… Ⅱ. ①袁… Ⅲ. ①司法制度-制度建设-评价指标-研究-中国 Ⅳ. ①D926.04

中国版本图书馆 CIP 数据核字(2018)第 139254 号

司法环境建设评价指标研究

著　　者 / 袁兵喜

出 版 人 / 谢寿光
项目统筹 / 刘骁军
责任编辑 / 关晶焱　李从坤

出　　版 / 社会科学文献出版社 (010) 59367161
地址: 北京市北三环中路甲 29 号院华龙大厦　邮编: 100029
网址: www.ssap.com.cn
发　　行 / 市场营销中心 (010) 59367081　59367018
印　　装 / 三河市龙林印务有限公司

规　　格 / 开　本: 787mm × 1092mm　1/16
印　张: 21.5　字　数: 290 千字
版　　次 / 2018 年 8 月第 1 版　2018 年 8 月第 1 次印刷
书　　号 / ISBN 978-7-5201-2997-8
定　　价 / 85.00 元

本书如有印装质量问题, 请与读者服务中心 (010-59367028) 联系